本书系教育部人文社科基金项目“面向优化管理的突发事件网络舆情信息流导控研究”(12YJCZH292)的最终研究成果。同时,本书也得到了河南理工大学博士基金项目(B2011-098)和河南省人文社科重点研究基地“河南理工大学安全与应急管理研究中心”的出版资助。

面向优化管理的突发事件网络舆情信息流导控研究

张玉亮　著

中国社会科学出版社

图书在版编目(CIP)数据

面向优化管理的突发事件网络舆情信息流导控研究 / 张玉亮著．—北京：中国社会科学出版社，2014.10

ISBN 978－7－5161－4941－6

Ⅰ.①面… Ⅱ.①张… Ⅲ.①突发事件－互联网络－舆论－研究－中国 Ⅳ.①G219.2

中国版本图书馆 CIP 数据核字(2014)第 229636 号

出 版 人　赵剑英
责任编辑　许　琳
责任校对　李冰洁
责任印制　何　艳

出　　版　中国社会科学出版社
社　　址　北京鼓楼西大街甲 158 号
邮　　编　100720
网　　址　http://www.csspw.cn
发 行 部　010－84083685
门 市 部　010－84029450
经　　销　新华书店及其他书店

印刷装订　北京市兴怀印刷厂
版　　次　2014 年 10 月第 1 版
印　　次　2014 年 10 月第 1 次印刷

开　　本　710×1000　1/16
印　　张　13
插　　页　2
字　　数　230 千字
定　　价　55.00 元

凡购买中国社会科学出版社图书，如有质量问题请与本社联系调换
电话：010－84083683
版权所有　侵权必究

序言："魔高一尺 道高一丈"

信息技术的数字化、网络化，是当今时代被称之为信息社会的重要标志。它极大地改变了人类的工作和生活方式，也为自由便捷的信息交流和舆论传播提供了广阔、高速、多维的平台。

互联网一经诞生，就表现出巨大的爆发力、影响力和扩张性，并形成了台式电脑终端与手机移动终端并存的格局。据统计，2013 年末，我国网民人数已突破 6.5 亿，互联网普及率达 49%。其中，手机网民达 4.6 亿，微博每天发布和转发的信息超过 2 亿条。这使得媒体格局发生了深刻变化。但是，人们也不约而同地发现，在这一重大科技进步的平台上，时常鱼龙混杂、泥沙俱下，以致引发思想混乱、事端频出。

2014 年 4 月 17 日，备受关注的"秦火火"（网名）寻衅滋事案，在北京朝阳区法院一审宣判，被告人秦某被数罪并罚，执行有期徒刑三年，秦某当庭表示不上诉。这个"第一判"，对我国网络犯罪具有很大的打击、震慑作用。但我们毕竟不希望伤人害己的案件发生。与此同时，在互联网的虚拟社会中，虚假信息很多，秩序混乱，如窃取和贩卖网民私人信息，制作流氓软件和传播网络病毒，等等。社会各界对此反映强烈。在这种情况下，张玉亮博士的《面向优化管理的突发事件网络舆情信息流导控研究》（教育部人文社会科学基金资助项目）一书由中国社会科学出版社郑重推出，就显得十分珍贵，很值得一读。

《面向优化管理的突发事件网络舆情信息流导控研究》是一本研究如何对突发事件网络舆情信息流实施优化管理、科学导控的专著。全书约 20 万字，它系统研究了突发事件网络舆情信息流导控的本质规定、理论基础、国外经验、方法机制等问题。其要点有四：一是首次揭示了突发事件网络舆情信息流导控的本质。即它是政府应急管理不可回避的重要环节，是一种回应民意、保障突发事件科学处置的有效管理工具；它追求工具理性和价值理性的统一，并努力向以民为本、崇德为先、知行合一方向发展。二是将国外突发事件网络舆情信息流导控实践提炼概括为致力于彰显个人自由核心价值的"自律导控"、力求个体自律与国家调控相协调的

“均衡导控”和凸显政府强制作用的“东亚导控”三种模式，提出学习、借鉴国外成功经验和做法，贵在立足中国国情，贵在自我创新，贵在构建体现中国特色、符合中国实际和需要的突发事件网络舆情信息流导控模式。三是构建了基于UML的突发事件网络舆情信息流风险评价指标体系，建立了风险模糊综合评价模型，并开展了实证评价研究工作。四是提出了从“线上”和“线下”两个方面入手，从理念、机制、保障体系三个层次，推进突发事件网络舆情信息流导控，实现突发事件网络舆情信息流的合理流动、规范管理。

令人欣慰的是，我在阅读此著作之后，还看到了一种精神：在市场大潮涌动、城市拥堵浮躁、竞争急功近利的环境中，张玉亮仍“坐得住木板凳，听得见五更鸡（鸣）”。这是当代优秀青年知识分子的一个缩影，是中国高等院校这一人才培养基地对国家振兴、民族富强、人民幸福的一种责任担当。

因此，我坚信：在历史发展的长河中，网络世界也一定是“魔高一尺，道高一丈”。

中国管理科学学会副会长　王保庆

2014年4月23日

目 录

第一章　导论

第一节　研究缘起及意义

一　研究缘起

（一）互联网网民数量激增，网民权利意识日渐觉醒①

20 世纪 90 年代中期，互联网开始步入中国人的视野。时至今日，经过短短十余年的发展，我国的互联网事业迅速发展，网民人数不断增长，取得了骄人的成绩。据中国互联网络信息中心（CNNIC）发布的《第 33 次中国互联网络发展状况统计报告》显示，截至 2013 年 12 月底，中国网民规模达 6.18 亿，全年新增网民 5358 万人。互联网普及率为 45.8%，较 2012 年底提升 3.7 个百分点。中国互联网普及率逐渐饱和。中国手机网民规模达到 5 亿，年增长率为 19.1%，继续保持上网第一大终端的地位。网民中使用手机上网的人群比例由 2012 年底的 74.5% 提升至 81.0%，远高于其他设备上网的网民比例，手机依然是中国网民增长的主要驱动力。②（见图 1－1）这些数据表明，互联网并不同于某些昂贵的“奢侈品”，仅限于部分贵族民众的把玩，而是走入到大多数普通民众的生活当中，成为普通大众生活的一个重要组成部分，扮演着朴素而重要的角色。

与此同时，随着互联网普及率的上升以及网民人数的增加，中国也逐步进入到“大众麦克风的时代”。传统媒体不再是唯一的言论发布者、事件评判者，普通民众也可以通过网络适时表达意见，阐述看法，这意味着民众不再继续扮演“舆论场”中被动接受者的角色，民众的权利意识也日益觉醒，通过网络这一平台，他们积极参与到社会热点问题的讨论中

---

① 武西峰、张玉亮：《社会安全事件应急管理概论》，清华大学出版社 2013 年版，第 143 页。

② 《第 33 次中国互联网络发展状况统计报告》（http://www.cnnic.net.cn/hlwfzyj/hlwxzbg/hlwtjbg/201403/t20140305_46240.htm）。

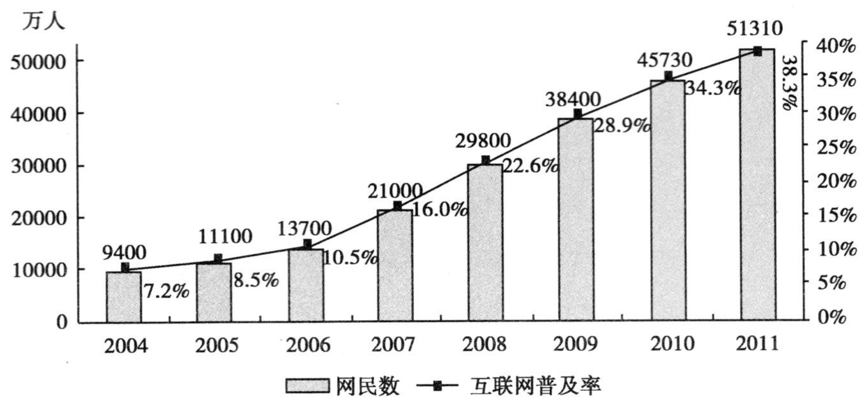

图1－1　中国网民规模与普及率

去，进而以不同的形式介入到社会现实生活和公共事务当中。如在2009年1月发生的“躲猫猫事件”中，云南青年李某死在看守所，警方称其“躲猫猫”时撞墙而致身亡。对此，网民哗声一片，纷纷表达质疑。为此，云南省委宣传部网络发布公告，面向社会征集网民和社会各界人士代表，会同相关部门组成调查委员会，并于2月20日上午前往昆明市晋宁县具体事发地，对“躲猫猫”舆论事件进行了调查，还原了事件真相。①还有2009年11月发生在南京的“‘徐宝宝’眼病致死事件”，在调查的过程中，也同样邀请了关注事件的网民参加，并推翻了先前第一个调查组做出的调查结论，证实值班大夫确实在玩网游，不过不是偷菜而是在下QQ围棋，进而揭示出事件发生的真实原因。②

（二）突发事件网络舆情事件频繁涌现，但其优化导控并不尽如人意

互联网网民数量激增且权利意识日渐觉醒，使得突发事件网络舆情也呈现出前所未有的活跃状态。网民们就许多突发事件和社会热点问题展开激烈讨论，都不同程度地掀起了一波又一波网络舆情风潮。③ 如仅在2009年，全年60分以上的网络热点事件就达246个，每个月都有舆情事件发生。如图1－2所示：

① “云南官方邀网友调‘查躲猫猫事件’”（http://news.sina.com.cn/z/ynduomaomao/index.shtml）。

② “徐宝宝事件”（http：//baike.soso.com/v6823584.htm）。

③ 张玉亮：《突发事件网络舆情的生成原因与导控策略——基于网络舆情主体心理的分析视阈》，《情报杂志》2012年第4期。

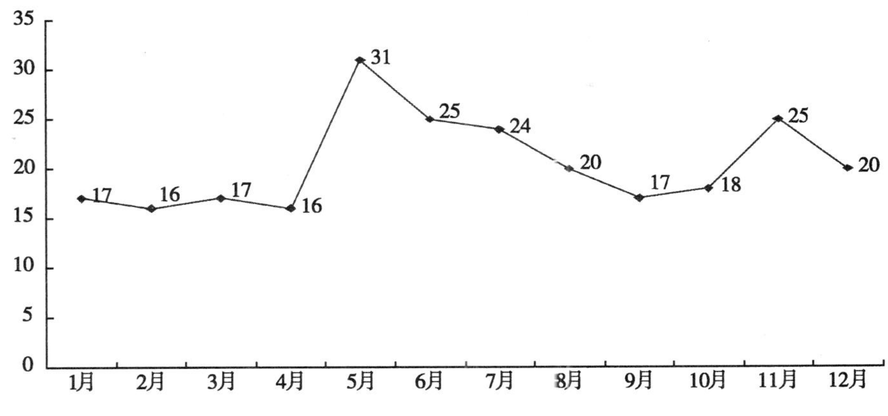

图 1－2　2009 年每月 60 分以上的舆情事件个数分布①

到 2010 年，"60 分以上的网络热点事件达到 274 个，相较于 2009 年有了显著增加，事件个体数量增长 10.5%"。② 与突发事件网络舆情事件频繁涌现形成鲜明对比的是政府及其相关部门的突发事件网络舆情信息流的导控手段、导控方法却相对简单、粗放，导控能力比较低。他们或是在突发事件和敏感问题上缺席、失语、妄语、诳语，或是采用堵的方式解决问题，想要遏制网上的"众声喧哗"，实际上这种做法既不能缓和事态、化解矛盾，也不符合党的十八大提出的保障人民知情权、参与权、表达权、监督权的精神。正如有人所说："发生新闻是第一位的，发表新闻是第二位的，堵了一个记者的口，堵不了所有记者的口；堵了所有记者的口，堵不了互联网上网民的口。"③ 过去，在一些地方一旦出现引发社会高度关注的恶性事件，有些地方的领导第一反应就是"捂""压""盖"。殊不知在信息化社会，特别是在互联网得到普及和应用的时代，任何事件在理论上都是捂不住的。"捂""压""盖"只会让社会公众觉得政府心里有鬼，让真相变得扑朔迷离，并给谣言满天飞创造滋生的土壤。

（三）相关理论探索虽有可贵成绩但仍亟待进一步加强

国内对突发事件网络舆情研究已经有所探索，并取得了不少可贵的成绩。主要表现在以下方面：

① 喻国明：《中国社会舆情年度报告（2010）》，人民日报出版社 2010 年版，第 13 页。

② 同上书，第 11 页。

③ 《给地方政府 10 条应对网络舆论建议促进官民沟通》（http：//news.xinhuanet.com/politics/2009－07/24/content_11763774.htm）。

1. 研究机构相继成立。目前国内成立了多个相关研究机构，而研究机构的成立又为突发事件网络舆情研究的开展提供了平台，夯实了队伍基础，成为突发事件网络舆情研究不断创新发展的有力保障。如天津市社科院舆情研究所，该研究所成立于 1999 年 10 月。[①] 自成立以来，一直致力于舆情领域的基础理论研究工作，并出版了丰富的研究成果，在国内相关领域研究中处于领先地位。还有于 2009 年 1 月 10 日成立的国内首个网络舆情安全研究机构北京交通大学网络舆情安全研究中心。[②] 该中心力图瞄准国际前沿，密切结合国家建设和谐社会网络环境的战略需求，利用电子信息技术手段，从人文、计算机和复杂系统等多学科的角度，进行网络舆情产生、传播和导控等方向性研究和自主网络舆论安全关键技术研发，为国家培养高水平的网络舆论导控人才。此外，新传媒网、中国人民大学舆论研究所、新传媒产业联盟还联合建立了新传媒网络舆情技术实验室[③]，它是国内首个致力于网络舆情前沿技术与管理方法研究及推广的开放式实验室。实验室依托新传媒网对新媒体的深度认识和行业资源优势以及中国人民大学舆论研究所在舆情领域的研究基础，在国内率先推出专业化、集成化的“新传媒网络舆情管理全面解决方案”。

2. 研究主题日益明确。突发事件网络舆情研究展开初期，学界主要是专注于借鉴国外突发事件网络舆情导控实践的基本经验以及研究的基础理论，所撰写的介绍性、通论性著作较多。此后，随着相关实践工作的开展以及研究的进一步深化，研究主题日益明确，出现了一系列对突发事件网络舆情进行专题研究的学术著作和论文，涌现出不少专家学者，他们对突发事件网络舆情的基本内容、价值取向、指标模型、实践流程等都提出了许多真知灼见，为深化突发事件网络舆情研究，推进突发事件网络舆情导控实践发展做出了突出贡献。

3. 学术交流相对频繁。除了书斋式的研究，突发事件网络舆情研究者之间还十分注重相互交流，形成了交流思想、创新研究思路的良好氛围。如 2009 年 11 月，中央电视台财经频道和中国社会科学院新闻与传播

---

① 参见《天津市社科院舆情研究所简介》（http：//www. tass-tj. org. cn/yuqingyanjiusuo/Pages/bensuogaikuang. aspx）。

② 参见《北京交通大学网络舆情安全研究中心成立》（http：//www. gov. cn/fwxx/wy/2009-01/12/content_ 1202528. htm）。

③ 参见《新传媒网络舆情技术实验室》（http：//baike. baidu. com/view/4030686. htm）。

研究所联合主办的“中国经济舆情与《今日观察》”研讨会在北京召开，会议以“金融危机·中国良机·媒体契机”和“网络社会·话语社会·和谐社会”两大议程为核心，重点讨论中国经济舆情现状、发展与创新。几十名专家教授、博士、硕士以“中国经济舆情”为主题，撰写的《公共立场》论文集成为此次会议上的另一个亮点。多篇具有重要学术价值的文章为中国经济舆情报道提供了多样的思考角度，也为处在传媒一线的工作者提供了很好的参考价值。① 2010 年 02 月，新浪网河南频道在郑州主办召开了“2010 河南网络舆情趋势研讨会”暨《2009 河南公共事件网络舆情蓝皮书》发布会，河南省许多知名传媒学者、政府相关领导及多家媒体资深人士参加研讨。与会专家提出，面对网络舆论影响与日俱增的形势，从中央部委到地方政府，应当普遍建立快速应急机制，回应网民关切，及时应对突发事件网络舆情。② 2012 年 2 月，在天津召开了以“舆情与新媒体”为主题的高级学术论坛，来自中国社会科学院信息情报研究院、中国传媒大学传媒科学研究所、华中科技大学公共管理学院、人民网舆情监测室、上海社会科学院舆情研究中心等单位从事国内舆情研究和工作领域的知名学者、专家 30 余人出席了会议。会议就进一步推动舆情理论研究深度和实证分析，促进国内舆情或民意研究同行之间的学术交流与合作等方面达成了共识。③ 2012 年 5 月，中央财经大学又召开了网络舆情与危机管理学术研讨会，会议就很多方面达成共识，为突发事件网络舆情深入研究提供了思路和方法借鉴。④

尽管突发事件网络舆情的理论探索取得了可喜成果，不过，总体上看，毕竟处于初创境地，还有许多问题亟待进一步研究，以求对突发事件网络舆情导控实践面临的问题给予及时回答，这也成为本书开展研究的一个重要的现实理论背景。

---

① 参见《中国经济舆情与〈今日观察〉学术研讨会》（http://finance.qq.com/a/20091103/004883.htm）。

② 参见《“2010 河南网络舆情趋势研讨会”在郑举行》（http://henan.sina.com.cn/news/2010-02-05/163314819.html）。

③ 参见《“舆情与新媒体”高级学术论坛召开》（http://www.cssn.cn/news/458847.htm）。

④ 参见《2012 年网络舆情与危机管理学术研讨会召开》（http://ie.cufe.edu.cn/ReadNews.asp?NewsId=468）。

二 研究意义

（一）有助于丰富和完善突发事件网络舆情研究的基础理论体系

突发事件网络舆情研究确实取得了不少可贵的成绩，涌现出不少有价值的成果。不过，由于多个方面的原因，从总体上来看，研究还存在不少问题：一是突发事件网络舆情研究的基本框架抑或整体体系是什么？目前并没有明确的界说，研究者众说纷纭，莫衷一是；二是如何实现突发事件网络舆情理论研究与现实实践的良性互动。突发事件网络舆情研究并不只是学者们手中的“把玩品”，而应当实现研究与实践的良性互动，在实践中确定研究课题，以研究成果服务实践，引领实践，而这一点，目前做的还不甚到位；三是如何整合突发事件网络舆情研究的研究方法。研究方法是“路”，是“桥梁”和手段，没有科学的研究方法，就不能推动突发事件网络舆情研究的进一步发展，反思目前这一领域的研究方法，目前尚未实现定性研究与定量研究，规范研究与实证研究的有效结合。而本书恰恰试图在以上方面做些许尝试，从信息流的视阈，整合应用多种研究方法，梳理突发事件网络舆情研究的理论框架，进而探讨如何通过研究来指导服务实践，以求走出书斋，服务社会。

（二）有助于提升政府及相关部门的突发事件网络舆情信息流导控能力

有人说：“不懂网络的领导不是一个合格的领导。”可是，在一些地方，有一些领导干部还是把网络视为洪水猛兽，看不到互联网已经成为中国民众表达意愿、参政议政的重要平台，看不到网络监督对提升政府执政能力、促进社会进步的重大作用。突发事件网络舆情一旦发生，政府及相关部门或是响应严重滞后，或是舆情信息流导控方法失当，从而导致政府网络舆情危机，给突发事件的应急处置、政府公信力、经济社会健康发展都带来了巨大挑战。因此，加强突发事件网络舆情信息流导控研究，从实践层面来讲，有助于政府和相关舆情监控部门明确突发事件网络舆情信息流的传播机理，客观评估突发事件网络舆情的发展态势，识别并捕捉那些混淆视听、制造恐慌，可能给经济社会发展带来灾难性后果的突发事件网络舆情信息流，并及时采取相应导控措施，将其牢牢控制在安全警戒线之内，保障经济社会的良性运行，进而提升政府及相关部门的突发事件网络舆情信息流导控能力。

（三）有助于社会主义和谐社会构建和国家的长治久安

构建社会主义和谐社会既是政府所期、民众所盼，又是大势所趋、历史必然。然而，构建社会主义和谐社会并非一蹴而就，也并非靠政府一己之力或是社会某个阶层之力所能为，而必须要通过对社会各个阶层力量的整合，依靠全民族、全社会的力量来实现。做到这一点，就必然要注意倾听社会各阶层关于社会主义和谐社会建设的良好心声和建议。而要倾听民众的建议和心声又必然要求政府注意创新交流平台，拓宽交流途径，充分利用各种交流媒介。在这诸多交流媒介之中，网络媒介具有诸多优势，一是人群覆盖广泛，网民人数众多且其现阶段的参政议政热情高涨，能够为社会主义和谐社会建设出点子、献计策，进而便于政府充分汇聚民智、民意；二是网络具有匿名性特点，便于网民放下包袱，敞开心扉，表达关于社会主义和谐社会的真实想法和意图，为政府做出“人民满意的政绩”指明方向，也有利于提高政府的民众满意度和威信。三是网络可以充当社会的减压阀。社会和谐必然要消除社会中的“紧张”和“不安”因素。但是，随着我国改革开放的深入发展，改革进入深水区，社会利益格局发生重大调整，新问题、新矛盾不断增多，社会中的“紧张”和“不安”因素并不鲜见。究其原因，有多个方面，其中民众无处进行情感宣泄亦是重要原因。而网络恰恰提供了这个宣泄场所，如果充分运用网络这一场所，充分与民众展开沟通，释放其在社会变革中产生的“紧张情绪”并加以科学导控，对于社会主义和谐社会构建和国家的长治久安无疑是一大福音。而本书也正是试图就此做某些探索性的努力和尝试。

第二节　国内外相关研究回顾与述评

一　相关文献检索收集情况

笔者对于国内研究成果的统计，主要是通过对 CNKI 系列数据库①和

① CNKI 系列数据库是我国目前资料收集比较全面，具有较强权威性的数据库体系。它拥有国内 8200 多种期刊、700 多种报纸、600 多家博士培养单位的优秀博硕士学位论文、全国各学会/协会重要会议论文等知识资源。对之进行论文检索，其结果可以在一定程度上反映出大陆学者对某一理论问题的关注程度和研究进展。

TEPS 数据库①的检索来实现的。

因学界对突发事件网络舆情信息流认知、理解上仁智互见，所以在具体措辞上也有所不同。为解决这一问题，笔者在文献检索过程中，分别以“突发事件网络舆情信息流”“突发事件网络舆情”“网络舆情”“突发事件网络舆论”和“网络舆论”为关键词，对 CNKI 中的“中国期刊全文数据库”“中国优秀博硕论文数据库”以及“中国重要会议论文全文数据库”进行了关联检索，检索结果经整理，如表 1－1 所示：

表 1－1 CNKI 系列数据库有关“突发事件网络舆情信息流”论文检索情况（篇）

数据库名称	检索内容	2000 年之前	2000—2005 年	2006—2010 年	2011—2012 年	合计
中国期刊全文数据库	突发事件网络舆情信息流	0	0	0	0	0
	突发事件网络舆情	0	0	0	1	1
	网络舆情	0	1	272	435	708
	突发事件网络舆论	0	0	0	1	1
	网络舆论	0	62	1465	1037	2564
中国优秀博硕论文数据库	突发事件网络舆情信息流	0	0	0	0	0
	突发事件网络舆情	0	0	0	0	0
	网络舆情	0	0	78	53	131
	突发事件网络舆论	0	0	0	0	0
	网络舆论	0	16	362	255	633
中国重要会议论文全文数据库	突发事件网络舆情信息流	0	0	0	0	0
	突发事件网络舆情	0	0	0	0	0
	网络舆情	0	0	7	6	13
	突发事件网络舆论	0	0	0	0	0
	网络舆论	0	0	28	20	48

注：论文检索的时间范围是 1911 年—2012 年 7 月，检索时间为 2012 年 7 月。

① TEPS（Taiwan Electronic Periodical Services）数据库则主要是提供我国台湾地区期刊检索的线上全文数据库。该数据库当前已收录我国台湾地区近四百种各类学科的期刊，其收录数量仍在持续增加当中。检索该数据库所得到的结果，可以反映台湾学者的实施研究的思路、方法以及未来的倾向性。

笔者分别以篇名、关键词和主题为检索方法，以“舆论”“网络舆论”“网络舆情”“突发事件 + 网络舆情 + 信息流”为内容，对 TEPS 数据库进行检索，检索结果如表 1 – 2 所示：

表 1 – 2　　TEPS 数据库相关论文检索情况（篇）

数据库名称	检索方式	检索内容			
		舆论	网络舆论	网络舆情	突发事件 + 网络舆情 + 信息流
TEPS 电子期刊全文数据库	篇名	6	0	1	0
	关键词	7	0	0	0

注：检索时间：2012 年 7 月。

此外，笔者还通过多种途径，收集了比较多的有关“突发事件网络舆情信息流”的中文专著。[①] 通过对这些文献的初步分析，笔者得出的结论是：2000 年之前，只有相关论文 1 篇，2000 年没有相关文章，这反映出在 2000 年（含 2000 年）之前，突发事件网络舆情问题的研究尚未引起足够的重视。自 2000 年之后，特别是 2004 年之后，相关文献迅速增加，对于该问题的研究才开始逐渐受到关注，即使如此，研究者更多的也是从个人视阈出发开展本领域的研究，并没有过多从信息流的角度对此问题进行深入探讨。

对国外文献的检索与收集，笔者主要是依托于万方外文文献库[②]、ProQuest Digital Dissertations（欧美学位论文数据库，PQDD）[③] 和 NSTL 西文期刊库和外文会议库，对这 3 个数据库进行检索，其结果能够在一定程度上反映出西方国家学者的研究偏好与研究重点。

① 这些专著主要有：《人民网舆情监测室：如何应对网络舆情——网络舆情分析师手册》，新华出版社 2011 年版；王国华、曾润喜、方付建：《解码网络舆情》，华中科技大学出版社 2011 年版；计雷、池宏、陈安等：《突发事件应急管理》，高等教育出版社 2006 年版；周定平：《社会安全事件应对研究》，中国人民公安大学出版社 2008 年版；喻国明：《中国社会舆情年度报告（2012）》，人民日报出版社 2012 年版；喻国明：《中国社会舆情年度报告（2011）》，人民日报出版社 2011 年版；喻国明：《中国社会舆情年度报告（2010）》，人民日报出版社 2010 年版；曾胜泉：《突发事件舆情应对指南》，南方日报出版社 2012 年版；邹军：《看得见的“声音”——解码网络舆论》，中国广播电视出版社 2011 年版；余红：《网络时政论坛舆论领袖研究——以强国社区“中日论坛”为例》，华中科技大学出版社 2010 年版。

② 万方外文文献库主要包括外文期刊论文和外文会议论文。外文期刊论文是全文资源。收录了 1995 年以来世界各国出版的 12634 种重要学术期刊，部分文献有少量回溯。

③ PQDD 数据库则是国际上权威性的博士、硕士毕业论文数据库，其论文来自欧美地区 1000 多所重要院校。

笔者先后以“network public opinion ”（网络舆情）、“network public opinion + emergencies”（突发事件网络舆情）和“information flow + network public opinion + emergencies”（突发事件网络舆情信息流）为检索内容，对三大数据库进行了布尔逻辑检索[①]，结果统计后如表1－3所示：

表1－3　突发事件网络舆情信息流研究外文论文检索情况（篇）[②]

数据库名称	检索方式	检索内容		
		network public opinion	network public opinion + emergencies	information flow + network public opinion + emergencies
万方外文文献库	论文标题	415	4	0
	关键词	452	7	0
ProQuest	关键词	70	2	0
NSTL 西文期刊库和外文会议库	全部字段	3034	33	0
	关键字	114	3	0

注：检索时间：2013年12月。

对检索结果初步分析，可以发现，突发事件网络舆情研究在西方国家取得了不少可贵的成果，积极吸取其中有益内容，对我国进行突发事件网络络舆情信息流研究来说，不无裨益。

二　国外相关研究状况述评[③]

通过与国外研究文献的梳理可以发现，国外更多的是对突发事件网络舆情开展研究，而对于突发事件网络舆情信息流的研究较少，但是这些成果的取得，对于我们开展的研究具有诸多借鉴。总体而言，国外相关研究呈现如下特点：

（一）起步较早且进展迅速

关于民间舆情的研究，一直是国外发达国家学者十分热衷的一个研究主题。早在20世纪之初，其学界、政府及其相关部门就开始致力于这一

① 布尔逻辑检索是指运用布尔逻辑算符进行逻辑组配，表达两个概念之间的逻辑关系，然后根据这种关系进行的检索。其中，主要的逻辑关系词有：逻辑与（and）、逻辑或（or）以及逻辑非（not）。

② 张玉亮：《突发事件网络舆情研究：回顾、检视及反思》，《情报杂志》2013年第2期。

③ 同上。

问题的研究，并成立了专门的研究所和民意研究会。到20世纪90年代初期，伴随着网络技术的迅速发展，出现了光纤及高速网络技术，第四代计算机网络随之诞生，[①] 且逐渐成为人们思想交流、信息传输、观点传播的新平台。人们亦纷纷参与其中，使得以Internet为代表的互联网逐渐成为人们舆论的集散地。在这种情况之下，学者们也开始跳出单纯的关注普通的、现实的民间舆情研究的窠臼，逐步对网络舆情研究特别是突发事件网络舆情研究投以关注的目光。不过，初期的研究毕竟还不深入，多数文章还是停留在对网络文化、网络生态、网络民主的基础研究上，研究视域相对狭窄，内容也不丰富。不过这种状况并未持续良久，到20世纪90年代末，随着信息技术的进一步发展，互联网迎来快速发展的又一高潮，真正意义上的网民由此形成，而突发事件网络舆情研究也随之更加深入。特别是突发事件网络舆情监测、发现技术研究方面取得了进一步发展，包括舆情信息采集技术、预处理技术、预警技术等。如卡内基梅隆大学（Carnegie Mellon University）采用凝聚层次聚类算法进行在线舆情信息检测。Allan等则通过建立一个OL-SYS系统来实施新事件检测（NED）。[②] Kumaran等则推崇使用自然语言处理技术辅助统计策略解决NED问题[③]；等等 。这些技术成果的出现，为突发事件网络舆情研究进一步发展奠定了坚实的基础。

（二）立足宪政民主服务宗旨

宪政民主是发达国家民主政治的基本体现。它以民主为旗帜，以宪政为基础，以个人自由为终极目标，彰显了人类对于自身自由权力的充分自信和执着追求。立足宪政民主服务宗旨是国外突发事件网络舆情研究的一大特色，也是其整个研究的归宿所在。可以说，服务宪政民主就是国外突发事件网络舆情的研究之基，立身之本。有此观点，原因是，国外突发事件网络舆情研究者在致力研究之时，时刻不忘宪政民主的价值诉求，无不在通过研究来探寻网络时代宪政民主新的实现途径，力图为政府公共政策

① 马洪军：《第四代计算机网络的发展》，《信息系统工程》1999年第2期。

② Allan J. , Papka R. , Lavrenko V. , On-Line New Event Detection and Tracking. In: Proceedings of SIGIR' 98: 21st Annual International ACM SIGIR Conference on Research and evelopment in Information Retrieval. New York: ACM Press, 1998, pp. 37 –45.

③ G. Kumaran and J. Allan, Text classification and named entities for new event detection. In: Proceedings of the SIGIR Conference on Research and Develoopment in Information Retrieva. Sheffield, South Yorkshire: ACM, 2004, pp. 297 –304

体现民意，符合民众意愿找到新的方法和工具。如 Manuel Castells 认为随着网络社会的崛起，网络舆论、网络民主将成为未来社会文明发展新的重要领域，基于网络民意表达和网络舆情的网络民主已将西方社会民主推向新的高度。① Alvin Toffler 夫妇也认为：在网络时代，公民可以借助网络就公共问题直接向政府发表意见或投票表决，“半直接民主”和“直接民主”将代替工业时代的代议制“间接民主”。② Porter 也提出应当把网民纳入危机沟通环节，并作为不可忽视的群体。③ Syed Zafar Ilyas，Johll，Sheffield 指出政府政策成功制定、实施与公众的充分知情有密切关系。④ Robert Gellman 则在研究美国政府与公众信息交流模式的基础上，研究政府如何收集与传递公共信息⑤。

（三）凸显科学技术理性

科学技术理性推崇客观的自然规律和事物的合逻辑性，强调用科学规范、科学思维模式和科学方法来认识世界、解释事物，力图在严格的逻辑规则之中，普适性地思考问题。在突发事件网络舆情研究之中，这种科学技术理性体现在学者们十分推崇突发事件网络舆情技术层面的研究，包括突发事件网络舆情的监测技术、跟踪技术、预警技术，等等。着力从技术层面研究提出突发事件网络舆情的解决之策。如国外自 20 世纪 90 年代就致力于 TDT（Topic Detection and Tracking）技术的研究，以求通过应用该技术手段归纳和发现突发事件网络舆情数据流中的重要信息。⑥ 此后，关于突发事件网络舆情技术手段的研究得到了进一步的发展。如 2002 年，美国国防部高级研究计划局（DARPA）开发了 TLA 系统，用以技术分析

---

① ［美］曼纽尔·卡斯特：《网络社会的崛起》，夏铸九等译，社会科学文献出版社 2006 年版，第 9 页。

② ［美］阿尔温·托夫勒、海蒂·托夫勒：《创造一个新的文明——第三次浪潮的政治》，陈峰译，上海三联书店 1996 年版，第 96 页。

③ Porter, New technologies and public relations: Practitioner use of online resources to earn a seat at the management table, *Journalism and Mass Communication Quarterly*, 78, pp. 172 – 191.

④ Syed Zafar Ilyas, Johll, Sheffield, Awareness and acceptability of hydrogen vehicles: A Public opinion. Int Hydrogen Energy (2007), doi: 10. 1016/j. ijhydene. 2007 – 3 – 17.

⑤ Robert Gellman, The American Model of Access to and Dissemination of Public Information. (http: //europa. eu. int/ISPO/legal/stockholm, /en/Gellmn. html.)

⑥ James Allan, Ao Feng, Alvaro Bolivar, Flexible intrinsic evaluation of hierarchical clustering for TDT. Proceedings of the twelfth international conference on Information and knowledge management. 2003, pp. 263 – 270.

和处理互联网海量数据中内含的社会舆情。2006 年，美国的桑迪·潘特兰德开展了 Reality Mining 项目的研究，试图利用现实挖掘技术来实现舆情信息的挖掘与反省。2007 年，美国华盛顿大学的研究者提出了用于发现网络社区的谱算法，并用于生物和社会网络的子网络结构分析，实验证明该算法具有良好的效率和准确性。①

（四）注重多学科板块知识的交流与互动

突发事件网络舆情研究属于交叉学科研究领域。多个学科知识的相互借鉴、相互融通，形成突发事件网络舆情研究的良好学科板块群，是推动其研究发展的重要基础。就这一点，国外相关研究者做了可贵的尝试。他们既注重从自然科学角度来研究突发事件网络舆情，如开发设计了诸多突发事件网络舆情的发现与预警技术，同时也注重从社会科学的视域来揭示突发事件网络舆情的基本特点、发生规律与预防对策，进而为突发事件网络舆情研究的大发展提供了契机。如有的学者从社会学角度，研究网络舆情中的群体极化现象，如美国法学家 Cass Sunstein 曾提出了“群体极化”这一概念，并界定了其核心内涵，② 且以之作为突发事件网络舆情研究的重要切入点；有的学者从经济学的角度予以研究，如 Michael Hauben、Ronda Hauben 两位学者，他们着力于网民对互联网行为效应的研究，通过研究，他们提出了网民对于建立全球参与性的计算机网络，推动网络经济发展有重要意义这一观点。③ 由于自然科学与社会科学研究者的共同努力，国外突发事件网络舆情研究更加深化，也更加富有生机和活力。

三　国内突发事件网络舆情研究的关注层面④

就国内研究来看，突发事件网络舆情的研究如火如荼，但是对于突发事件网络舆情信息流的研究还处于起步阶段，不过，对于该问题的研究一直呈现上升趋势。通过对检索文献的梳理，可以发现，国内学界的研究主要集中在如下方面：

① Jianhua Ruan and Weixiong Zhang, An Efficient Spectral Algorithm for Network Community Discovery and Its Applications to Biological and Social Networks, Proceedings of the 2007 Seventh IEEE International Conference on Data Mining, 2007, pp. 643 – 648.

② Cass Sunstein, *Republic. com. rinceton*, NJ: Princeton University Press, 2001, pp. 1 – 30.

③ Michael Hauben, Ronda Hauben. Netizens: On the History and Impact of UseNet and the Internet. *Wiley-IEEE Computer Society Pr*; 1, 1997, pp. 1 – 10.

④ 张玉亮：《突发事件网络舆情研究：回顾、检视及反思》，《情报杂志》2013 年第 2 期。

（一）关于突发事件网络舆情形成及其传播的研究

对于突发事件网络舆情形成及其传播的研究是突发事件网络舆情问题研究的关键内容。国内一些学者就此问题进行了积极探索，力图从自己的研究视域揭示突发事件网络舆情形成及其传播的基本规律和一般模式。如笔者力图从突发事件网络舆情主体心理的角度来揭示突发事件网络舆情的生成原因，提出主观焦虑的强化与放大、集群情绪渲染与个人理性的迷失、心理失衡与情感宣泄的交织与碰撞、政治不信任的累加与表达机制的失语是促成突发事件网络舆情发生的重要原因。[①] 陈波、于玲、刘君亭等着力于通过新建模型来研究突发事件网络舆情传播规律，他们将传统的传染病模型应用到突发事件网络舆情研究当中，建立了带直接免疫的 SEIR 舆情传播控制模型。[②] 新模型克服了传统舆情研究模型的诸多缺陷，对突发事件网络舆情传播研究有重要参考价值。与前者不同，孙佰清、董靖巍则是基于“六度分隔”假说、小世界网络和无尺度网络等社会网络理论，建立了基于主体（Agent）的网络舆情扩散监测模型以及网络舆情扩散规律分析模型。[③] 兰月新、邓新元通过建立微分方程模型，研究突发事件网络舆情演进规律，进而确定了舆情扩散过程中的三个特征时间点和舆情发展的四个时段，并提出了政府在不同时段所应奉行的处置对策。[④] 为政府突发事件网络舆情处置提供了有益参考。姜胜洪则是以案例研究为主，它通过杭州飙车案这一实例，研究归纳网络舆情形成和发展变化的一般规律。[⑤] 相较于单纯的理论研究，其案例研究更加凸显研究的直观性，对于突发事件网络舆情形成及传播研究有借鉴意义。周耀明、张慧成、王波则使用时间序列的分析方法来探索网络舆情的演化规律，构建了网络舆情演化的分布模式、平稳模式、相关模式、自相似模式、周期模式和趋势模

---

① 张玉亮：《突发事件网络舆情的生成原因与导控策略——基于网络舆情主体心理的分析视阈》，《情报杂志》2012 年第 4 期。

② 陈波、于玲等：《泛在媒体环境下的网络舆情传播控制模型》，《系统工程理论与实践》2011 年第 11 期。

③ 孙佰清、董靖巍：《重大公共危机网络舆情扩散监测和规律分析》，《哈尔滨工业大学学报》（社会科学版）2011 年第 1 期。

④ 兰月新、邓新元：《突发事件网络舆情演进规律模型研究》，《情报杂志》2011 年第 8 期。

⑤ 姜胜洪：《把握网络舆情规律 加强正面舆论引导》，《中国党政干部论坛》2011 年第 7 期。

式，并给出了相应的模式分析方法。[①] 王国华、曾润喜、方付建研究了网络舆情演化要素、演变规律、热点事件的热源因子等一系列问题，对于揭示突发事件网络舆情演变、传播规律有重要启迪。[②]

（二）关于突发事件网络舆情监测与处置的研究

监测与处置是突发事件网络舆情应对的核心环节，也是我国突发事件网络舆情研究的一个重要内容。目前，学界对于这一问题的研究，投入了很多精力，旨在研究提出有效的突发事件网络舆情预警与处置的技术策略与方法。如李弼程、王瑾、林琛借鉴战场态势分析思想，选取了七个网络舆情态势分析模式对预警等级进行判断。[③] 实验证明，该方法具有一定的现实可操作性。范立国构建了公共信息网络舆情智能分析系统，该系统具有综合信息采集、全文检索、查询分析、数据关联挖掘等多种功能。[④] 对于有效开展网络舆情预警具有现实意义。徐学峰、杜晚樱等则实现了网络舆情预警机制定量研究与定性研究的结合，他们基于层次分析法和系统动力学建立了网络舆情预警机制模型。[⑤] 我国台湾学者程辉、刘云根据社会惯性理论和网络舆情在时间上的延续性，提出了一个从时间和数量的角度对网络舆情发展趋势进行预测的模型，[⑥] 具有研究的参考价值。除此之外，学界还将相关研究成果应用到实践中去，开发设计了一系列突发事件网络舆情预警与监测系统，为政府及相关部门、单位的舆情应对提供可贵支持。如中科院计算所网络重点实验室设计并开发了互联网舆情监测 Beehoo 系统，实现了实时检索和在线数据获取，并能准确提取出新闻网页、帖子和博文的标题、作者、发表时间、回复时间、点击数和回复数等相关要素。北京理工大学网络与分布式计算实验室也在进行网络舆情分析

① 周耀明、张慧成、王波：《网络舆情演化模式分析》，《信息工程大学学报》2012 年第 3 期。

② 王国华、曾润喜、方付建：《解码网络舆情》，华中科技大学出版社 2011 年版，第 87—115 页。

③ 李弼程、王瑾、林琛：《基于直觉模糊推理的网络舆情预警方法》，《计算机应用研究》2010 年第 9 期。

④ 范立国：《公共信息网络舆情智能分析系统的分析与设计》，《情报科学》2010 年第 11 期。

⑤ 徐学峰、杜晚樱等：《网络舆情预警机制的系统动力学仿真》，《青岛大学学报》（自然科学版）2011 年第 2 期。

⑥ 程辉、刘云：《基于时间序列的网络舆情预测模型》，《网际网路技术学刊》2008 年第 12 期。

与预警平台的研发工作，现已完成了逻辑模型和框架的设计。除相关科研院所设计开发的突发事件网络舆情监测与预警系统，不少企业也设计开发了类似的系统。如谷尼国际软件（北京）有限公司设计开发了谷尼网络舆情监控系统和微博舆情监测预警系统，为决策层全面掌握舆情动态，做出正确舆论引导，提供分析依据；北京优捷信达信息科技有限公司开发了网络监控分析系统慧眼 ViewScope、网站监控系统 Website Monitor 等系列产品。

（三）关于具体部门突发事件网络舆情问题的研究

国内学者还针对一些具体部门、具体单位所面临的突发事件网络舆情问题进行了研究，以求找到相应的有针对性的解决方案。如郭亮分析了高校网络舆情产生的背景、特点和主要内容，提出建构高校网络舆情危机管理预案对高校做好网络舆情监管和网络舆情危机管理有着重要的意义。① 曾润喜提出校园 BBS 已成为高校网络舆情的重要显示窗口，高校思想政治教育工作者应积极应用好这一平台，做好高校学生舆情引导工作。② 蔡晓平、李海云认为高校网络舆情是高校思想政治教育工作无法回避的一大难题，构建“四位一体”的高校网络舆情引导机制将在一定程度上为完成该任务打开缺口。③ 李尚旗认为高校网络舆情还可以充当化解大学生不良情绪的减压阀，推动学校的民主决策；其管理的关键在于加强网络舆情监控、注意预警并进行有效引导。④ 张海玲则试图从经济分析法的视角研究法院如何主动改善网络舆情对司法的评价，如何达到审判权和网络舆情之间的良性互动，又应该构建怎样的网络舆情应对机制。⑤ 马永定提出处置涉警网络舆情危机是公安机关在互联网时代面临的一个新课题，处置网络舆情危机，应加强基础建设，完善长效机制。⑥ 山东省临朐县人民检察院课题组分析了涉检网络舆情危机产生的主要成因，提出涉检网络舆情立

① 郭亮：《高校网络舆情监管与网络舆情危机管理》，《西南农业大学学报》（社会科学版）2011 年第 1 期。

② 曾润喜：《BBS：高校网络舆情的晴雨表》，《山东省青年管理干部学院学报》2010 年第 1 期。

③ 蔡晓平、李海云：《高校网络舆情诊断及引导研究——以广东省高校为例》，《高教探索》2011 年第 6 期。

④ 李尚旗：《高校网络舆情的作用及其管理》，《学术论坛》，2011 年第 2 期。

⑤ 张海玲：《网络舆情之于审判权：助推还是阻碍》，《法律适用》2010 年第 12 期。

⑥ 马永定：《处置涉警网络舆情危机的探讨——以绍兴市“5·27”交通事故舆情成功处置为例》，《公安学刊》2010 年第 1 期。

体引导机制的构建措施。天津市滨海新区大港人民检察院课题组分析了涉检网络舆情的主要特点、生成机制与传播规律，并在此基础上提出建立相应的处置机制。①

（四）关于突发事件网络舆论暴力演化及消解的研究

除对普通突发事件网络舆情的研究，还有不少学者对于突发事件网络舆论暴力问题进行了研究，不过，这个方面的研究成果目前比较少，且以定性研究为主，研究的系统性不强。如肖盼章认为网络环境的虚拟性和网络身份的匿名性、网络议程设置的随意性和网络把关人的失职、部分网民对传统主流媒体缺乏基本信任等是网络暴力产生的原因。② 李晓红、方金珍分析了近年来频繁出现在网络中的舆论暴力事件的伦理原因，并提出了相应的伦理对策。③ 万磊指出网络舆论暴力产生的原因在于网络具有的隐匿性特征，要遏制网络舆论暴力，关键在于做到网络自律、网民自律和网站自律。④

国内突发事件网络舆情研究取得了可喜的成绩，但是由于种种原因，成绩背后，还有不少问题亟待予以解决。主要有：一是研究水平和成果质量有待进一步提高。尽管目前我国突发事件网络舆情研究的理论成果有了很大增长，研究者数量也显著增多，但整个研究的规范体系，研究的范式还尚未形成，研究的深入程度也需要进一步强化。二是研究成果的应用性有待进一步增强。要进一步提高研究成果对现实实践的支持力度，提高成果的现实应用性和理论指导性。三是研究方法有待进一步改进，切实为突发事件网络舆情理论研究发展提供良好的方法和工具支持。

四 深化研究需注意的问题⑤

反思当前突发事件网络舆情信息流研究的实际进展，我们认为，新时期加强突发事件网络舆情信息流研究工作，应当注意以下几个方面的问题：

---

① 山东省临朐县人民检察院课题组：《涉检网络舆情立体引导机制的构建》，《中国检察官》2010 年第 11 期。

② 肖盼章：《传播学视野下网络舆论暴力现象探析》，《中共郑州市委党校学报》2010 年第 5 期。

③ 李晓红、方金珍：《网络舆论暴力的伦理考量》，《华东交通大学学报》2009 年第 4 期。

④ 万磊：《“网络舆论暴力”与网络自律》，《中州大学学报》2008 年第 4 期。

⑤ 张玉亮：《突发事件网络舆情研究：回顾、检视及反思》，《情报杂志》2013 年第 2 期。

（一）注重网络舆情信息流技术研究与基础理论研究、导控对策研究的支持与互动

基础理论研究是突发事件网络舆情信息流研究的基础和前提，只有夯实基础，才能使得突发事件网络舆情信息流相关技术研究和导控对策研究富有生机和活力。而网络舆情信息流技术研究则是突发事件网络舆情信息流研究的关键，不掌握突发事件网络舆情信息流的发现、预警技术，突发事件网络舆情信息流的基础理论研究就无法获得升华，突发事件网络舆情信息流的导控对策研究就无用武之地。而导控对策研究又是突发事件网络舆情信息流基础理论研究和技术研究的基本指向，基础理论研究和技术研究都要服务于突发事件网络舆情信息流导控这一基本目标。目前，学界对突发事件网络舆情信息流的技术研究十分偏爱，相反，对于突发事件网络舆情信息流的基础理论研究和导控对策研究则投入了相对较少的精力。新时期，要进一步推进突发事件网络舆情信息流研究的发展，就应当把突发事件网络舆情信息流技术研究与基础理论研究、导控对策研究有机结合起来，实现网络舆情信息流技术研究与基础理论研究、导控对策研究的支持与互动，既要从基础理论上明晰突发事件网络舆情信息流研究的理论定位和学科归属，把握突发事件网络舆情信息流研究理论体系的逻辑起点、中心线索和内部结构，也要从技术层面和导控对策层面提出突发事件网络舆情信息流研究中国化、本土化的技术策略和导控对策，回答中国突发事件网络舆情信息流导控实践中的各种问题，从而探索构建有中国特色的突发事件网络舆情信息流研究的理论体系。

（二）推动研究方法的进一步整合与创新

方法是桥梁，是纽带。深化突发事件网络舆情信息流研究，客观要求推动研究方法的进一步整合与创新。为此，需要从两个方面入手：一是坚持实证研究与规范研究结合。即既注重从突发事件网络舆情信息流发生、发展的现实遴选研究课题，构建研究思路，解答现实突发事件网络舆情信息流导控实践中遇到的问题，又要注重通过“学究式”的、“高层次”的研究，进行抽象理论推演，揭示突发事件网络舆情信息流的演变特征、演变规律。二是根据研究对象遴选研究方法。每种研究方法都有其优势和劣势，没有放之四海而皆准的使用条件。因此，要注意研究方法的针对性和有效性，保证突发事件网络舆情信息流研究切实得“法”。

（三）坚持范式学习、引鉴与创新的结合

突发事件网络舆情信息流研究，国外取得了十分可贵的成绩。因此，积极学习、引鉴国外突发事件网络舆情信息流研究的先进成果和有益经验，对于及时把握国外突发事件网络舆情信息流研究的新动向、新进展和新趋势，保持我国突发事件网络舆情信息流研究的国际眼光和视野具有重要意义。同时，在学习、引荐之时，注意把握中国的现实具体情况。毕竟，我国突发事件网络舆情信息流研究的现实条件与国外迥然不同。我们的突发事件网络舆情信息流研究也应当着眼中国现实，符合中国实际，体现中国特色。做到突发事件网络舆情信息流研究范式学习、引鉴与创新的有机结合。

（四）进一步推动研究团队的培育、整合与交流

突发事件网络舆情信息流研究已经形成一定规模的团队。就目前来看，主要的研究团队有以下几种：高校研究团队、企业研究团队、专业研究机构的研究团队以及政府机构研究团队。这些团队日益成为突发事件网络舆情信息流研究的重要力量，由此，推动这些研究团队的培育、整合与交流有助于研究顺利进行和团队的壮大，为研究提供人力、物力支撑。首先，团队要努力吸纳优秀、专业人员，保障团队的人力资源充沛以及人员整体质量；其次，在团队不断成长进步过程中，内部要及时沟通、协调好成员关系，形成研究团队整体凝聚力；再次，团队研究要结合实践，针对社会问题进行网络舆情信息流研究，积极同其他团体进行配合，形成相辅相成的整体结构；最后，团队研究中，将研究方向进行整合，使一个团队中尽量涉及各方面、多角度的突发事件网络舆情信息流研究，同时，将小团队合并为集中力量，管理统一的大团队。共同将突发事件网络舆情信息流研究的发展、创新、深化作为团队的共同目标，进而为突发事件网络舆情信息流研究不断带来新的研究成果。

第三节　研究的总体构思与方法

一　研究总体构思

本书的研究思路是：首先，分析突发事件网络舆情信息流导控的内涵、本质规定及理论基础；研究国外突发事件网络舆情信息流导控的基本

模式，提出其对中国的借鉴意义；其次，通过对突发事件网络舆情信息流传导过程的研究，揭示突发事件网络舆情信息流传导的特征与规律；再次，研究建立突发事件网络舆情信息流风险评价指标体系与评价模型，并开展实证研究；最后，在以上研究的基础上，提出面向优化管理的突发事件网络舆情信息流导控措施。如图 1－3 所示。

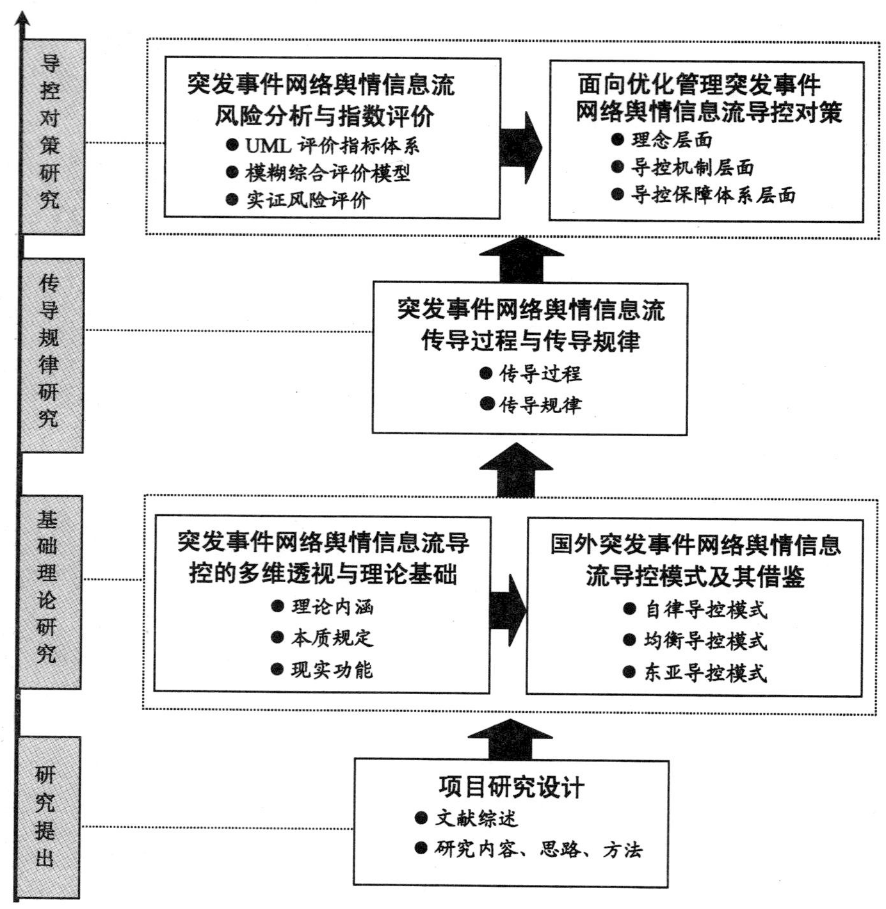

图 1－3 本书研究的总体构思

二 研究方法

本书运用的研究方法分为这三个层次：

（一）哲学方法：系统论研究方法

系统论研究方法将研究对象视为一个有机的系统，注意从要素、环境与系统的相互关系中来把握研究对象。本书应用系统论研究方法视突发事件网络舆情信息流导控为一个有机的系统，注意分析该系统的结构与功能，注重研究该系统要素与环境的关系以及其变动规律。

（二）一般方法：归纳法和演绎法

归纳法是一种由个别到一般，用若干个特殊事物来证明一种普遍性观点的方法。该方法体现的是一种审慎接受的态度。而演绎法则是从一般到个别，从抽象到具体的思维方法。在本书中，笔者通过归纳法，对突发事件网络舆情信息流进行分析，得出了许多有益的见解。然后又应用演绎法，对突发事件网络舆情信息流分析结果进行演绎推理，求证得出创新突发事件网络舆情信息流导控的对策。

（三）具体方法：案例法、内容分析法、UML方法、层次分析法、模糊综合评价法

一是应用案例法收集、整理近几年突发事件网络舆情信息流生成传导的相关案例及其信息，包括通过普通搜索工具（包括百度高级搜索、谷歌搜索、奇虎搜索引擎、大型论坛和门户网站站内搜索引擎等）收集案例信息；利用专门舆情监测软件（包括IWOMdiscover、unotice舆情监控系统等）对案例信息进行定向抓取，到省应急管理办公室及相关网络舆论监测部门进行案例收集。二是应用内容分析法，对所收集的特定案例的突发事件网络舆情信息流进行跟踪研究，分析其传导扩散以及平复的规律和趋势，分析影响突发事件网络舆情信息流变化的各种因素，揭示突发事件网络舆情信息流的传导规律。三是应用UML方法设计构建突发事件网络舆情信息流风险评价指标体系，应用层次分析法确定其指标权重。四是基于各种评价方法的优势和劣势的分析与比较，应用模糊综合评价方法构建突发事件网络舆情信息流风险评价模型，并开展相关实证研究，为突发事件网络舆情信息流的优化导控提供基本依据。

第四节　研究内容及可能的创新点

一　主要内容

本书共分为七章。各章的主要内容及研究要点分别介绍如下：

第一章，导论。本章的主要任务是提出并确立研究论题："面向优

化管理的突发事件网络舆情信息流导控研究。”首先阐述选题背景和研究意义，综述并评估国内外相关研究文献，然后提出本书研究的目标、思路和框架安排，同时还介绍本书所采用的研究方法，为后续研究奠定基础。

第二章，突发事件网络舆情信息流导控的多维透视与理论基础。本章在界定突发事件网络舆情信息流内涵的基础上，分析突发事件网络舆情信息流的传导主体及传导原因，研究突发事件网络舆情信息流导控的本质规定，同时探讨突发事件网络舆情信息流导控的现实功能，为突发事件网络舆情信息流导控研究提供理论基础。

第三章，国外突发事件网络舆情信息流导控模式及其对中国的借鉴。国外在突发事件网络舆情信息流导控研究方面起步较早，并制定了相对完备的治理体系，形成了特色鲜明、成效明显的运行模式，积累了十分有价值的经验。本章在主要探讨致力于彰显个人自由核心价值的自律导控模式、力求个体自律与国家调控相协调的均衡导控模式、凸显政府强制介入作用的东亚导控模式三种导控模式做法和经验的基础之上，提出要充分借鉴国外突发事件网络舆情信息流导控先进经验，突破现有的管理模式，制定出适合我国突发事件网络舆情信息流导控体系，提升政府及相关公共部门网络舆情信息流导控能力。

第四章，突发事件网络舆情信息流传导过程与传导规律研究。本章致力研究突发事件网络舆情信息流触发、传染、浮动、衰变的动态传导进程，分析突发事件网络舆情信息流各个传导阶段的特征，实现突发事件网络舆情信息流传导过程与传导表征的耦合，进而揭示突发事件网络舆情信息流传导的一般规律。

第五章，突发事件网络舆情信息流风险分析与指数评价研究。本章在借鉴国内外相关研究成果的基础上，阐释构建突发事件网络舆情信息流风险评价指标体系的基本思路，探索构建基于 UML 的突发事件网络舆情信息流风险评价指标体系。继而在对比分析各类评价方法优势和劣势的基础上，建构突发事件网络舆情信息流风险模糊综合评价模型并进行实证研究，进而为突发事件网络舆情信息流的优化导控奠定基础。

第六章，面向优化管理的突发事件网络舆情信息流导控对策研究。本章在前面研究的基础之上，提出主要从三个方面着手，即以开放、包容、竞合、创新的理念推动突发事件网络舆情信息流导控、着力推进突发事件网络舆情信息流导控机制创新、进一步完善突发事件网络舆情信息流导控保障体系，进而达成突发事件网络舆情信息流优化导控之目的。

第七章，研究结论及展望。对研究进行总结，提出有待进一步深入研究的相关问题。

二 可能的创新点

（一）提炼概括突发事件网络舆情信息流导控的本质。即突发事件网络舆情信息流导控是政府应急管理的重要环节、是一种有效的管理工具，并致力于追求工具理性与价值理性的统一。

（二）研究突发事件网络舆情信息流的传导过程，并从性别分布、年龄分布、职业分布、学历分布、地域分布等方面揭示突发事件网络舆情信息流的传导特征与规律。

（三）基于建模语言 UML，并结合风险评估指标体系构建需要注意的问题，构建突发事件网络舆情信息流 UML 风险评估指标体系。

（四）建构突发事件网络舆情信息流风险模糊综合评价模型，并以临武县“瓜农死亡事件”为例，进行实证风险评估。

（五）提出面向优化管理的突发事件网络舆情信息流导控需从“线上”和“线下”两个方面入手，从理念、机制、保障体系三个维度予以推进。

第二章　突发事件网络舆情信息流导控的多维透视与理论基础

本章在研究突发事件网络舆情信息流内涵的基础上，研究突发事件网络舆情信息流导控的本质规定，同时探讨突发事件网络舆情信息流导控的现实功能，为突发事件网络舆情信息流导控研究提供理论基础。

第一节　突发事件网络舆情信息流的理论界定

一　突发事件网络舆情信息流的内涵分析

突发事件网络舆情信息流这一概念是由突发事件、网络舆情和信息流三个基础词汇构成的，要界定突发事件网络舆情信息流的理论内涵，应首先科学定义突发事件、网络舆情、信息流三个基础概念。

（一）突发事件、网络舆情和信息流的内涵

根据《中华人民共和国突发事件应对法》之规定，所谓突发事件，“就是指突然发生，造成或者可能造成严重社会危害，需要采取应急处置措施予以应对的自然灾害、事故灾难、公共卫生事件和社会安全事件”①。突发事件具有紧急性、不确定性、危害性等特点，给人们的生产、生活都带来巨大挑战。一部人类发展史，可以说既是人类征服自然，彰显自我价值的发展史，同时也是预防、应对和处置突发事件，直面各种危机的发展史。

那么，什么是网络舆情呢？历史的看，“舆情”一词并非是现代社会的“词汇发明”。早在 3500 年前的殷商时期，就有类似用语。所谓“舆”，本意为车厢，后转意为车。“舆”与“人”连用，即“舆人”，是指造车之人。又指与车有关的各色人等，如车夫、管车男女、随车士卒、

---

① 《中华人民共和国突发事件应对法》（http：//www. gov. cn/ziliao/flfg/2007 - 08/30/content_ 732593. htm）。

差役、小官吏等。正如《左传》所言，“舆者，众也”，代指是百姓之意。而“舆”与“情”连用，就是指老百姓的情绪、看法和态度。如《辞源》将之解释为“民众的意愿”。《新华字典》解释为“群众的态度和意见”。在现实生活中，舆情的表现形式、表达方法是不一样的，有的是一种群众共识，深藏于群众内心，没有表达出来；有的通过街谈巷议，展现于部分群体之中，形成部分群体的共鸣；还有的通过相关媒体、相应传播途径表达出来，如报纸、广播，等等，引起广泛社会反响。而“网络舆情则是指广大民众通过互联网这一途径所表达出的认知、态度、情感和行为倾向的集合”。①

关于什么是信息流，国内外学者就此做过一定的探讨。如美国社会学家罗杰斯认为，大众传播过程区分为两个方面，一是作为信息传递过程的狭义“信息流”（Information Flow），二是作为效果或影响的产生和波及过程的“影响流”（Effect Flow）。② 中国人民大学的胡百精则在罗杰斯研究的基础上，加入了“噪音流”（Noise Flow），提出了危机传播的“3F 假设”。③ 与他们不同，还有学者指出，所谓信息流，就是信息自信源经信道至信宿的传递过程。简言之，“信息流便是信息的传递过程”④。在这些研究基础之上，我们可以将信息流界定如下：信息流就是信息按一定的要求进行的传递运动。即具有价值的信息按照一定的渠道途径和方向，根据发送者的意愿，从信息源到达信息接收端的整个活动过程，也就是信息从信源经过信道到达信宿的传递过程。

（二）突发事件网络舆情信息流的定义与载体

在界定突发事件、网络舆情和信息流基本内涵的基础上，我们认为突发事件网络舆情信息流就是人们由于受到突发事件刺激，通过互联网就突发事件发生、发展、处置等问题表达情绪、态度和意愿，进行信息传递的过程。突发事件网络舆情信息流主要载体有 7 个。

1. 网络新闻。网络新闻是以网络为载体的新闻，具有快速、多面化、

① 王国华、曾润喜、方付建：《解码网络舆情》，华中科技大学出版社 2011 年版，第 1 页。

② 参见王伟、靖继鹏等《基于复杂特性分析的危机信息流及其动力机制研究》，《情报杂志》2007 年第 10 期。

③ 胡百精：《危机传播管理》，中国传媒大学出版社 2005 年版，第 86 页。

④ 杨宏、陈金英、杨梅：《规范内部信息流 强化企业信息管理》，《冶金经济与管理》2001 年第 3 期。

多渠道、多媒体、互动等特点。突破了传统的新闻传播概念，在视、听、感方面给受众全新的体验。[①] 目前，网络新闻已成为网络舆情主体获取信息的重要途径，同时也是突发事件网络舆情信息流的重要传播载体。据中国互联网络信息中心（CNNIC）发布的《第27次中国互联网络发展状况统计报告》显示，在互联网各种应用普及中，网络新闻占77.2%，处于互联网应用第三位。其中，门户网站的网络新闻受关注程度最高，是网民交换突发事件有关信息，表达相应观点的重要平台。如网易新闻、搜狐新闻、新浪新闻、腾讯新闻等，其受关注程度相当之高。如图2－1所示。

图2－1　网易新闻网页

2. 新闻跟帖。新闻跟帖是指网民对相关新闻进行回复，表达自己意见、观点和看法，尤其是有关社会热点或焦点的新闻会引发海量的新闻跟帖。与传统新闻的单向传播模式不同，新闻跟帖实现了民意的汇聚和意见的可视化。[②] 因此，及时跟踪和关注突发事件网络舆情主体的新闻跟帖情况，能够有效反映突发事件网络舆情信息流的波动状况。如自2013年4月20日发生芦山地震后，网易、新浪、搜狐、《中国日报》、新华网、腾讯等网站，与地震相关的新闻跟帖量达到百万条以上，显示出芦山地震这一突发事件的网络舆情信息流十分活跃。如图2－2所示。

3. 博客。"博客"一词是从英文单词Blog音译而来，是一种通常由个人管理、不定期张贴新的文章的网站。博客上的文章通常根据张贴时

① "网络新闻"（http://baike.baidu.com/view/1361106.htm）。

② 曾胜泉：《突发事件舆情应对指南》，南方日报出版社2012年版，第18页。

图 2-2　芦山地震后搜狐新闻“媒体五问芦山地震”一文新闻跟帖

间，以倒序方式由新到旧排列。许多博客专注在特定的课题上提供评论或新闻，其他则被作为比较个人的日记。一个典型的博客往往结合了文字、图像、其他博客或网站的链接及其他与主题相关的媒体，能够让读者以互动的方式留下意见，是许多博客的重要因素。时至今日，博客在突发事件网络舆情信息流传导方面也发挥着日益重要的作用。突发事件网络舆情主体往往把个人意见、想法撰写于个人博客之上，后经众多“博客粉丝”的大量转载，从而使得突发事件网络舆情信息流快速传导，引起众多网民的关注和共鸣。

4. 论坛。英文名为 Bulletin Board System（电子公告板）或者 Bulletin Board Service（公告板服务），是 Internet 上的一种电子信息服务系统。论坛一般由站长（创始人）创建，并设立各级管理人员对论坛进行管理，包括论坛管理员（Administrator）、超级版主（Super Moderator，有的称“总版主”）、版主（Moderator，俗称“斑猪”、“斑竹”）。论坛提供一块公共电子白板，每个用户都可以在上面书写，可发布信息或提出看法。它是一种交互性强，内容丰富而及时的互联网电子信息服务系统。突发事件发生之后，突发事件网络舆情主体往往通过 BBS 获得各种信息服务，也可以发布信息，与其他舆情主体或网民进行突发事件有关的讨论、分析，等等，进而成为突发事件网络舆情信息流传播的重要载体。

5. 社交网站。社交网站是互联网服务的综合体，其可以提供博客、论坛、视频、游戏等多种互联网服务，便于用户之间的交往和联系。截至2010 年 12 月，我国社交网站的网民规模达到 2.35 亿。由于社交网站是以 SNS 社会人际交往理论为基础的，因此，突发事件网络舆情信息流在社交网站很容易形成和传播。

6. 即时通讯。又名 Instant Messaging，其缩写是 IM，这是一种可以让使用者在网络上建立某种私人聊天室的实时通讯服务。目前在互联网上受欢迎的即时通讯软件包括微信、陌陌、QQ、新浪 UC、MSN 等。即时通讯工具能够实现一对一、一对多和多对多的直接视频和文字交流，互动性强，具有网上实时交流信息的功能，是目前互联网应用中最受网民欢迎的应用之一，因此其也成为生成和传播突发事件网络舆情信息流的主要载体之一。如 2008 年 4 月份广大网友通过 QQ 和 MSN 传播“抵制家乐福动员令”，从而导致了全国性的“抵制家乐福事件”。

7. 微博。也就是微博客（MicroBlog）的简称，是一个基于用户关系的信息分享、传播以及获取平台，用户可以通过 WEB、WAP 等各种客户端组建个人社区，以 140 字左右的文字更新信息，并实现即时分享。最早也是最著名的微博是美国 Twitter。2009 年 8 月中国门户网站新浪推出“新浪微博”内测版，成为门户网站中第一家提供微博服务的网站，微博正式进入中文上网主流人群视野。2011 年 10 月，中国微博用户总数达到 2.498 亿，成世界第一大国。伴随着用户人数的快速增长，微博在突发事件网络舆情信息流生成和传导方面也日益发挥举足轻重的作用。如 2012 年年底，轰动一时的“不雅视频事件”，就是微博用户“纪许光”先后发布 7 条微博，揭发重庆官员雷某腐败行为，进而受到网民和社会公众的广泛关注，相关机构涉入调查，一批重庆官员相继落马，引发重庆官场“地震”。如图 2－3 所示。

二 突发事件网络舆情信息流的主要特征

突发事件网络舆情信息流不同于传统的社会舆情信息流，呈现出多个特征，概括起来，主要有以下几个方面：

（一）多向多维自由无界传播

网络勃兴之前，突发事件信息传递呈现出明显的“官方”正式色彩，并且形成了两种比较典型的传递模式。

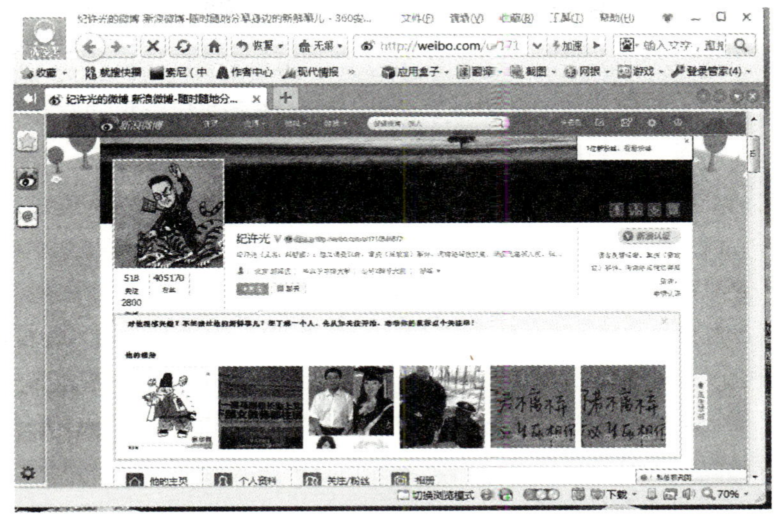

图 2－3　纪许光的个人新浪微博

1. 单一化链式传播模式

即在传统社会，由于经济社会发展并不充分，信息技术也相对落后。在这种条件下，突发事件信息流的传播模式相对单一，基本上是在各级政府间实行链式传播，最后再由政府传递给民众。如图 2－4 所示。

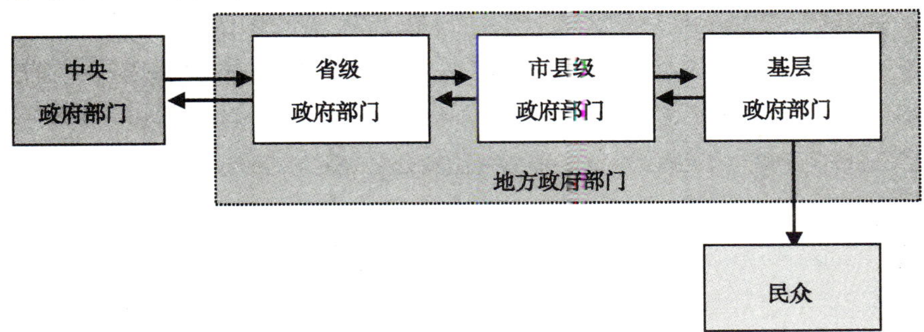

图 2－4　突发事件信息的单一化链式传播模式

这种单一化的链式传播模式形成之初，确实发挥了较大作用，一方面，它满足了政府部门对于突发事件信息的需求，便于政府及时把握突发事件的演化程度和状态，为进一步的防灾、避灾、救灾提供了信息保障；另一方面，它成为政府间突发事件信息沟通与传递的重要桥梁，便于实现政府间突发事件应对的协同合作，提升了政府危机处置效率。不过，这种链式传播模式也有难以回避的缺点：一是不能很好满足民众对于突发事件信息的需求。对于突发事件信息的知情权是民众的一项重要权利。但是这种链式传播模式却并没有关注到这一点，它突出强调的是政府在其中的作用和意义，而将民众更多视为被动的角色，以至于当民众得知突发事件的相关状况之时，也是在政府对突发事件信息进行层层筛选之后，等待时间十分之长。二是突发事件信息失真现象时有发生。突发事件信息在各级政府间进行传递的过程中，经过不断的加工、筛选，往往已经失去了其本来面目，这可能会为下一步的突发事件处置带来困难。三是突发事件信息共享程度比较低。“突发事件网络舆情信息流传递的目的，是让广大信息利用者准确、及时获取所需信息。而单一化链式传播模式却使突发事件信息传递仅限于政府系统内部，只有经过政府系统的整体确认之后，才会传播通报给其他系统，严重影响了突发事件信息的传递速度和共享程度。”①

2. 多维网格化传播模式

伴随着经济社会的发展以及信息技术的日新月异，突发事件信息的传播模式开始发生转变，单一化的突发事件信息传播模式逐渐为多维网格化传播模式所取代。其基本结构如图 2－5 所示。

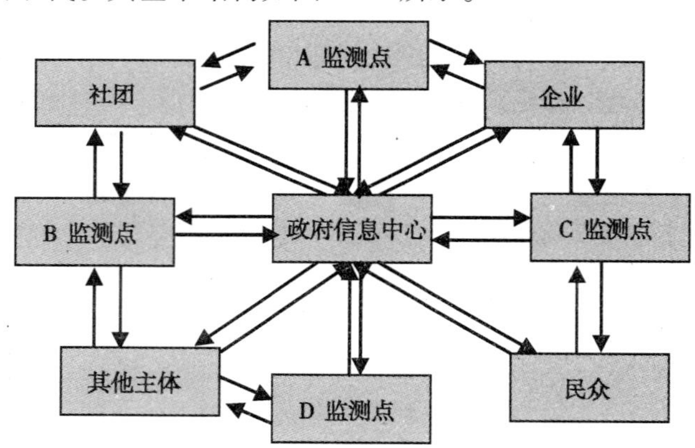

图 2－5　突发事件信息的多维网格化传播模式

这种模式之中，政府仍是突发事件信息传输的中心，与单一化的突发事件信息传播模式所不同的是，政府通过现代科学技术与信息技术的运用，在辖区各个地方设立了相应的监测点，这些监测点都配备一定的设施（如移动监测车或移动监测小平台等），通过这些设施，实现政府与监测

① 张玉亮：《面向优化控制的公共危机信息流及其运行模式研究——基于云计算技术的视角》，《吉首大学学报》（社会科学版）2011 年第 4 期。

点、政府与相关社会主体（企业、社团、民众等）、监测点与相关社会主体的互联互通，实现了突发事件信息的多维快速传输。相较于单一化链式传播模式，这种模式有着巨大的优势：一是突发事件信息传输比较广泛。处于网格中的社会各个主体都能获取必要的突发事件信息；二是突发事件信息传递速度快。通过现代传输设备，社会各个主体立足本地，就可快速获取相关突发事件信息，大大提高了突发事件应对效率；三是突发事件信息共享方便。突发事件信息在社会各个主体之间能够充分交流，使得各个社会主体在政府领导下，更能协同一致应对整个突发事件。同单一化链式传播模式一样，多维网格式突发事件信息传播模式也有一些问题：其一，政府信息中心的管理问题。在这一模式中，政府信息中心的管理是关键一环，如果管理不当，就不能实现对突发事件信息的敏感反应，进而错失突发事件应对的时机，但是目前采取何种方式能够实现政府信息中心的高效管理，还没有达成统一、有效的看法。其二，社会相关主体对突发事件信息可能形成垄断，相关社会主体出于自身利益最大化的考虑，往往会瞒报相关突发事件信息，使得信息不能及时到达监测点或政府信息中心，进而不利于突发事件信息的快速流动，不利于突发事件的防范和减缓。其三，信息保密问题。相关主体的危机信息都向信息中心提交，可以提高效率，但是有些主体对有些核心信息并不愿意共享，如涉及专利、机密等信息，这类信息不适合外部处理。其四，安全问题。突发事件信息的合理流动对政府信息中心的依赖性比较大，如果政府信息中心出现故障或被黑客攻破，整个突发事件信息就会难以获取和传播。①

网络社会的勃兴，打破了突发事件信息传递的固有传统模式。在网络社会中，人人都有“麦克风”，人人都是突发事件信息的传递者，人人都能够表达自己的看法和见解。一对一或一对多的信息传播模式已经变得“不合时宜”。突发事件网络舆情信息流开始涌动频繁，突发事件信息呈现出多向多维自由无界传播的态势。在这种情况下，民众的信息表达自由得到解放，他们对于突发事件信息的获取变得空前“容易”，突发事件信息传递也空前提速，信息饥渴的情况得到了大大缓解。

（二）影响复杂且负面作用较为突出

突发事件网络舆情信息流既有正向效用，也有负面效用，有时，负面

---

① 张玉亮：《面向优化控制的公共危机信息流及其运行模式研究——基于云计算技术的视角》，《吉首大学学报》（社会科学版）2011 年第 4 期。

效用往往大于正面效用。特别是政府在突发事件信息管理中，如果没有对突发事件网络舆情信息流给予足够的重视，及时加以导控，极有可能会造成突发事件处理的困难以致失败。归宗而言，突发事件网络舆情信息流的负面效应有如下几个方面：

1. 混淆视听

相较于通过正式渠道传递的突发事件信息，突发事件网络舆情信息流无须经过相关程序进行真伪的辨识与确认，并且能够以更快的速度满足民众对突发事件的认知欲望。不过，令人遗憾的是，这种认知多数是不完整的甚至是完全错误的，而且，由于先入为主的影响，阻塞了真实、正确的突发事件信息的传播，进而造成突发事件信息真假莫辨，视听混淆的局面，减缓了突发事件处理的速度，降低了突发事件处理的成效。这种例子并不鲜见。如 2008 年，14 岁女孩李树芬在贵州瓮安县西门河溺水身亡，失去女儿的父母悲痛之余迫切需要了解女儿的死亡原因，要求进行法医鉴定，这本是平常之事。然而，正是在这一个星期的鉴定时间内，在正式鉴定结论还未做出之时，网络舆情信息流就变得汹涌异常，网络传递的信息更是真假难辨："女学生是被奸杀后投入河中，元凶是县委书记的亲侄子"；"女学生的叔叔在与公安人员的争执中被打死"，等等，不一而足，突发事件网络舆情信息流的传播，模糊了事情的真相，引发了广大民众的不满情绪，进而造成一系列严重后果。

2. 造成恐慌

在突发事件处理过程中，突发事件网络舆情信息流的广泛传播还会造成十分严重的恐慌情绪，加剧突发事件处置的难度。主要体现在三个方面：一是突发事件网络舆情信息流的快速传导，使人们得到大量错误的信息认识，认为自身的生命和健康处于十分危险的境地，以致产生恐慌；二是突发事件网络舆情信息流的波动打破了人们内心原有的平静，使人们错误的感觉到突发事件已处于难以控制的状态，由此内心丧失应有的安全感，处于焦虑之中，产生恐慌情绪；三是突发事件网络舆情信息流的播散容易使人们认为自身已有的应对各种事件的经验和方法，已无法解决面前的突发事件，进而产生自我怀疑和迷茫情绪，丧失自信，产生恐慌。突发事件网络舆情信息流传导造成恐慌的例子也同样数不胜数，如在 2009 年 4 月，安徽省肥东县发生 3.5 级地震，由于震级较小，并未造成人员伤亡，也无其他续发灾情。不过，地震之后，与此突发事件相关的网络舆情信息流却迅速传播开来，如一个网名为“庐上人”的人就说：“肥东地震达6.0级……据说肥东今天尸横遍野”，等等。突发事件网络舆情信息流的加速传导，使得合肥市300余万人寝食不安，大街小巷随处可见防震帐篷，民众的恐慌情绪可见一斑。

3. 加剧危机

突发事件网络舆情信息流的传播，往往会给突发事件处理雪上加霜，进一步激化矛盾，加剧危机。再以在贵州瓮安县发生的事件为例，正是对李树芬死因说法的不确实突发事件网络舆情信息流的传导，点燃了民众对于政府的不满情绪。事件中甚至出现了请愿队，数十名在停尸处围观的人列队前往县政府请愿。两名约12岁学生模样的男孩还举着书有“为人民群众申冤”的白色横幅走在前方。开始时队伍中的人并不多，但迅速增加。请愿队来到李树芬生前就读的瓮安三中时，有较多学生加入，队伍规模以致超过了200人，抵达县政府时，已达上千人的规模。显然，突发事件网络舆情信息流的传播，使民众不能正确的认识事情的真相，使得危机处理变得波诡云谲，复杂度骤然增加，加剧了危机的程度。①

（三）虽伴有理性精神但极端情绪张扬也十分明显

所谓理性精神，简单来说，实际上就是能够遵照事件及事物客观规律，准确分析问题，正确表达意见，科学处理事情的精神。在网络社会，面对汹涌澎湃的突发事件网络舆情信息流，我们也可以发现其中不乏带有理性精神的真知灼见。对待突发事件，他们不偏激、不盲从，竭力利用所知，揭示事件真实面目，回答民众想法。相反，还有相当多的一部分人，他们在网络社会则显得十分情绪化，极端情绪时常溢于言表，部分人甚至否定政府、否定真相、否定一切，完全陷入极端非理性的一面，以至于给突发事件网络舆情信息流的优化导控带来了很大困难。究其原因，主要有三：一是集体理性的迷误。通常，单个个人在面对突发事件，表达自己意见时是持有理性观点的，但是当许多个体聚集一起，就会出现部分民众丧失个人判断，盲从别人意见的现象，一旦这种人增多，就会导致集体的非理性。二是追求轰动效应的结果。有部分突发事件网络舆情主体刻意制造、传播具有爆炸性、轰动性、标题性、情绪性的观点，以满足个体狂欢以及其他不为人知的目的。三是网络不良积习作怪。长久以来，网络充斥

① 张玉亮：《流言导控：公共危机信息管理的关键内容》，《文史博览》2010年第8期。

着黄色、灰色话题，成为部分公众宣泄情绪的场地，这些不良习气一直存在且没有得到很好的解决。因此，面对突发事件，这种不良习气往往也会得到一个新的释放的机会。

三　突发事件网络舆情信息流的传导主体及原因①

突发事件网络舆情信息流传导主体并不是结构单一、成分简单的单一主体。而是可以按照相应的标准进行细分的。按照主体地位、职业属性、影响强弱，可以将突发事件网络舆情信息流传导主体分为专业性网络舆情信息流传导主体和散步式网络舆情信息流传导主体。专业性网络舆情信息流传导主体指的是能够就突发事件创设相关议题，主导网络舆情信息流的传导方向，左右并引导舆情发展的舆情主体。专业性网络舆情信息流传导主体主要包括意见领袖和网络推手。而散步式网络舆情信息流传导主体指的是在网络中更多的是被动地受专业性网络舆情信息流传导主体的引导，起附和、加深、放大专业性网络舆情信息流传导主体意见作用的主体。散步式网络舆情信息流传导主体主要包括普通上网者、突发事件新闻消息浏览者、评论跟帖者等。由此而言，突发事件网络舆情信息流得以生成，说到底，就是这两种网络舆情信息流传导主体相互交流信息的结果。那么，是什么原因激发其行动呢？笔者认为，目前我国正处于社会转型的关键时期，各种社会矛盾交织，利益纠葛纷杂，而突发事件的发生，更加导致突发事件网络舆情信息流传导主体的心理呈现出前所未有的复杂局面。而这一复杂的心理必然会通过某种手段、某种途径体现和释放出来，突发事件的发生无疑为这种心理的释放提供了契机，互联网又为之提供了有效的途径。易言之，突发事件网络舆情信息流传导主体的心理状况，对于突发事件网络舆情信息流的生成有着十分重要的影响。从这个角度，解析突发事件网络舆情生成的原因，概括起来，主要是基于以下几点：

（一）主观焦虑的强化与放大

突发事件网络舆情信息流传导主体的主观焦虑实际上是一种担忧的期待，是对将要发生的、与己密切相关的事情产生的一种焦躁（fretful）、不安（anxious discomfort）、忧虑（worried）、抑郁（depressed）等感受交

① 张玉亮：《突发事件网络舆情的生成原因与导控策略——基于网络舆情主体心理的分析视阈》，《情报杂志》2012 年第 4 期。

织成的复杂情绪状态。[①] 现代人亦包括突发事件网络舆情信息流传导主体普遍经历着焦虑情绪体验，突发事件的发生，更进一步加剧了这一体验，而制造、传播、交流突发事件网络舆情信息正是他们为了减轻这种焦虑感所带来的压力而做的基本努力。具体来说，体现在三个方面：其一，重建生活秩序的需要。突发事件的发生，打乱了突发事件网络舆情信息流传导主体已有的生活秩序，往往使得他们处于一种生活无着落的“混乱境地”，其焦虑感陡然增加。为了平复心中的担忧，他们就必然会通过网络这一途径来释放自身的担忧，阐释自己看法，获取重建未来生活的信息，进而成为突发事件网络舆情信息流生成的一个原因；其二，重获安全感的需要。突发事件的发生，往往使突发事件网络舆情信息流传导主体自身安全受到严峻挑战，为了消除来自突发事件的威胁，突发事件网络舆情信息流传导主体就会积极通过网络来获取相应的保障安全的信息，这就为突发事件网络舆情信息流传播创造了可能；其三，信息饥渴的结果。长期以来，由于种种原因，各种正式途径并未有给予突发事件网络舆情信息流传导主体足够的突发事件发生、处置方面的相关信息，使得他们长期处于一种信息短缺与信息饥渴的境地。[②] 他们迫切希望知道突发事件真相的要求难以满足，而网络则为达成他们这一愿望提供了有效的条件，通过网络，突发事件网络舆情信息流传导主体可以交流看法，可以相互研究突发事件的所谓“内幕信息”，不过，这些信息往往是未加分析、证伪的，进而成为催生突发事件网络舆情的土壤。

（二）集群情绪渲染与个人理性的迷失

突发事件网络舆情的生成，还与突发事件网络舆情信息流传导主体的集群情绪渲染密不可分。易言之，在网络社会中，突发事件网络舆情信息流传导主体并不是单一性、孤立性的存在，而是形成了相互交流，相互沟通看法与思想的网络集群。与孤立的突发事件网络舆情信息流传导主体相比，处于网络集群中的他们更容易受群体行为和情绪的感染而变得肆意言说，无所顾忌。同时，在网络集群中，专业性网络舆情信息流传导主体往往是突发事件议题的创设者，也是突发事件网络舆情信息流传递的主导者，它可以通过各种措施来引导、激发散布式舆情主体的思想与观点，促

① 魏传光：《现代人的生存焦虑及其排解》，《理论与现代化》2010 年第 5 期。

② 张玉亮：《面向优化控制的公共危机信息流及其运行模式研究——基于云计算技术的视角》，《吉首大学学报》（社会科学版）2011 年第 4 期。

使其按照自己的思维模式进行评论、发言、跟帖，而散布式舆情主体则在整个网络集群讨论的压力氛围中处于被动地位，由于受到专业舆情主体的感染以及个人能力、背景、信息等因素的影响，逐渐放弃自己的主张和看法，变得亦步亦趋、人云亦云，丧失自我分析、自我判断能力，进而丧失个体理性，成为突发事件网络舆情信息流传导的助推者。

（三）心理失衡与情感宣泄的交织与碰撞

自20世纪70年代末以来，我国开始步入社会转型期。原来的利益格局被打破，“平均主义”“吃大锅饭”的思维模式开始改变，国家通过制定各种激励政策，允许一部分人、一部分地区通过“自食其力”先富起来，以期实现先富帮后富，实现共同富裕的政策愿望。但是，这一政策并未如初期预想的顺利，随着一部分人、一部分地区的“先富”，各个阶层之间、地区之间的贫富差距凸显出来，由此引发了一系列的利益纠葛和矛盾。据统计，我国的基尼系数已从1998年的0.3784增长到2008年的0.469，超过了国际公认的0.4的警戒线，在亚洲仅次于菲律宾，并超过了所有的欧洲国家。① 贫富差距，不仅给部分公众包括突发事件网络舆情信息流传导主体带来了直接的经济社会影响，同时也给他们造成了相对剥夺感，使其形成巨大的心理落差，认为自身的利益被占据、被剥夺，进而加剧了其心理失衡的心态，这种心理失衡凸显为对社会的不满情绪，一旦这种情绪积累到一定的程度，必然要通过某种途径表达出来。而突发事件的发生，无疑给这种情绪宣泄创造了契机，他们可以通过网络，对突发事件的发生、处置表达种种不满，进而把长期积累起来的不满情绪予以宣泄，这就成为突发事件网络舆情信息流传导的重要原因。

（四）政治不信任的累加与表达机制的失语

什么是政治信任？就这一概念，法兰西学院院士、伦理及政治学院院士阿兰·佩雷菲特给出了比较经典的回答，他认为，政治信任“首先是一种个人和社会的解放，是对业已实现的平衡之惰性、权威的重压或风俗的黏胶式藩篱的挣脱。是踏上建设之路，而非叛乱、摧毁之路，建设一个物质需求能够不断得到满足、自然愿望能够不断发展的世界”。② 长期以来，我国对于政治信任的建设并未给予足够的重视，此方面的缺失常常成

① 温辉：《基尼系数与我国经济持续增长研究》，《商业时代》2010年第34期。

② ［法］阿兰·佩雷菲特：《信任社会》，邱海婴译，商务印书馆2005年版，第551页。

为突发事件网络舆情信息流传导的重要原因。政治不信任意味着突发事件网络舆情信息流传导主体对国家、对政府认知的失调，意味着突发事件网络舆情信息流传导主体与国家、政府的交流渠道的不畅，意味着整个社会的示范效应受到了削弱。拨开突发事件网络舆情信息流传导的雾霾，可以看到，多数突发事件网络舆情信息流传导主体都希望政府能够妥善解决突发事件，恢复各种秩序，但是他们又对政府、对国家的这种能力报以怀疑态度，对他们解决问题的公平性、公开性、公正性予以否定性回答。但是这种内心的想法无法通过正式渠道交流给相关部门，因为基本的表达机制往往处于运行不佳的状况。在这种情况之下，网络无疑成为一种好的选择，通过互联网，他们可以毫无顾忌地把这种不信任感表达出来。“如在2011年‘红会郭美美事件’当中，网络跟帖者中存在相当多数的否定、挖苦红会工作的言论，对于其相关工作一概否定，这无疑是这种政治不信任与表达机制失语的体现。”①

第二节　突发事件网络舆情信息流导控的本质规定

一　突发事件网络舆情信息流导控是政府应急管理的重要环节

（一）对于政府应急管理的基本认识

政府的公共管理行为包含两个部分，一个是政府的常态事务管理，一个是政府的非常态事务管理，也就是政府的应急管理，即由于某种突发事件的发生，打破了政府公共管理常态运行的基本轨迹，使得政府面临重大挑战进而不得不启用新的应急管理办法，识别、估计和评价突发事件带来的可能危害，采取一系列的突发事件危害减除和应对行为，最大地减少突发事件的负面效应，重新恢复政府常态运行的生机和活力。政府应急管理行为分为风险源管理、风险防范、应急监测、应急预警、应急处置和善后恢复六个部分。如表2－1所示，其核心则是风险源和危险源的管理。

① 武西峰、张玉亮：《社会安全事件应急管理概论》，清华大学出版社2013年版，第151页。

表 2-1 应急管理行为的主要工作环节①

应急管理行为	主要工作环节
风险源管理	排查致灾因素、预测破坏性行为、确认危险源、划定风险区、评定风险等级、监控危险源、消除风险源
风险防范	风险区和危险源巡查和治理、预案编制和演练、储备资源、能力建设、制度建设、社会参与机制建设
应急监测	危险源监测、事件态势监测、风险区受损监测、应急资源和流程监测、事件预测预判、数据分析和事件预报
应急预警	风险评估、响应等级判定、危机响应决策、预警发布
应急处置	预案启动、物质调运、组织机构建立、抢险救援、人员安置、灾害监控、应急运输、生命线工程恢复
善后恢复	危险源治理、风险源控制、资金筹措、受损设施和建筑重建、秩序恢复、物质补充、预案修订、体制机制和法制完善

显然，政府应急管理关注更多的是对非常态出现的突发事件的管理。而这里所谓的突发事件也更多的是指能够造成现实经济、社会损失，带来生产、生活秩序重大破坏的实体性事件。而突发事件网络舆情信息流则不然，它多因突发事件而产生，而又更多存在于网络虚拟社会，更多是一种意见表达，对于现实社会的影响往往具有间接效应，多数不会造成巨大经济、社会损失进而容易被忽视。

（二）政府应急管理的现实诘难及其反思

在现实生活中，面对突发事件的挑战，政府有效实施应急管理，尽最大可能地降低经济、社会损失，恢复社会生产和生活秩序。但是其应急行为不一定会得到民众的完全认同，甚至招致诸多负面效应。如 2011 年在温州动车追尾事故处置过程中，由于没有及时回应民众关心问题、及时解答民众疑问，招致网上舆论哗然，政府陷入舆情危机的旋涡，发言人王勇平应声落马。之所以会出现这样的结局，说到底，就是因为对民众危机信息获取权长期淡漠，忽视民众的危机信息诉求，以至于陷入十分被动的局面。

民众公共危机信息获取权实际上是公民知情权的逻辑延伸，同时也是现代社会公民基本人权的重要内容，正如美国政治家麦迪逊所言："想要当家做主的民众必须用知识的力量将自己武装起来。一个民选政府若无大众化的信息或无获此信息的途径那就不过是一场闹剧或一场悲剧的序幕亦

① 张勇进、汪玉凯：《政府应急管理需求识别》，《国家行政学院学报》2010 年第 5 期。

或两者兼而有之的序幕。”① 由此可见，有效保障社会大众的知情权，是现代宪政理论的内在要求，同时也是现代民主国家发展之必然。而保证民众的知情权也内在要求保证民众对相关公共危机信息的获取权。不过，在现实实践过程中，政府往往对民众公共危机信息获取权持淡漠态度，原因有二：一是封闭性行政文化的负面作用。自古以来，我国在公共行政领域建构并奉行的行政文化实际上是一种封闭性的行政文化，这种行政文化主张以牺牲民众的信息获取权来保障公共行政效力与作用，认为对民众要“虚其心，实其腹，弱其志，强其骨，常使民无知无欲”，也只有“刑不可知，则威不可测”。而受此封闭性行政文化的影响，政府在民众公共危机信息获取权问题上的态度游移不定，进而使民众不能及时有效地获取相关危机信息。二是国家主义学说盛行的影响。国家主义学说将政府与社会进行二元分离，政府被奉为社会公共利益的唯一代表者、组织者和推动者；而社会中广泛存在的公民个体、企业及社团组织却被看成是无知的、盲动的，甚至是有害公共利益实现的。“在这种条件下，政府在处置公共危机事件的过程中无须向民众告知相关信息，反过来，政府这种遮遮掩掩的做法，就必然会增加民众的猜疑，增加社会恐慌，带来了诸多不利影响。”②

（三）突发事件网络舆情信息流导控：政府应急管理不可回避的重要环节

政府应急管理的成功与否，其判断标准不仅限于对突发事件处置的速度和效果，还取决于民众的认同和满意程度。而要保证民众的满意，就必须正确回应民意，解答民惑，呼应舆情，特别是网络舆情。概括起来，主要从三个方面入手：“一是为民意表达创设良好的社会环境，就是要在社会上造成一种民主的平等协商的气氛，形成一种人人能够畅所欲言、充分表达自己观点并积极提出意见和建议的局面。从现实上看，人们对民意表达还存在种种疑虑和担心，认识和看法也很不一致。因而必须努力塑造一种新型的政治文化，为充分的民意表达培育良好的土壤。对于政府及其工作人员来说，首先面临一个如何正确看待民意表达，如何及时有效地应对民意表达的问题。二是进一步健全民众利益沟通机制。社会如同人体一

① ［美］托马斯·萨斯曼：《好的、坏的、丑的：电子政府与人民的知情权》，《交流》2002 年第 3 期。

② 张玉亮：《流言导控：公共危机信息管理的关键内容》，《文史博览》2010 年第 8 期。

样，也同样是一个有机体，只有建立比较健全的沟通机制，使得各方能够相互交流，相互协调，才能消除社会的梗阻，而利益沟通机制的健全，就能够使社会信息顺利流通，进而为有效化解社会公共危机，达成利益均衡提供条件。三是建立健全民意回应机制。在公共危机处置的过程之中，要注意对民意抱有宽容的态度，确保民意的自由和充分的表达。在此基础上，积极对民众提供的相关问题予以答复，体现一种对民意积极回应的态度。"①

二 突发事件网络舆情信息流导控是一种十分有效的管理工具

突发事件网络舆情信息流导控是一种主动进取、谋求民众满意的促进机制，也是体现顾客导向、坚持突发事件科学处置的约束与监督机制。

（一）突发事件网络舆情信息流导控是一种主动听取民意的回应机制

在传统的封建社会，中国是一个被"官本位文化"深深笼罩的国家，在这种文化背景之下，政府的政治和行政工作都是围绕着"官"和"管"来展开的，"官"是社会的统治者，高高居于社会的上层，千方百计保住自己的"乌纱帽"是其从政、行政的目的所在；"管"是"官"的职守，其要义是视民为奴，与民以微利，保民之不反，从而奠定了"官管民"、"民畏官"的传统政治格局。新中国的成立，冲破了封建主义"官贵民轻"的思想牢笼，彻底摇动了依托于传统文化的政治格局，人民被置于社会主人的地位，众多的政府官员则成为人民的公仆，人民民主专政的国体架构从此被确定下来。此种情况之下，"实现人民的愿望、满足人民的需要、维护人民的利益"② 成为我国国体和政体运行实践的根本出发点和落脚点，理所当然，突发事件网络舆情信息流导控作为突发事件应急处置的一个逻辑环节，必然也要主动进取、谋求民众满意，否则导控就会因得不到民众的支持而走向失败。

---

① 张玉亮：《流言导控：公共危机信息管理的关键内容》，《文史博览》2010 年第 8 期。

② 胡锦涛：《在"三个代表"重要思想理论研讨会上的讲话》，人民出版社 2003 年版，第 17—18 页。

（二）突发事件网络舆情信息流导控是突发事件处置的约束与监督机制

权力制衡是现代法治国家的一条基本原则。任何权力包括行政权力在内一旦失去制约，没有责任，无须责任追究，就会产生公共权力的负效应，使其公共性意义受到侵蚀。正如孟德斯鸠所言："一切有权力的人们都容易滥用权力，这是万古不易的一条经验。有权力的人们使用权力一直到遇有界限的地方才休止"，[①]"人类历史的集体记忆和政治生活的教训都反复证明，为了保障个体的自由和权利，政治生活中的公共权力必须受到制约。"[②]政府的突发事件应急处置行动亦不例外，其中也会存在权力寻租、权力滥用的现象。为此，应对其建立有效的监督体系。而突发事件网络舆情信息流导控则为解决这一问题提供了便利。一是它有利于推进制度创新，为权力制衡提供新的制度规范。二是它有利于完善现有的权力监督体系，充分挖掘现有的制度潜力，降低权力寻租的可能性，有效规避行政腐败的政治风险。三是它有利于改进权力制衡、权力监督的技术方法以提升政府突发事件应急处置绩效。其中可以采取矩阵控制法来对政府突发事件处置的过程进行有效控制。

三　突发事件网络舆情信息流导控是一个自组织混沌系统

混沌理论中的"混沌"一词，在传统意义上，它是指"混乱、紊乱、无序和没有规律性的事物和现象"。[③]但是作为一个科学概念，它又有区别于其传统意义的内容。爱德华·洛伦兹认为：混沌这个术语是用来指代这样一种过程，"它们看似是随机发生的而实际上其行为却由精确的法则决定"。H. 哈肯也认为：混沌就是指"来源于确定性方程的无规律运动"。[④]"混沌的发现，大大拓宽了人们的视野，加深了人们对于客观世界的认识：使人们清楚地认识到现实世界就是确定性和随机性，必然性和偶然性、有序和无序的辩证统一，是一个典型的混沌系统。混沌理论正是为研究这一混沌系统应运而生。"[⑤]梳理混沌理论的相关内容，可以将其基

① ［法］孟德斯鸠：《论法的精神》，张雁深译，商务印书馆1961年版，第154页。

② 应松年：《行政立法程序研究》，中国法制出版社2001年版，第3—4页。

③ 刘洪：《经济混沌管理——理论·方法·应用》，中国发展出版社2001年版，第7页。

④ ［德］H. 哈肯：《协同学》，徐锡申等译，原子能出版社1984年版，第3—4页。

⑤ 张玉亮：《政府公共危机管理的混沌考量与对策创新》，《湖北社会科学》2011年第2期。

本观点概括如下："（1）从长期的演化过程看，系统的运行轨迹具有对初始条件的敏感依赖性。（2）简单的系统可以产生复杂的现象，而复杂现象背后可以是有序的。（3）系统的整体行为可以不同于系统的部分行为。（4）系统在不同状态之间的转换可以是渐进的。"①

将混沌理论引入到政府突发事件网络舆情信息流导控中来，开拓了政府突发事件网络舆情信息流导控研究的视域，也为我们认识、把握政府突发事件网络舆情信息流导控带来了诸多新的启迪。具体来说，表现在三个方面：其一，混沌理论的介入，使我们认识到，突发事件网络舆情信息流导控就是一个有机系统，这一系统如同社会其他系统一样，具有混沌特性，这一特性往往是原有的理论体系难以给予解释和说明的。其二，突发事件网络舆情信息流导控的混沌特性是可以认识、控制和驾驭的，它并不是完全的"杂乱无章"和"不可理喻"，它随机的现象背后也同样存在着一定的发生机制，而这一机制是遵从着一定规律的。其三，突发事件网络舆情信息流导控混沌特性的发现，要求我们重新审视原有的突发事件网络舆情信息流导控的理论与实践，从而提出了理论创新与实践创新的双重要求。使得我们必须站在系统整体的角度把握突发事件网络舆情信息流导控。正如斯塔利所言，包括混沌理论在内的现代非线性系统理论的引入，将会使得系统管理理论重返管理科学的舞台，再度受到人们的重视。随着混沌理论的发展，作为一种科学思想的混沌不但正在演变为一种新的管理隐喻，而且进一步正在发展成为一种新的看问题的世界观。②

具体来说，突发事件网络舆情信息流导控系统的混沌特性体现在三个方面：

（一）突发事件网络舆情信息流导控系统经历了由简单到复杂再到混沌的发展过程

混沌理论认为，所有开放性系统，都不可避免地经历由简单到复杂，进而再到混沌的发展过程。作为突发事件网络舆情信息流导控系统，亦不例外。在突发事件网络舆情信息流导控系统诞生之初，由于历史因素、客观条件以及认知程度等条件所限，其基本功能仅限于维持社会稳定，避免群众非议政府政策，整体上来说比较简单。但是，随着时间的推移，突发

① 刘洪：《经济混沌管理——理论·方法·应用》，：中国发展出版社2001年版，第21页。

② J. A. *Stahley*, Organizational Theory: Behavior and Future Implications, *Futurics*, 1995 (1/2), pp. 18–45.

事件网络舆情信息流导控系统也日益走向复杂化，一方面，突发事件网络舆情信息流导控系统的行动原则、功能定位、制度安排日趋完善，整个系统中充满着诸多变量，突发事件网络舆情信息流导控系统的混沌特性越加明显；另一方面，突发事件网络舆情信息流导控系统已不再是一个单一运作的看似封闭的系统，它被置于更大的、更为开放的社会系统当中，并与社会系统中的其他系统诸如经济系统、政治系统、文化系统等进行着能量与资源的边际交换，正是这种边际交换使得突发事件网络舆情信息流导控系统中的不可控因素进一步增多，进而使得突发事件网络舆情信息流导控系统逐渐走向混沌。

（二）突发事件网络舆情信息流导控系统是线性因素与非线性因素相互作用的系统

就突发事件网络舆情信息流导控系统而言，其中既有线性因素的作用和闪光，同时也内含非线性因素的影响。突发事件网络舆情信息流导控系统中的线性因素主要是指政府为应对网络舆情危机而制定的相关规章、制度、条例以及办法。其主要作用就是要确立突发事件网络舆情信息流导控的目标、规范突发事件网络舆情信息流导控流程、引致突发事件网络舆情信息流导控的基本秩序。而突发事件网络舆情信息流导控系统的非线性因素则是指影响系统稳定与秩序，其自身具有很大不确定性的诸多因素。其中既包括突发事件网络舆情信息流导控的价值取向、文化氛围，也包括突发事件网络舆情信息流导控人员的业务素质、导控水平，还包括突发事件网络舆情信息流导控环境的变化情况，等等。总体而言，突发事件网络舆情信息流导控系统中线性因素与非线性因素两者相辅相成，辩证统一，一方面，线性因素的规范作用，可以推动非线性因素产生正向作用，为突发事件网络舆情信息流导控的开展提供保障；另一方面，非线性因素的正面影响，也会带来线性因素的调整与变革，以使之更加稳健、成熟。

（三）突发事件网络舆情信息流导控系统是具有很强自组织能力的系统

系统的自组织能力实际上就是指系统的自我更新及自我保持能力。系统的自组织能力能够保持其处于动态的不平衡状态，以适应环境发展变化之需要。一般而言，一个开放的系统在进入混沌状态之后会变得不稳定并寻求新的平衡，而达到新的平衡又有不同的道路：一是如果资源是充分可利用的，系统就会进入更高层次的组织形态，对扰动更具有敏感性；二是如果环境不足以维持一个更高层次的组织形态时，系统就会分叉为两个或两个以上的独立系统，每个系统又具有其自身的变革态势；三是系统通过自组织与其他混沌系统一起进入协同状态；四是系统分解或者消失。对于突发事件网络舆情信息流导控这一系统来说，要寻求的肯定是前三种途径，而不是最后一种，因为前三种都保持了系统得以继续存在，并且使系统进入到更高层次状态；最后一种途径却使系统瓦解，这很明显不是突发事件网络舆情信息流导控系统所要追求的目标。因此，为了避免最后一种情况的出现，突发事件网络舆情信息流导控系统内部必须不断进行调整和改进以保持自身的生存和活力，这就是突发事件网络舆情信息流导控系统的自组织能力，通过这种能力，突发事件网络舆情信息流导控系统可以及时适应社会的发展、满足公众需求，使系统变得更加稳固。

四　突发事件网络舆情信息流导控追求工具理性与价值理性的统一

人类理性区分为工具理性与价值理性。所谓工具理性，就是“通过对外界事物的情况和其他人的举止的期待，并利用这种期待作为‘条件’或者‘手段’，以期实现自己合乎理性所争取和考虑的作为成果的目的”。[①] 简言之，就是人们基于功利目的驱使而创造工具、选择工具以及使用工具的经验和能力。工具理性关注效率，讲求效益，注重工具的实践操作性与现实可行性，但却很少关注工具本身的价值性、道德性与审美性，是一种典型的“自我利益的理性”。价值理性则是人们对于自身实践活动价值与意义的自觉把握，包含了人类社会伦理的、政治的以及其他多方面的需要。它崇尚道德理想，强调终极关怀，主张通过美的、善的手段来探求真理，发展科学，促进人与人、人与自然、人与社会的全面、自由、和谐发展，因而是一种“非自我利益的理性”。本质上，工具理性与价值理性是辩证统一的，工具理性是人类进步与发展的源泉，而价值理性则是社会和谐与进步的保障，工具理性为价值理性的张扬提供现实基础，工具理性的不断深化为价值理性从自发状态走向自觉状态以至自由状态提供了可能；而价值理性则是工具理性的精神动力，价值理性的张扬，又可以提高人类实践工具的价值，推动人类实践活动的不断发展。

---

① ［德］马克思·韦伯：《经济与社会》（上卷），林荣远译，商务印书馆 1998 年版，第 56 页。

突发事件网络舆情信息流导控作为一种人类活动，也必然打上了人类理性的烙印，存在着工具理性与价值理性的区分。突发事件网络舆情信息流导控的工具理性是指政府为开展突发事件网络舆情信息流导控而综合运用各种导控方式、方法和手段的经验和能力。本质上，它富有功利色彩，它将突发事件网络舆情信息流导控当作机器零部件一样进行组织、协调、控制与管理，致力于寻求开展突发事件网络舆情信息流导控的最佳手段、最好方式与最高效率，反映了政府为开展突发事件网络舆情信息流导控而创造、选择所需手段的自觉能动性。突发事件网络舆情信息流导控的价值理性体现了政府对突发事件网络舆情信息流导控活动价值与意义的自觉把握。它主要是回答突发事件网络舆情信息流导控“应当是什么”以及“怎么样才能更好”的问题，并给其以美和善的价值引导，力求使之能够尊重人民的利益，符合人民的意愿，满足人民的需要。

突发事件网络舆情信息流导控中不同程度地存在着工具理性的张扬和价值理性的迷误，如有的政府推进突发事件网络舆情信息流导控，或是为了掩盖突发事件处置真相；或是临时性应付网络舆情；或是为给民众留下一个开明政府的形象，取悦上级、赢得晋升机会。这些做法虽然是个别的，但不及时纠正就会造成突发事件网络舆情信息流导控价值理性的迷误。归总而言，导致突发事件网络舆情信息流导控工具理性与价值理性失衡的原因有如下两个：其一，现代导控技术的运用加剧了工具理性的膨胀和蔓延。现代导控技术的运用容易造成导控目的与导控技术关系颠倒。突发事件网络舆情信息流导控工具理性与价值理性的内在统一要求导控目的与导控手段的统一。其中，导控目的是根本，是“体”，为导控技术创新和应用提供价值引导；导控技术是手段，是“用”，离开了导控技术，导控目的的实现就落不到实处。而导控技术的不断发展，容易使有的政府部门“完全从技术的视角去看待事物，完全受制于技术的视野，自觉或不自觉地按照技术的需要去行动”，[①] 导控的出发点和落脚点背离了人民的根本利益，颠倒了导控目的与导控手段的关系。其二，工具理性文化的传播对两种理性的失衡起了推波助澜的作用。即工具理性文化的传播使突发事件网络舆情信息流导控坚持政府本位的价值取向而偏离民众本位的价值取向。突发事件网络舆情信息流导控的价值理性要求网络舆情信息流导控坚持民众本位的价

① 张康之：《公共行政：超越工具理性》，《浙江社会科学》2002 年第 4 期。

值取向，以民众满不满意、高不高兴作为导控的根本标准，但工具理性文化的传播，促使和引导导控人员致力于简化导控的程序，提高导控的效率，张扬导控的工具理性，轻视导控的价值理性，忽视民众的所需、所求，导控日益背离民众本位的价值取向转向以政府为本位。追寻突发事件网络舆情信息流导控工具理性与价值理性的整合，内在要求引导和推动突发事件网络舆情信息流导控向以民为本、崇德为先、知行合一的方向发展。

（一）坚持以民为本统领突发事件网络舆情信息流导控

整合突发事件网络舆情信息流导控工具理性与价值理性的目的是服务于民、提高民众的满意度。这体现在突发事件网络舆情信息流导控价值理性上，就是要以民众为突发事件网络舆情信息流导控的价值主体，以满足民众需要、实现民众价值为导控的价值取向；体现在突发事件网络舆情信息流导控工具理性上，就是要以是否尊重民众的知情权和信息获取权，能否给民众带来福利为标准来选择突发事件网络舆情信息流导控工具。[①] 以民为本是突发事件网络舆情信息流导控工具理性与价值理性整合的出发点和落脚点。首先，把提高民众满意度作为突发事件网络舆情信息流导控的根本使命。要把民众满意不满意、拥护不拥护、赞成不赞成、答应不答应作为突发事件网络舆情信息流导控工作的出发点和归宿点，贯彻于导控工作的各个环节，体现在导控工作的各个方面。其次，科学测定突发事件网络舆情信息流导控所产生的影响和价值。要善于运用民众调查、社会调查、民众联系、电子通信等途径，查看突发事件网络舆情信息流导控究竟让民众满意了没有，了解到了想要了解到的信息没有，并以此作为衡量这一工作好与坏的根本标准。

（二）坚持崇德为先推进突发事件网络舆情信息流工作的具体环节

崇德为先是指在整合突发事件网络舆情信息流导控工具理性与价值理性的过程中，将导控的道德价值抑或价值理性放在主导和优先的地位，确保突发事件网络舆情信息流导控求真、臻美、向善；将导控工具理性放在从属地位，以突发事件网络舆情信息流导控价值理性引导工具理性的张扬，以导控工具理性的张扬来推动价值理性的发展。崇德为先，具体包含以下三个方面的要求：首先，培养突发事件网络舆情信息流导控主体求真务实的品格。就是要求导控主体具有正确的人生观与价值观，具有求真务

---

① 彭国甫、张玉亮：《多元竞合是地方政府绩效改善的有效路径》，《广东社会科学》2006 年第 2 期。

实的作风，在网络舆情信息流导控中讲真话、办实事、求实效，不弄虚作假，不摆花架子，保证导控实施的真实有效性与客观全面性。其次，充分根据突发事件网络舆情导控情况，促使政府转变舆情管理的思维模式，引导其有意识的吸收舆情管理的新理念，开拓舆情管理的新视野。再次，确定好政府舆情管理职能，使政府明确自己的舆情管理责任和使命，明确自己该导控什么，该怎么导控。

（三）坚持知行合一实现突发事件网络舆情信息流导控的科学发展

从中国传统哲学的角度看，突发事件网络舆情信息流导控价值理性与工具理性的关系是一种“知”与“行”的关系，“知”是“行”的先导，即突发事件网络舆情信息流导控价值理性为工具理性的张扬确立目标和方向；“行”是“知”的落实，即突发事件网络舆情信息流导控工具理性的发展根本在于张扬价值理性。追寻突发事件网络舆情信息流导控工具理性与价值理性的整合实际上就是追求“知”与“行”的统一，它内含目的与手段、理论与实践的统一。首先，追求突发事件网络舆情信息流导控目的与突发事件网络舆情信息流导控手段的统一。满足民众信息需要是突发事件网络舆情信息流导控的最终目的。突发事件网络舆情信息流导控工具和手段的选取必须紧紧围绕这一目的来展开。其次，追求突发事件网络舆情信息流导控理论与突发事件网络舆情信息流导控实践的统一。突发事件网络舆情信息流导控是一项有着很强的理论创新性和实践操作性的工作。理论的创新性要求突发事件网络舆情信息流导控人员注重突发事件网络舆情信息流导控理论的学习和研究，掌握突发事件网络舆情信息流导控的知识架构和理论体系；实践的操作性则要求突发事件网络舆情信息流导控人员在加强理论学习的同时，又要走出书斋，进行实际的突发事件网络舆情信息流导控，通过突发事件网络舆情信息流导控来诊断和发现政府公共管理中的问题，提出解决方案。

第三节　突发事件网络舆情信息流导控的现实功能

一　推进政府虚拟社会管理创新的重要途径

现实社会是人们基于家庭关系、共同文化以及传统习俗等原因形成的有序集合，其本质是人和组织的一种形式。与现实社会相对应，虚拟社会则是由于现代科技的迅速发展以及计算机和互联网的广泛应用，进而实现了现实社会关系的“虚拟化”。不同于现实社会，虚拟社会主要是以计算机和光纤网络为物理基础的，当然，它也同样存在着虚拟的社会实践活动，现实实体基于共同或者不同的关系、文化和习俗，通过虚拟网络实现着相互沟通、交流，进而成为人们释放情感、传递消息的全新空间和场所。虚拟社会和现实社会是相辅相成、相互联系的。一方面，虚拟社会的角色是人为设定的、虚构的，只存在于无法触摸的网络空间中；另一方面，虚拟社会所依托的物理与技术基础都来源于现实社会，虚拟社会的发展水平取决于现实社会的信息技术水平与经济发展水平。同时，虚拟社会中的人际交往、组织构建等依然是仿照现实社会的模式，是对现实社会的模仿与映射。从实质上说，虚拟社会就是现实社会的一部分。因而，虚拟社会与现实社会是不可分割的，虚拟社会作为新生事物，对现实社会产生了巨大影响。

1995 年，中国开始引入互联网，发展至今，成就斐然。网络用户大幅增加，网民通过互联网可以实现信息交流、货币贸易、情感传输等一系列活动。在互联网管理方面，我国政府也进行了积极的探索，取得了十分可贵的成绩。但是，对于如何更好、更深入地推进虚拟社会管理创新？如何通过有效管理实现虚拟社会的有序运行？面对日益汹涌的突发事件网络舆情信息流和人们的情感宣泄，我们又如何导控，等等。这一系列问题，摆在我们的面前，却没有得到很好而满意的回答。在这种情况之下，深入推进突发事件网络舆情信息流的导控研究，着力推进突发事件网络舆情信息流导控实践，对于推进政府虚拟社会管理创新不失为一个很好的契机。

（一）有利于推进虚拟社会管理法律机制创新

近年来，我国先后出台了一系列关于互联网管理方面的法律、法规，包含法律、行政法规、地方性法规与规章、规范性文件四个层面的内容，如表 2－2 所示。

表 2－2　　我国关于虚拟社会管理的法律、法规

类别	颁布时间	名称
法律	2000 年 12 月 28 日	《关于维护互联网安全的决定》
	2004 年 8 月 28 日	《中华人民共和国电子签名法》
	2009 年 2 月 28 日	《中华人民共和国刑法》第二百八十五条、第二百八十六条、第二百八十七条
国务院行政法规	1994 年 2 月 18 日	国务院令 147 号《中华人民共和国计算机信息系统安全保护条例》
	1999 年 10 月 7 日	国务院令 273 号《商用密码管理条例》
	2000 年 9 月 25 日	《互联网信息服务管理办法》
最高人民法院司法解释	2003 年 12 月 23 日	《关于审理涉及计算机网络著作权纠纷案件适用法律若干问题的解释》
	2010 年 2 月 2 日	《最高人民法院、最高人民检察院关于办理利用互联网、移动通讯终端、声讯台制作、复制、出版、贩卖、传播淫秽电子信息刑事案件具体应用法律若干问题的解释（二）》
	2011 年 8 月 1 日	《最高人民法院、最高人民检察院关于办理危害计算机信息系统安全刑事案件应用法律若干问题的解释》
中央各部委发布的部门规章	1997 年 6 月 28 日	《计算机信息系统安全专用产品检测和销售许可证管理办法》（公安部）
	1997 年 12 月 11 日	《计算机信息网络国际联网安全保护管理办法》（公安部）
	1998 年 8 月 31 日	《金融机构计算机信息系统安全保护工作暂行规定》（公安部、中国人民银行）
	1999 年 3 月 29 日	《关于开展计算机安全员培训工作的通知》（公安部、人事部）
	2000 年 4 月 26 日	《计算机病毒防治管理办法》（公安部）
	2000 年 11 月 6 日	《互联网电子公告服务管理规定》（信息产业部）
	2000 年 11 月 6 日	《互联网站从事登载新闻业务管理暂行规定》（国务院新闻办公室、信息产业部）
	2003 年 10 月 10 日	《计算机信息系统集成资质等级评定条件（修订版）》（信息产业部）
	2004 年 11 月 5 日	《中国互联网络域名管理办法》（信息产业部）
	2005 年 12 月 13 日	《互联网安全保护技术措施规定》（公安部）
	2007 年 2 月 15 日	《关于进一步加强网吧及网络游戏管理工作的通知》（文化部、国家工商行政管理总局、公安部、信息产业部等）
	2007 年 12 月 20 日	《互联网视听节目服务管理规定》（信息产业部）
	2008 年 2 月 21 日	《电子出版物出版管理规定》（新闻出版总署）
	2009 年 3 月 1 日	《软件产品管理办法》（工业和信息化部）

尽管我国在虚拟社会管理的法律机制建设方面取得了一定的成绩，但

是成绩背后，还存在不少问题，表现在如下几个方面：一是虚拟社会管理方面的相关法律法规层级较低，由全国人大常委会制定的专门法律仅有两部，大部分是行政法规与部门规章，法律效力较低，对网络不法人员与犯罪分子的威慑力与约束力不足；二是现有的关于虚拟社会管理的法律法规不够细化，对于具体行为的界定不够清晰准确，自由裁量空间较大；三是相关法律法规的制定总体滞后于互联网技术的发展，对于不断涌现的网络新现象、新变化难以及时应对，网络空白与盲区仍然存在。在这种情况之下，积极推进突发事件网络舆情信息流导控实践发展，建立健全突发事件网络舆情信息流导控的相关法律机制，对于推进整个虚拟社会管理的法律机制创新有着十分重要的意义。

（二）有利于推进虚拟社会管理主体机制创新

究竟应该由谁承担虚拟社会管理的重责呢？目前，我国在这一方面也做了一些尝试，陆续成立了一些互联网治理的专门性机构，包括政府分支机构、非营利性组织等。① 但是，总体上看，我国的虚拟社会管理主体机制还是不完善的。一是虚拟社会管理的职能不清。政府主体机制是政府职能的载体，而职能则是政府主体机制的灵魂。政府主体机制的工作任务、工作制度、基本结构和人员构成均由政府职能来决定。因此，政府虚拟社会管理主体机制的建立必须以其虚拟社会管理职能的明确为前提。不过，就目前来看，政府的虚拟社会管理职能究竟如何界定，其职能的具体内容是什么，其职能边界究竟在哪里，这些问题都没有得到很明确的解决，这种情况之下，盲目建立虚拟社会主体机制，往往职能很难定位，作用难以很好发挥。二是虚拟社会管理机构多，容易导致政出多门。目前，我国成立的这些管理机构，其功能如何实现有效衔接，各个机构之间的工作关系是怎么样的，一旦涉及同样问题，谁是主要负责单位，谁是次要负责单位，都不甚清楚。突发事件网络舆情信息流导控作为虚拟社会管理的一个

① 如 1990 年 3 月，民政部批准成立中国信息协会（缩写为 CIIA），从事我国信息化与信息技术产业的相关业务；1997 年 6 月，中国科学院又组建了中国互联网络信息中心（缩写 CNNIC），负责我国网络基础设施建设与互联网发展动态研究与服务工作；到 1998 年，公安部专门成立了公共信息网络安全监察局，专门进行网络安全监管。2011 年，国务院新闻办公室正式加挂国家互联网信息办公室牌子，成立国家互联网信息办公室，下设互联网新闻研究中心、网络新闻协调局、网络新闻宣传局三个部门。以上机构都有各自的独立网站。到了 2004 年，中国互联网协会互联网新闻信息服务工作委员会筹建的“中国互联网违法和不良信息举报中心”正式成立，负责互联网方面的管理任务。

重要组成部分，其积极的实践探索，对于解答以上问题，都具有重要的启迪价值。

（三）有利于推进虚拟社会自律机制创新

虚拟社会秩序的构建，不仅需要有效的外部管控机制的作用，同时也需要建立虚拟社会自我约束机制，进而实现虚拟社会行为的自我管理、自我约束、自我健康发展。在这一方面，我国的不少行业组织也建立了互联网“约定”以实现其合理运行，如表2－3所示。

表2－3　　　　中国互联网协会行业自律大事记

时间	关于行业自律的规范
2002年3月	签署发布《中国互联网行业自律公约》
2003年2月25日	发布《中国互联网协会反垃圾邮件规范》
2003年12月8日	发布《互联网新闻信息服务自律公约》
2004年6月10日	发布《互联网站禁止传播淫秽、色情等不良信息自律规范》
2004年12月22日	发布《搜索引擎服务商抵制违法和不良信息自律规范》
2005年1月28日	中国互联网协会行业自律工作委员会网络版权联盟在北京成立，为了倡导互联网企业诚信守法经营，树立自律典范，中国互联网协会自2005年起颁发“中国互联网行业自律贡献奖”
2005年9月3日	发布《中国互联网网络版权自律公约》
2006年4月19日	发布《文明上网自律公约》
2006年12月27日	发布《抵制恶意软件自律公约》，并成立中国互联网协会反垃圾信息中心（www.12321.org.cn）
2007年5月17日	成立“绿色网络联盟”，目标是为以青少年为重点的网民群体打造绿色健康网络环境与网络文化，该联盟关注行业自律的宣传，重视互联网企业责任意识，并致力于打造精品网络文化产品
2007年8月21日	发布《博客服务自律公约》
2008年7月17日	发布《中国互联网协会反垃圾短信息自律公约》
2009年7月7日	发布《反网络病毒自律公约》
2011年5月16日	发布《中国互联网协会关于抵制非法网络公关行为的自律公约》
2011年6月—7月	《互联网终端软件服务行业自律公约》定稿并签署

这些行业约定和自律机制切实起到了很好的作用。不过，突发事件网络舆情信息流导控的深入实践，对于探讨和丰富这些行业自律机制的内容，进一步完善其作用机制，有着十分可贵的意义。

二　构建和谐府民关系的桥梁和纽带

新制度经济学理论认为："政府与民众之间是一种委托—代理关系，民众是政府的委托人，政府是民众的代理人。作为代理人，在处置突发事件之时，政府就应当以民众的需求为目标，不断优化自身的处置行为，不断提高民众的满意度，做到以民为本。"① 时至今日，强调这一点，也更加具有针对性和迫切性。一是目前政府与民众的信息交流不畅。传统的民众与政府之间的正式传递通道，如信访，由于多种原因，没有起到切实有效的作用，使得部分民众面对问题之时，难以通过正式途径表达诉求、阐释个人意愿。二是我国正处于社会的转型期，突发事件应对体制、管理机制尚未健全，政府突发事件处置质量不高，处置效率较低，严重影响了民众的满意度。更有甚者，一些干部在突发事件应对过程中存在着理念上的偏差，不是以群众为本位，而是以领导、以上级为标准，"不怕群众不满意，只怕领导不满意；不怕群众不高兴，就怕领导不开心"，热衷于搞花架子、形式主义，严重损害了政府形象。在这种情况之下，如何加强与民众的沟通，如何及时了解民众的愿望和需求，改进政府的突发事件应对与处置行为，就成为一个亟待解决的问题。而突发事件网络舆情信息流导控的出现，为这一问题的解决提供了福音。首先，突发事件网络舆情信息流导控是了解民众需求与愿望，构建和谐府民关系的重要桥梁。突发事件发生之后，许多民众对突发事件都十分关注，倾向于将个人想法、个人意愿在网络社区、论坛、博客等予以展现，并与其他民众形成互动，彼此交换意见和想法。在这种情况之下，政府通过突发事件网络舆情信息流导控这一手段，可以及时收集民众关于突发事件应急处置的想法、观点和意见，及时将其中正确的、可采纳的意见予以吸收，提高自身突发事件处置的民众满意度。其次，突发事件网络舆情信息流导控为政府改进突发事件处置作风提供了重要契机。它敦促政府及其相关工作人员积极关注民众意见，关注民众的需求，在突发事件应急处置过程中，既要按照上级、领导的要求办事，又要尊重民众的态度和观点；既要注重突发事件应急处置的科学性，又要凸显突发事件应急处置的人文关怀，从而达成突发事件应急处置的既定目标。

---

① 张玉亮、於唯：《提升政府服务能力的着力点分析》，《行政与法》2005 年第 4 期。

三　提升政府形象的现实依据和基本动力

什么是政府形象？政府形象就是政府行政运行实践留给社会公众的总体印象，是政府与社会公众关系的一种直接体现。政府形象构成复杂，是政府组织形象、管理形象、政策形象、服务形象、环境形象等多种形象的辩证统一。政府形象是政府生命力的直接体现。具有良好形象的政府才会有较高的公信力，才会得到民众的拥戴，才会有广泛的群众基础。因此说，“金杯银杯不如老百姓的口碑，金奖银奖不如老百姓的夸奖”。但是，进入21世纪以来，突发事件频繁发生，突发事件网络舆情信息流波动起伏，政府形象也面临巨大挑战。在这种情况之下，科学导控突发事件网络舆情信息流，对于政府形象维护与提升意义重大。

首先，突发事件网络舆情信息流导控是提升政府形象的现实依据。突发事件网络舆情信息实际上是社会公众意见、情绪、态度的一种反映。通过对突发事件网络舆情信息流进行认真解析，从中读懂老百姓关于突发事件处置的态度和想法，有利于政府真正做到心为民所系，权为民所用，难为民所解；同时也有利于政府及时纠正突发事件处置中的不当行为，获得民众理解，赢得民众支持，从而为提升政府形象明确方向，做到有的放矢。

其次，突发事件网络舆情信息流导控是提升政府形象的基本动力。突发事件网络舆情信息流传导过程中，既包含有对政府突发事件处置褒扬的声音，同时又包含有对政府突发事件处置持批评、规谏的内容。如通过对2011年温州动车追尾事件社会语义网分析，可以明显发现：“对动车事故的社会评价是重大、闭塞、紧急、特大、惨重等贬义词，社会行为层面表现为追问、质疑、调查、救人、免职等，关涉机构是铁道部、国务院、上海铁路局、调查组等，关涉个人是王勇平、温家宝、小伊伊等，以及相关社会角色；在对其构建上，采用车体、死亡人数、掩埋、鲜血、发布会等事件要素进行社会构建。”①

这些不同的声音，这些批评的态度，构成一种强大的压力，敦促政府在突发事件处置中积极改善自己的处置行为，树立正确的处置观念，从而转换形成政府形象提升的基本动力。

---

①《百度2011搜索风云榜解读报告》(http://wenku.baidu.com/view/39f559ce6137ee06eef-91807.html)。

第三章　国外突发事件网络舆情信息流导控模式及其对中国的借鉴

国外在突发事件网络舆情信息流导控研究方面起步较早，并制定了相对完备的导控体系，形成了特色鲜明、成效明显的运行模式，积累了十分有价值的经验。积极学习、借鉴这些有益经验，对于丰富和完善我国的突发事件网络舆情信息流导控实践，促进社会和谐具有十分重要的理论价值和现实意义。本章将致力于分析研究国外已经成型的突发事件网络舆情信息流的三种导控模式，分析每种模式的体系构成和导控措施，提出推进我国突发事件网络舆情信息流导控需把握的着力点。

第一节　致力于彰显个人自由核心价值的自律导控模式[①]

突发事件网络舆情信息流的自律导控模式注重彰显民众舆情信息表达及传播的自由权利，强调以自律方式为主，约束和避免民众危害国家安全的突发事件网络舆情信息表达和传播行为。这一模式的典型代表国家主要是美国和加拿大。

一　美国突发事件网络舆情信息流自律导控模式的基本状况

就美国的突发事件网络舆情信息流自律导控模式而言，其主要包括三个方面的内容：

（一）建立行业协会自律机制

在美国，行业协会是介于政府、企业之间，商品生产者与经营者之间的一种中介组织，也是政府与行业之间的沟通桥梁和纽带。行业协会通过制定相关行业规范来约束行业成员突发事件网络舆情表达与传播行为，确

---

①　张玉亮、路瑶：《国外突发事件网络舆情信息流导控模式及其对中国的借鉴》，《湖北社会科学》2013 年第 7 期。

保其合乎法律和道德要求。如美国计算机协会曾提出"网络伦理八项要求";美国计算机伦理协会也制定了"计算机伦理十诫",[①] 美国南加利福尼亚大学指明了六种网络不道德行为的具体类型;[②] 等等。这些行业规范的出台,实际上是对网络礼仪和具体的网络规范形式进行的明确表达,也是美国突发事件网络舆情信息流自律导控模式的重要内容。

(二) 构建个体自律机制

除了通过行业协会来约束行业成员的突发事件网络舆情信息的表达和传播行为,美国也十分注重通过道德规范引导来建立个人自律机制,如通过学校教育、家庭教育和社区宣传等多种手段,积极引导互联网使用者树立正确的价值观,唤起其追求真理、维护正义,保障国家和社会安全的责任感和使命感,从而科学分析、正确应对互联网世界充斥的各种突发事件网络舆情信息。

(三) 技术自律机制

即通过开发相关技术软件,设立"电子守门人",主动对突发事件网络舆情信息进行内容分级和过滤,远离负面甚至是错误的突发事件网络舆情信息流的干扰和冲击。如麻省理工学院所属的 W3C (Worldwide web Consortium) 推动了 TPICS (Platform for Internet Content Selection) 技术标准协议,完整定义了网络分级的检索方式。"以之为核心研发的分级系统主要根据性 (Sex)、暴力 (Violence)、不雅言论 (Language) 或裸体 (Nudity) 表现程度四个指标对网页内容实施分级。"[③] 美国另一个著名的分级服务商 SafeSurf 也着力于建设让孩童及网络使用者免受成人与色情等

---

① 其主要内容是:你不应该用计算机去伤害他人;你不应该去影响他人的计算机工作;你不应该到他人的计算机文件里去窥探;你不应该到他人的计算机去偷盗;你不应该用计算机去做假证;你不应该拷贝或使用你没有购买的软件;你不应该使用他人的计算机资源,除非你得到了准许或给予了补偿;你不应该剽窃他人的精神产品;你应该注意你正在写入的程序和你正在设计的系统的社会效应;你应该始终注意,你使用计算机时是在进一步加强你对你的人类同胞的理解和尊敬。《美国计算机伦理协会制定的"计算机伦理十诫"》(http://blog.sina.com.cn/s/blog_62f066290100vpht.html)。

② 《自律引导——美国互联网管理方法之三》(http://security.zdnet.com.cn/security_zone/2009/0610/1376819.shtml)。

③ 李小兵、丁广宇:《美国有关网络规则的最新发展与思考》,《法律适用》2009 年第 5 期。

网络内容伤害的自我分级（self-rating）系统。[①] 这些系统的设计与建设，对于规范突发事件网络舆情信息流的传导起了很好的作用。

（四）法律辅助自律

除了以上手段，美国还建立了突发事件网络舆情信息流导控的法律导控机制，作为自律导控的重要补充。只是美国在法律和言论自由这两者之间无法达到平衡，冲突无法解决，所以美国的法律在此方面的作用往往陷入十分尴尬的两难处境。近些年来，美国出台的突发事件网络舆情信息流导控方面的法律措施主要有《电子通讯法》《电子信息自由法》《爱国者法》，等等。如表3－1所示。

表3－1　美国的关于突发事件网络舆情信息流导控的法律

名称	出台时间	目的或基础内容
《电子通讯隐私法》	1986年	延伸原先在电话有线监听的相关管制（包含透过电脑的电子数据传递），防止政府未被允许而去截取监听私人的电子通讯
《个人隐私权保护法》	1988年	—
《电子信息自由法》	1996年	为应对电子信息公开问题及政府信息处理迟缓问题
《反电子盗窃法》	1997年	是一部直接适用于数字技术环境下的版权刑事处罚法
《数字时代版权法》	1998年	要求公共图书馆、学校、教育机构等各种团体和个人，不得非法拷贝、生产或传播包括商业软件在内的各种信息资料
《无线通信和公共安全法》	1999年	规定除紧急状况外，禁止电信运营商在无法律授权的情况下提供他人有关通讯位置的信息
《计算机犯罪强制法》	2000年	—
《反垃圾邮件法》	2000年	通过限制和处罚由互联网传递未经收件人许可的商业性电子邮件，规范各州内和州际商业行为
《爱国者法》	2001年	其中第210条和第211条规定执法部门可以在未经司法部门审查的情况下要求电脑和网络运营商，提供客户的详细信息
《国土安全法》	2002年	其中要求政府利用美国的主要信息技术来发展一个能够对国土形成有效安全的信息体系结构
《网络安全研究和发展法》	2002年	—
《网络安全强化法》	2002年	—
《个人数据隐私与安全法》	2005年	加强刑事数据隐私和安全的身份盗窃和其他违规行为的处罚

① 《网络监管各国自有妙招》（http://news.xinhuanet.com/internet/2009－10/23/content_12305588_1.htm）。

二　加拿大突发事件网络舆情信息流自律导控模式的实践探索

加拿大是信息化发展最有成效的国家之一，其在突发事件网络舆情信息流导控方面有诸多有效做法。首先，倡导用户和行业自律。其具体做法是：一方面，在民众中进行道德宣传，普及基本网络安全知识，提高民众的自律意识，主动防范和杜绝虚假网络舆情信息的传播；另一方面，建立行业自律组织，壮大行业力量，使之成为互联网信息事务的有效管理者。其次，完善法律体系。加拿大政府十分注重应用法律手段推进突发事件网络舆情信息流导控。先后出台了《保密法》《信息安全法》《隐私权法》等法律规范，通过这些法律规范，对法律中出现的“新势力”此类新名词给予了明确的界定，对危害国家安全和个人安全的各类犯罪形式进行界定和重新修订。[①] 进而为保护国家以及个人信息，实现民众信息自由，保障民众知情权提供了可贵支持。再次，加强网络服务和电子政务建设。目前，加拿大已经成为由传统政务向电子政务转型的主要代表国家。其最具特色的“政府在线”项目就是力图将加拿大政府打造成为全球与公众联系最出色的政府。该项目主要分为三块：以用户类为基础的在线服务；对各服务项目进行汇总编排的资源中心；对常用热点服务主题设置的快速进入通道。这一项目的开展和实施，有利于为用户提供方便快捷的网络服务，实现政府与民众的交流和互动，保障政府及时获得用户的意见和反馈，维护社会的安定团结。最后，技术手段辅助。加拿大国防部下属的通信安全研究院（Communications Security Establishment，CSE）是加拿大的国家密码机构，专门负责 IT 产品和系统的测试、审查和评估，确定其风险、弱点和合适的解决办法。[②] 除此以外，还有公共钥匙基础设施，它是利用公共钥匙理论和技术建立提供信息安全服务的基础设施，保证了信息的安全性、完整性和机密性。通过这些技术手段，加拿大政府的突发事件网络舆情信息流导控呈现出便捷性、现代性的特点，进而为突发事件网络舆情信息流的科学导控奠定了技术基础。

---

① 孙光明：《加拿大：从保密法到信息安全法》，《涉外资讯》2005 年第 9 期。

② 严明、刘琳：《加拿大电子政务中的信息安全管理》，《电子政务》2006 年第 9 期。

三 突发事件网络舆情信息流自律导控模式的简单评价

美国和加拿大之所以采用突发事件网络舆情信息流的自律导控模式，有两个方面的原因：一是文化传统和价值观念的深刻影响。加拿大和美国都是典型的移民国家。以加拿大为例，就其国民构成而言，“英裔居民占42%，法裔居民约占26.7%，其他欧洲人后裔占13%，而土著居民（印第安人、米提人和因纽特人）仅占3%，其余为亚洲、拉美、非洲裔等”①。各地移民在移居美洲大陆之时，也同样把自身的文化和价值体系带到了这些国家。而多元文化及价值观念的相互碰撞、激荡和融合，又形成了新的独特的国家文化和价值观念，即在社会实践和生活中强调个性价值，追求民主自由，崇尚开拓和竞争，讲求理性和实用。而这一文化传统和价值观念必然显现在人们多样化的生活和行为实践中。突发事件网络舆情信息流的传播，作为民众社会生活及其实践的一个重要组成部分，也必然打上了这一文化价值观念的印记。二是政治设计的目的所在。在政治设计上，无论是美国还是加拿大，都是实行三权分立的政治制度。所以这样设计，其目的就是要实现政治权力的相互牵制，避免政治权力越过公域界限，践踏私域个人自由。而民众的突发事件网络舆情信息表达和传播行为，其更多体现的是私域中的个人行为，也自然不能为政治权力横加干涉。因此，追求自律，提倡民众的自律精神，主动约束自我行为，不妨害国家利益也就成为一种合理的导控选择。

突发事件网络舆情信息流的自律导控模式在现实运行中，起到了很好的作用，具有十分积极的意义，一是它切实保障了公民的言论自由，延续了以个人主义为主的价值体系和多样性的文化传统，很大程度上解决了个人言论自由和国家信息安全的矛盾和冲突；二是有利于公民的自主管理和自我约束，避免了不良信息的传播，同时能够帮助政府解决一些突发事件，减少政府负担；三是有助于在整个社会中形成健康、良好的信息传播环境。

不过，突发事件网络舆情信息流的自律导控模式并不是完美无缺的，在实践过程中，也存在诸多难题：一是行业自律的有效性难题。行业规范毕竟不同于法律规制，其规范性、权威性和约束性要远低于法律法规，因

① 百度百科“加拿大”条，http：//baike.baidu.com/view/3647.htm。

此对于互联网使用者来说效力有限。二是个人自律的有效性问题。个体自律实质是将单个个体假设为具有高尚道德情操之人或经过培养引导可达到此情操之人，但是在现实生活中，背离道德、违背道德律令的人还大有人在，对于他们的突发事件网络舆情信息表达和传播行为，靠个体自律往往难以约束。三是个体自由和法律规制平衡点难题。即如何实现法律法规对于民众突发事件网络舆情信息表达和传播行为的合理规范，又不越过边界，背离个人自由的理想追求，往往很难两全。

第二节　力求个体自律与国家调控相协调的均衡导控模式[①]

与北美国家不同，欧洲部分国家则采用了个体自律与国家调控相协调的突发事件网络舆情信息流导控模式，在注重发挥个体自律作用的同时，这些国家也更加凸显国家的作用，并致力于实现个体自律与国家作用的相互协调、彼此辅助。

一　欧洲部分国家突发事件网络舆情信息流均衡导控的主要做法

（一）重视法律导控

充分发扬法律规制的基本精神，运用法律、法规引导突发事件网络舆情信息流的合理运行是欧洲部分国家的通行做法。如欧盟委员会于2001年两次颁布《网络刑事公约》草案，对非法进入计算机系统，非法窃取计算机中未公开的数据，利用网络造假，侵害他人财产、传播有害信息等利用计算机网络从事犯罪的活动详细规定了罪名和相应的刑罚；[②] 德国于1997年正式实施《信息和通讯服务规范法》，此后，又陆续颁布了《联邦数据保护法》《统计法》等法令，这些法律规范全面、系统简洁，被誉为“欧洲信息安全的典范”[③]。法国1997年提出《互联网宪章（草案）》，该

① 张玉亮、路瑶：《国外突发事件网络舆情信息流导控模式及其对中国的借鉴》，《湖北社会科学》2013年第7期。

② 侯放：《国家信息政策与法规：发达国家的经验及其借鉴》，《毛泽东邓小平理论研究》2007年第10期。

③ 解志勇、崔晓婧：《德国信息安全法概况及研究》，《海外视点》2009年第8期。

草案将明显违法的网络内容及行为定义为：明显有悖于公共秩序的内容或行为，如对儿童进行性引诱，煽动种族仇恨，教唆谋杀，招嫖以及贩卖毒品和危害国家安全等；对敏感内容定义为：并不明显违法，但实质上对某些人造成伤害的内容。① 英国国务院在2012年5月9日的国务院会议上颁布了《关于大力推进信息化发展和切实保障信息安全的若干意见》，等等。②

（二）推崇个体自律

随着互联网的快速发展，这种仅仅依靠政府的管理模式不能适应新的形势，由此，欧洲部分国家开始转向网络行业自身的治理，政府与网络技术开发商、服务商进行共同的协商和管理，由他们向网络用户宣传和普及网络知识以及建立健康、安全的网络环境。即不能单单依靠国家或者行业自身，既要将二者结合，又要动员全国人民人人参与，才能将网络舆情问题的管理做到科学、有条不紊，才能将突发事件及其带来的灾害降到最低点。如1996年，英国政府颁布了第一个互联网监管方面的行业规范《3R互联网安全规则》，3R分别代表分级认定、举报和承担责任。③

（三）推动平台建设

在1999年，德国政府制定了“德国21世纪的信息社会”行动计划，以指导性的行政计划力促信息技术应用，之后联邦管理部门通过18个“试点项目”来探索富有创新性的电子政务解决方案，联邦政府还建立了自己的门户网站，起草了电子政务手册，为电子政务建设提供全面支持。④ 值得一提的是，德国在突发事件网络舆情信息流导控方面有一项具有特色的措施，就是建立了危机信息平台，该平台具有两个系统，一个是危机预防信息系统，针对公民提供各种危机的保护措施，人们可以通过链接查询到自己想要了解的灾难背景以及预防措施。另一个是德国危机预防信息系统，该系统是针对德国政府内部提供危险、灾难以及所带来的损失的信息分析，有利于决策者们科学制定应对措施和开展资源管理工作。法

① 薛瑞汉：《国外网络舆情管理和引导的主要经验及对我国的启示》，《中共福建省委党校学报》2012年第9期。

② 刘权：《信息安全的英国之鉴》，《中国经济和信息化》2012年第10期。

③ 薛瑞汉：《国外网络舆情管理和引导的主要经验及对我国的启示》，《中共福建省委党校学报》2012年第9期。

④ 王山琪：《德国电子政务建设及特点》，《通信管理与技术》2010年第3期。

国政府非常注重信息公开，1789 年的法国《人权和公民权宣言》第 15 条就已规定公民有权对政府公文提出知情请求。2002 年政府又制定《数字签名法》来保障法国政府信息公共服务网站向社会公众提供服务。法国政府通过公共服务网站为公民提供信息，公民可以通过政府网站获得政府公开的信息，了解政府动态以及获得政府部门服务。

二　突发事件网络舆情信息流均衡导控模式的合理性与局限性

与北美国家主要以自律为主的导控手段相比，欧洲国家实行的信息流均衡导控实现了政府调控和行业自律以及技术等各方面的优势合理互补。将法律和自律有效结合，既保证了公民的言论自由，也尽可能地减少了突发事件网络舆情信息流对国家安全的威胁。同时欧洲国家重视电子政府的治理，并认为鼓励人人参与是适应目前突发事件网络舆情信息流导控的必要措施，加强了人们的社会责任感。各项措施均衡实施，有针对性的利用各自的优势进行信息导控，比较适合欧洲国家的国情和目前的发展。然而，这种平衡点很难把握，国家调控和行业自律若要做到有效的相辅相成还需要不断的磨合和实践探索。偏离平衡很可能影响到人们的言论和信息自由，并且导控模式的特点得不到突出，各自的优势反而得不到充分的发挥。

第三节　凸显政府强制介入作用的东亚导控模式①

由于历史和政治传统不同，在突发事件网络舆情信息流导控模式的构建中，东亚国家十分重视政府的介入作用，形成了独特的突发事件网络舆情信息流的东亚导控模式，代表性国家有新加坡、韩国、日本。

一　突发事件网络舆情信息流东亚导控模式的实践措施

（一）新加坡的主要做法

新加坡的突发事件网络舆情信息流导控主要采取以政府强制介入为主

① 张玉亮、路瑶：《国外突发事件网络舆情信息流导控模式及其对中国的借鉴》，《湖北社会科学》2013 年第 7 期。

的模式，获得了良好的成效。首先，建立管制与介入机构。早在20世纪90年代初，新加坡就成立了新加坡广播局（SBA），作为保护公共利益、维护公共秩序，提升节目品味，保障节目正派的管理机构。到2003年，新加坡广电局、电影与出版物管理局（the Films and Publications Department）、新加坡电影委员会（Singapore Film Commission）三家机构合并为新加坡传媒发展局（Media Development Authority，简称 MDA）。由此，MDA 成为网络内容的主管机构。其次，制定管制与介入措施。包括两个方面主要内容：一方面，对网络服务商实行分类管理，规定网络服务商必须进行专门登记，并要求其不得传播禁止内容；另一方面，对互联网信息实行严格的检查制度，保证互联网信息的正确性和合规范性。再次，明确管制与介入对象。新加坡将网络服务提供商和网络内容提供商纳入管制对象，明确其具体的责任和义务关系。最后，明确规范管制的内容。新加坡规定，与公共利益、公共道德、公共秩序、公共安全、国家安定基础相违背或被新加坡现行法律禁止的资料都列为禁止性资料，不得在网上传播。

（二）韩国的基本措施

韩国是世界上网络普及率较高的国家之一，互联网发展走在世界前列，在突发事件网络舆情信息流导控方面主要采取了以下措施。首先，严格法律规制和监督。如政府出台了《电子传播商务法》，用以对网络舆论内容进行审查和规范，规定国家信息部可以根据需要，命令信息提供者删除或限制某些网络舆论内容。随后，韩国又相继颁布《不健康网站鉴定标准》、《互联网内容过滤法令》以及《电信事业法》等，这些法律规范的颁布，使得韩国的突发事件网络舆情信息流导控的法律框架日渐完善，为其科学实施创造了条件。其次，实行网络实名制。2005年，韩国政府广泛征求社会各界意见之后，开始推行“网络实名制”，要求网民在网站上留言、建立和访问博客时，必须先登记真实姓名和身份证号。其目的是规范网民上网行为和减少网上不良信息。到2006年底，韩国又通过了《促进信息通信网络使用及保护信息法》，正是这部法律的颁布，也宣告了“网络实名制”最终形成。最后，倡导网络自律和监督行动。韩国积极开展民众教育，普及网络知识，确保民众树立正确的网络观，进而在互联网世界自觉规范自己的网络行为。

（三）日本的实践行动

日本政府在突发事件网络舆情信息流导控方面有自己明确的计划和目

标，近几年来取得了明显进展。如在2000年，日本开始推行e-Japan战略，目标是到2005年成为世界最先进的IT国家。到2003年5月，日本政府又提出并制定了“日本信息安全综合战略”。[①] 其中，保证网络的安全性和可靠性被视为亟须解决的问题之一。为解决好这个问题，日本政府不仅制定相关的政策，还积极鼓励民间组织提出措施，对危害国家及人民信息安全进行全面界定并提出化解之道。

二　东亚导控模式形成的历史与现实原因分析

东亚国家网络舆情信息流导控模式的形成有其传统和现实原因，一是从传统的角度来说，东亚国家与欧美国家不同，它更多受到的不是欧美自由主义和科学理性主义的洗礼，而是传统儒学文化的深刻影响，形成了比较独特的东亚“儒学文化圈”，基于传统儒学的要求，政府被奉为更有权威、更有力量的社会管理主体，忠于国家、忠于政府被当作一种惯常价值观为民众所信仰，进而形成了典型的“强国家—弱社会”的关系模式，在这种情况之下，建立突发事件网络舆情信息流导控模式，必然也就使得政府占据绝对主导的地位，在其中起着不可替代的作用，进而实现对突发事件网络舆情信息流的实时导控。二是从现实的角度看，第二次世界大战以来，东亚经济快速起飞，社会现代化有效推进，民众生活大力改善，这些成绩的取得，都与政府的强势介入密不可分。而这也进一步树立了政府的威权和影响力，赢得了民众的充分信任，如此一来，政府担当突发事件网络舆情信息流的导控者，扮演主导角色，就变得义不容辞。

第四节　国外突发事件网络舆情信息流导控实践模式对中国的借鉴[②]

目前，随着信息化的发展以及社会中各类突发事件的发生。突发事件网络舆情信息流导控在我国受到了越来越多的重视，然而它还不够科学和规范，存在着许多亟需要解决的问题。为解决好这些问题，有必要突破现有的管理模式，立足于我国的国情、政治经济特色以及文化背景，制定出

① 孙宁：《日本国家信息安全体制现状》，《网络技术安全与应用》2004年第2期。

② 张玉亮、路瑶：《国外突发事件网络舆情信息流导控模式及其对中国的借鉴》，《湖北社会科学》2013年第7期。

适合我国突发事件网络舆情信息流导控的健全体系，提升导控能力和管理水平。借鉴国外突发事件网络舆情信息流导控模式构建经验，提高我国突发事件网络舆情信息流的导控效率，可以从以下几方面着手：

一 树立正确的突发事件网络舆情信息流导控理念

创新观念、树立突发事件网络舆情导控的正确观念是成功实现突发事件网络舆情导控的前提和基础。为此，应当树立如下几个观念：

（一）开放观念

以开放的视野把握突发事件网络舆情信息流导控已经成为社会发展不可逆转的潮流，同时，思想上、信息上的开放也有助于政府树立自信。政府应改变信息封锁、规避大众的传统思想，将政府决议、社会事件处理的过程和结果及时、真实的通报给大众，实现信息的透明化管理，避免由于信息封堵造成的社会不安。同时，还要积极借鉴国外研究的先进经验，坚持“走出去”与“引进来”的策略，取长补短，建立适合我国并具有中国特色的突发事件网络舆情信息流导控体系，提升政府对于网络舆情信息流的导控水平。

（二）负责观念

基于委托代理理论，政府有责任代表公众行使公共权力，为公众谋取福利。在突发事件发生时，政府应义不容辞的及时、有效地处理突发事件，行使民众给予政府的公共权力。同时在信息公开和传播过程中，政府有责任将突发事件的过程以及真实结果公布于众，保障民众的知情权。只有本着对民众负责的态度，才能获得民众的支持和信任。反之，若政府不持有对民众负责的观念，就会使得突发事件不能得到妥善处理，引起突发事件网络舆情信息流的异常波动，激起社会不安定因素。

（三）法治观念

依法治国不仅是一个口号，一种行动，还是一种理念。秉持法治理念，就是要求政府及相关公共部门。根据国家法律法规对突发事件网络舆情信息流进行导控，合理合法的处理突发事件，不断完善突发事件网络舆情信息流导控的法律体制。

二 立足中国具体实际国情

国情是一切工作的立足点，脱离国情，就不可能建立科学有效的突发事件网络舆情信息流导控模式。国外突发事件网络舆情信息流导控之所以成效显著，也正是因为他们充分考虑了自身的具体实际。立足中国具体国情，需要从如下几个方面着手：

（一）立足中国社会制度

社会制度是社会发展的根本支撑。中国目前的社会制度是经历史和现实考验被证明符合中国现实实际的。构建突发事件网络舆情信息流导控模式，说到底，就是要建立一套有效的监测、预警、导控突发事件网络舆情信息流的制度体系，而这些需要建立的制度必然要与现有的社会制度实现无缝衔接，实现与现有社会制度的相互协调，相互支持。否则，突发事件网络舆情信息流导控模式的构建就成无源之水、无本之木。

（二）立足中国文化传统

文化传统是经由一个民族的文明演化汇聚而成，反映和体现着一个民族的基本性格、观念倾向和思想认同。中华文化历经千年沉淀，形成了中国独有的文化传统。而这一文化传统又左右着中国人的一切行为方式和具体实践行为。因此，立足中国文化传统，构建突发事件网络舆情信息流导控模式，使这一模式体现中国文化传统的特殊要求、文化倾向，才能更好地发挥其网络舆情信息流的现实导控作用。

（三）要立足于民众的现实条件

经由 30 年改革开放之发展，我国社会经济快速发展，人民生活水平大幅提高，与之相伴随，民众信息需求也开始不断增长。渴望信息和言论的自由，渴望国家信息的公开透明已经成为民众的一种普通期望。在这种情况之下，构建突发事件网络舆情信息流导控模式，就要致力于尊重民众关于突发事件的信息需求，主动提供相关信息，及时防范网络流言，谋求实现突发事件网络舆情信息流导控目的。

三　着力推进突发事件网络舆情信息流导控的法制化进程

法律规范是保障网络安全的硬性手段，不论西方发达国家还是我国所处的东亚地区，都依靠法律法规来对网络舆情信息流进行导控。根据外国的先进经验以及我国的实际情况，我们要做到以下几个方面：

（一）完善基础法律，做到有法可依

突发事件网络舆情信息流导控依法运行、科学运作是国外许多国家的

成功做法，也是我国依法治国不断推进的内在要求。为此，必须做好以下几项工作：一是政府立法民主化。国家立法机关，必须以某种形式公开突发事件网络舆情信息流导控方面的立法规划、立法计划以及法律草案，便于人们了解、讨论，并提出立法建议，确保立法工作建立在人民民主的基础之上。二是要规范行政立法程序。主要是明确行政立法权限，改进由主管部门制定相关法律法规的传统做法，代之以专门的立法机构或部门，并积极吸收专家学者参与立法，进而提高立法的科学性。三是对现有的突发事件网络舆情信息流导控方面法律、法规进行清查和审理。删除过时的或重复的条文，修正矛盾的或不协调的规定，补充必要的规范，并形成体系。四是加快行政程序法的立法步伐。对突发事件网络舆情信息流导控的行为方式、行为步骤、行为顺序以及行为时限等项做出明确规定。

（二）规范导控程序，明确导控步骤

程序不明确，突发事件网络舆情信息流导控就不能科学运行，就难以落到实处。规范突发事件网络舆情信息流导控程序势在必行。但是，就目前我国的现实情况看，对于突发事件网络舆情信息流究竟按照什么样的程序导控，究竟如何保证程序的科学性，并不是十分明确。而这一问题的解决，既有赖于学界加大研究，为政府及相关部门的实际操作提供学术建议，同时也有赖于我们对于国外成功做法的积极吸取和借鉴，并结合我国国情加以改进和创新。

（三）完善导控机构，确定负责部门

建立专门导控机构是实现突发事件网络舆情信息流导控科学化、规范化的应有之义。设置导控机构，关键是要明确职责，合理配置人员，做到导控机构内部设置合理，责任明确，观念意识正确，进而保证导控目的的有效实现。

四　建立健全行业自律和道德引导辅助导控机制

行业自律和道德引导已经成为突发事件网络舆情导控的新趋势，单凭借政府和法律是行不通的，会在一定程度上触动公民的言论信息自由，引起民众的不满。为此，可以从以下几个方面着手。

（一）宣传自律的观念和义务

互联网是一个高度自由和自治的领域。让民众进行自我管理，并将安

全网络和绿色网络作为自身应该遵循和维护的事项。在社会中宣传健康网络，人人有责的重要观念，可以帮助政府大大提高导控效率。

（二）给予行业自律协会更大的自治空间

自2001年5月，全国性互联网行业组织——中国互联网协会成立并颁布了一系列自律规范。同时得到了良好的反映，在此基础上，政府应该给予行业协会更多的自治空间，在确保遵守国家制定的法律法规基础上，对其违反规定者，行业协会可根据法律进行规范和处理。同时要发挥好服务民众的作用。处理职权范围内的网络突发事件。不断完善行业自身的规章制度，为政府减轻导控负担。

（三）加强道德引导的辅助功能

道德是法律的辅助工具，是维系社会安定的重要因素，在突发事件网络舆情信息流导控方面发挥着举足轻重的作用。应使民众树立正确的价值观和道德观，积极培养民众的责任感和判断力，提高民众的网络安全意识和信息辨识度，形成突发事件网络舆情的自觉维护。通过进行社会宣传，向民众大力宣扬符合道德文明的社会事件，以社区为单位对民众进行网络知识培训和教育，同时，在学校利用网络进行科学的教学活动，加强对青少年的网络教育。通过这些措施，使民众可以从容应对突发事件网络舆情带来的负面影响，帮助社会全体重视和理解道德规范并反思其应尽的社会责任，进而自觉自愿的维护社会安定。

第四章　突发事件网络舆情信息流传导过程与传导规律研究

研究突发事件网络舆情信息流触发生成、传导扩散、衰变平复的动态演化进程，分析突发事件网络舆情信息流各个传导阶段的特征，实现突发事件网络舆情信息流传导过程与传导表征的耦合，揭示突发事件网络舆情信息流传导的一般规律，是突发事件网络舆情信息流研究的关键内容。本章将通过多个案例的系统分析和归纳研究，梳理突发事件网络舆情信息流传导的一般过程，从中探寻其传导基本特点，进而为面向优化管理的突发事件网络舆情信息流导控奠定基础。

第一节　突发事件网络舆情信息流传导样本的遴选

一　研究时间的确定

进入21世纪以来，突发事件日渐频繁，突发事件网络舆情信息流的波动也日益活跃。但是限于研究精力所限，跟踪研究所有的突发事件网络舆情信息流，实际上并不现实，也没有必要。那么，选取哪个时间段作为本次研究的时间节点为好呢？笔者做了这样的安排，即选取2013年1月1日—3月31日作为本次研究的时间起止点。以在此时间段内所有快速波动、传导的突发事件网络舆情信息流作为研究的“总体案例仓库”，从中选取关键代表性事件进行跟踪研究，以明晰突发事件网络舆情信息流传导的过程，揭示其传导规律。

二　样本事件的初选

确定好突发事件网络舆情信息流跟踪研究的时间安排和“总体案例仓库”后，下一个关键步骤就是进行样本事件的初选。这是因为，即使以2013年1月1日—3月31日为研究的起止点，我们发现，在这段时间之内，还是有数量众多的突发事件网络舆情信息流的传导案例，有的具有代表性，有的完全没有代表性，为此，需要对这个时间段内的传导案例进行一个初步遴选。这个工作的开展，我们的依据主要是通过网易新闻排名来实现。

网易是中国最为主要的门户网站之一，它和新浪网、搜狐网、腾讯网并称为“中国四大门户”，秉承“有态度的门户”的内容建设理念，网易新闻受到了广大用户的青睐，有着数以亿计的“粉丝”。同时，网易还允许网民在阅读新闻事件之后，可以就此发表自己的相关观点，给了用户很大的言论机会。与此同时，我们也可以发现，用户跟帖数量和点击率较多的新闻事件，往往也是突发事件网络舆情信息流大幅波动的案例。因此，我们以网易新闻事件为参照，根据新闻跟帖率和点击率为两个指标，其中以跟帖率为首先指标，选取网易新闻中跟帖率最高、点击率也较高的头三个事件作为我们遴选突发事件网络舆情信息流研究案例的参照，然后对新闻进行总结，提炼出突发事件网络舆情信息流研究案例。通过对 2013 年 1 月 1 日—3 月 31 日的网易新闻进行整理，将网友跟帖和点击率居头三甲的新闻标题进行总结。通过对所有新闻事件进行分析和整理，可以归总出 2013 年 1 月 1 日—3 月 31 日，引发突发事件网络舆情信息流的广泛传导的事件案例主要有 42 件。主要包括：（1）新交规闯黄灯扣 6 分的问题；（2）彝良县委书记曹阜忠事件；（3）郑州“房妹”事件；（4）袁厉害事件；（5）山西苯胺泄漏事件；（6）河南周口平坟事件；（7）“80 后”女副市长事件；（8）南方集中供暖问题；（9）丰城富士康游行事件；（10）邹和平事件；（11）陕西“房姐”事件；（12）衣俊卿与常艳事件；（13）抢票软件被禁引发争议事件；（14）陈宾霞事件；（15）郑州“全城吃面”事件；（16）山西县委书记女儿吃空饷事件；（17）赵红霞事件；（18）雾霾污染事件；（19）河南义昌大桥塌陷事故；（20）官员财产公开问题；（21）温州瑞安计生办催缴超生罚款事件；（22）大病医疗保险金需缴个税的问题；（23）中日雷达互相照射事件；（24）江苏启东冲击国家机关案件；（25）朝鲜核试验危机；（26）美国制裁中国企业事件；（27）山西贪官提前出狱事件；（28）中铁隧道打砸云南村庄事件；（29）日本就钓鱼岛污蔑中国言论事件；（30）李天一事件；（31）关于“国五条”的讨论；（32）长春盗车案；（33）广州城管掐女商贩脖子事件；（34）铁道部员工安置问题；（35）长沙“落井女孩”失踪事故；（36）河南开发商碾死村民事件；（37）公款吃喝问题；（38）驱逐越渔船事件；（39）公务员福利问题；（40）湖北卧铺客车坠落事件；（41）广州城管被砍事件；（42）湖北城管被砸死事件。

三 问卷调研与样本事件的确定

（一）问卷设计

为了提高研究效率，适当减小研究工作量，同时提高研究样本的代表性。有必要对初选的42个突发事件网络舆情信息流传导事件做进一步的筛选。为了做好这项工作。我们将采用问卷调研的方式予以进行。即通过问卷调研，筛选出“爆点值”最高的事件作为研究的样本事件。所谓突发事件网络舆情信息流传导事件“爆点值”就是突发事件网络舆情信息流的受关注程度及其影响程度。衡量其爆点值，我们将从两个方面予以测量，一是突发事件网络舆情信息流传导事件的受关注程度，二是突发事件网络舆情信息流传导事件的影响程度。设计调研问卷之时，我们将设立两个基本问题，即××事件您关注吗？您觉得××事件对社会的影响大吗？每个问题下设五个选项，第一个问题的五个选项分别是：（1）很不关注；（2）不太关注；（3）一般关注；（4）比较关注；（5）很关注，采用Likert自评式5点量表法，我们将每个选项依次积分为1分、2分、3分、4分、5分；第二个问题的五个选项分别是：（1）很小；（2）小；（3）一般；（4）大；（5）很大，每个选项依次积分为1分、2分、3分、4分、5分。将两个问题的合计分作为突发事件网络舆情信息流传导事件“爆点值”。其中，爆点值越高，说明突发事件网络舆情信息流传导事件的代表性越强，越适合作为我们的研究样本。基于以上思路，我们设计了“面向优化管理的突发事件网络舆情信息流导控研究调查问卷”，参见附录2。

（二）被试

本次调研我们发放调研问卷300份，主要通过两种途径予以发放。一是在焦作市随机发放200份，二是通过电子邮件方式随机发放给相关网民100份，进行网络调研。其中，回收问卷262份。问卷回收率87.33%，有效问卷231份，占问卷发放总数的77%，基本达到了问卷调研的预期目的。

（三）样本事件的确立

通过对突发事件网络舆情信息流传导初选事件受关注度、影响度以及爆点值进行统计，如表4－1所示。

表 4－1　突发事件网络舆情信息流传导初选事件爆点值表

初选事件	新交规闯黄灯扣6分的问题	彝良县委书记曹阜忠事件	郑州“房妹”事件	袁厉害事件	山西苯胺泄漏事件	河南周口平坟事件	80后女副市长事件	南方集中供暖问题	丰城富士康游行	邹和平事件	陕西“房姐”事件	衣俊卿与常艳事件	抢票软件被禁引发争议事件	陈庆霞事件	郑州“全城吃面”事件	山西县委书记女儿吃空饷事件	赵红霞事件	雾霾污染事件	河南义昌大桥塌陷事故	官员财产公开问题	温州瑞安计生办催缴超生罚款事件
受关注度	891	631	1060	1083	891	1063	631	352	662	491	1088	891	554	1029	521	644	1029	891	862	1029	354
影响度	832	352	1063	1056	862	1063	491	491	631	352	1110	631	752	1060	231	631	1083	554	662	662	491
爆点值	1723	983	2123	2149	1753	2123	1122	843	1293	843	2198	1522	1306	2089	752	1275	2112	1445	1524	1691	845

初选事件	大病医疗保险金需缴个税的问题	中日雷达互相照射事件	江苏启东冲击国家机关案件	朝鲜核试验危机	美国制裁中国企业事件	山西贪官提前出狱事件	中铁隧道打砸云南村庄事件	日本就钓鱼岛污蔑中国言论事件	李天一事件	关于“国五条”的讨论	长春盗车案	广州城管掐女商贩脖子事件	铁道部员工安置问题	长沙“落井女孩”失踪事故	河南开发商碾死村民事件	公款吃喝问题	驱逐越渔船事件	公务员福利问题	湖北卧铺客车坠落事件	广州城管被砍事件	湖北城管被砸死事件
受关注度	1065	1033	631	612	462	644	631	231	1110	891	491	832	352	612	554	554	231	662	752	491	521
影响度	630	234	521	233	231	462	644	352	1060	752	662	462	491	231	521	231	352	612	491	631	491
爆点值	1695	1268	1152	845	693	1106	1275	583	2170	1643	1153	1292	843	843	1075	785	583	1274	1243	1122	1012

为便于直观观察，我们根据表4－1，将突发事件网络舆情信息流传导初选事件受关注度、影响度及爆点值以柱状图的形式表现，如图4－1所示。

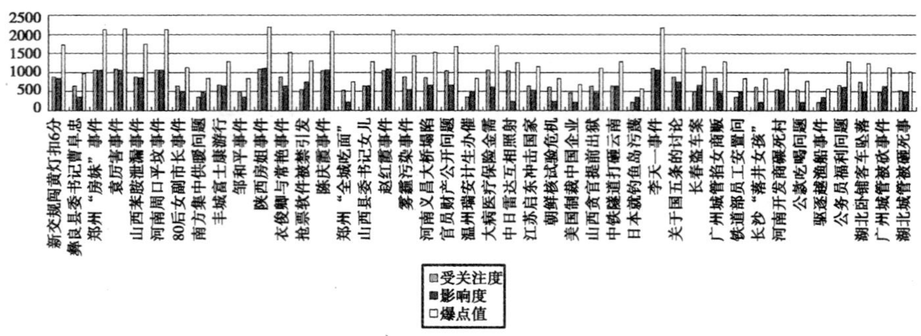

图4－1　突发事件网络舆情信息流传导初选事件受关注度、影响度及爆点值图

通过对表4－1和图4－1进行分析，可以发现袁厉害事件、郑州“房妹”事件、河南周口平坟事件、陕西“房姐”事件、陈庆霞事件、赵红霞事件、李天一事件的爆点值均超过了2000，而其他样本事件则远低于这个数值，这说明这7个初选样本事件的受关注程度和影响度已经远超其他初选样本事件。因此，本书遴选出袁厉害事件、郑州“房妹”事件、河南周口平坟事件、陕西“房姐”事件、陈庆霞事件、赵红霞事件、李天一事件作为本次研究的最终样本，是具有一定代表性和典型性的，其研究结果也是具有一定说服力的。我们将对这7个样本事件的网络舆情信息流进行跟踪分析，以期得出一些共通性的结论。

第二节　突发事件网络舆情信息流传导样本的情景描述①

一　袁厉害事件

袁厉害，女，1965年1月生，河南省开封市兰考县人。因在兰考县城内收养弃婴而闻名。

---

① 以下6个事件，笔者主要是根据河南理工大学安全与应急管理研究中心配备的网络舆情监测系统收集的相关网络资料进行整理的。其中仅对主要的网络资料来源进行了标注。

2013 年 1 月 4 日清晨 8 时许，兰考县袁厉害收养孤儿和弃婴的场所发生火灾，其收养的孩童中 7 人不幸丧生。后经调查，孩童收养所的负责人袁厉害属于违法收养。此事一经报道立刻引起广泛关注，关于袁厉害的争论随之而来。

事故原因为孩子在家，无大人看管，他们玩火导致了房屋起火。事故发生后，兰考县政府召开紧急会议，对事故应急处理作出部署，成立事故处理领导组，安排部署事故紧急处理及善后事宜，而袁厉害也被警方调查。有关负责人提出袁厉害并无收养弃婴的资格及相关手续，属于违法收养。广大民众质疑，既然袁并无资格，为什么当地政府让其存在了这么多年，却不依法进行制止？其后又曝出兰考县竟没有建立一所儿童福利院，县政府曾拿袁厉害“爱心妈妈”的头衔来做文章，当地警方接到弃婴也会送至袁处。更有媒体曾将袁的事迹大肆报道，而兰考县在袁出事后却说其并无资格，被公众认为是“撇清责任”的行为。此外，兰考标榜“国家级贫困县”，没钱建设福利院，却对全国各地涌来的记者包吃包住，招待丰盛。这一系列行为让公众质疑兰考县政府究竟在这其中扮演了什么样的角色。而袁厉害也被媒体曝出拥有 20 多处房产，对弃婴进行分级，不同等级不同对待。其生意范围更是涉及广泛，并与当地多个部门有着牵连。上述消息使得公众对袁厉害也产生了巨大质疑。2013 年 1 月，兰考县政府表示将在 6 月份将福利院建成，并对全县的孤儿进行排查，加强民间收养的监管。①

二 郑州“房妹”事件

翟家慧，郑州市二七区原房管局局长翟振峰的女儿。因其名下共有 11 套房产而被称为“房妹”。

2012 年 12 月 26 日，实名认证为“香港成报河南办事处”的新浪微博发布微博称郑州房管局领导翟振峰之女在郑州某经适房小区共拥有 11 套住房。郑州“房妹”事件曝光后，引起了社会极大关注。②

2012 年 12 月 28 日，郑州市二七区房管局原局长翟某回应确认其女

① 《袁厉害》（http：//baike. baidu. com/link？ url = TNqZ0Pa0_ RCr4NSNiWQFcRDisOByBw-b5CQ2Xvt5tDLwJkIGbQxnnhYByCMp3pt1cktslufo0e6ls6Capx9L4r_ ）。

② 《郑州“房妹”一家曾有 31 套房 官方称无一是经适房》（http: //news. ifeng. com/mainland/special/fangmei/content -3/detail_ 2013_ 01/15/21184526_ 0. shtml）。

翟家慧名下有多套房产，但属于家庭经商所得投资的商品房和商铺。2012年12月29日下午，香港成报河南办事处主任杨延方再发消息称，房妹的两套户口均不在郑州，分别位于周口和上海。此后，又爆出翟家共有八个户口："房妹"的哥哥名下14套房产；"房妹"母亲拥有4套房。至此"房妹"一家已爆出拥房29套。网上又爆出，郑州市南郊最大的经济适用房项目，由郑州市政府委托河南一通房地产开发有限公司进行开发。有知情人爆料，一通房地产开发有限公司的背后老板正是翟振峰。此后，又有人举报翟振峰违反计划生育政策，且对郑州二七区调查小组的调查工作产生质疑。举报人还称翟妻的地产公司仍欠其6000多万元的建筑款。2013年1月4日，郑州市检察院决定，正式对郑州市二七区房管局原局长翟振锋立案查处。1月13日，郑州市检察院宣布，翟振锋已由河南省检察院决定逮捕。[①]

三 河南周口平坟事件[②]

河南省周口市，因为2012年在平坟还耕工作中采取的一系列强硬措施引起了民间群众的强烈反对与质疑。周口市在发展过程中造成的政府与群众的强烈矛盾在社会上引起了广泛关注。

河南省周口市于2012年3月开始大规模的平坟复耕和殡葬改革，计划2012年完成平坟计划30%，2013年完成30%，2014年完成40%。2012年3月，周口市政府发布的"1号文件"提到全市基本农田现有坟头300多万个，占耕地3.5万亩，要求在3年内完成农村公益性公墓全覆盖，火化率100%。并遏制偷埋乱葬和骨灰二次装棺，取消旧式土葬。而周口政府出台免费火化、公墓建设等殡葬惠民政策，政府承担火化丧葬费用，并免费提供骨灰盒及遗体接送等服务。全市规划建设3130座农村公益性公墓。而就在2012年11月，周口已平掉246万座坟墓，完成"3年计划"70%的工作量。其间由于部分地区强制平坟，平坟也遭到反对和质疑。2012年11月16日，国务院修改《殡葬管理条例》部分条款，周口暂停平坟。12月25日，农业部总经济师毕美家表示，周口平坟愿望是

① 《郑州90后房妹多房多户，腐败花样多》（http://www.taojinyi.com/licai/cfrs/1301/22231.html）。

② 《河南周口平坟》（http://baike.baidu.com/link? url=5dTe2OfEuP-M53UDPbahsVELwE-I9HL7bxn24pUZhSvgfk6UEM31C6D6uWVzRe2F5QRwqnKshNkzXjXB3AMi7Dq）。

好的，问题是在工作过程当中，没有完全尊重农民的意愿，采取行政命令的方式，方法欠妥。由于平坟工作方式欠妥，半数被平掉的坟墓又重新圆起。此前，周口市官方曾通过相关媒体和舆情机构发布数据，称超过50%的当地人支持平坟。有评论因此指出，春节期间，周口乡间纷纷圆坟填土，显示此前的支持率非常可疑。有记者采访当地领导，其表示由于上级领导没有明确指示，只能暂停平坟，等待新政策的出台。2013 年《新京报》报道，周口政府又将开始二次平坟。

四　陕西“房姐”事件[①]

龚爱爱，女，1964 年出生，曾任神木县农村商业银行副行长、陕西西安江东企业投资发展有限公司法人代表，其公司固定资产总值十几亿元以上。2013 年 9 月 29 日，因伪造、买卖国家机关证件罪，被依法判处有期徒刑 3 年。

2013 年 1 月 16 日，陕西神木县“房姐”帖子网上热传，称神木县农村商业银行副行长龚爱爱有两个身份，在北京有 20 多套房产，总价值近 10 亿元。2013 年 1 月 17 日，龚爱爱在西安接受中新社采访之后突然“隐身消失”，让外界各种猜测横飞。2013 年 1 月 24 日，公安部决定成立工作组，协调指导“房姐”事件的调查督办工作。此后，随着深入调查，逐渐发现了龚另外的一个身份龚仙霞。经调查，龚共拥有四个身份，名下房产共 41 处，9666.6 平方米。陕西省神木县警方于 2013 年 1 月 27 日对“房姐”龚爱爱涉嫌伪造国家机关公文、印章罪进行了立案。2 月 3 日，北京警方将其抓获。2013 年 9 月 24 日，陕西神木龚爱爱伪造买卖国家机关证件一案公开开庭审理。2013 年 9 月 29 日，陕西省靖边县人民法院判决龚爱爱犯伪造、买卖国家机关证件罪，依法判处有期徒刑 3 年。龚爱爱利用虚假户口身份牟取暴利的事件从爆发以来便受到社会的广泛关注，龚爱爱本人更被称为“房姐”。龚爱爱事件的爆发，说明了涉房腐败的严重性，表明我国在社会管理、身份管理体系上还存在较大漏洞。龚爱爱的事件也促使杜绝“房腐”相关政策的尽快出台，以消除因地域分割而造成的信息不对称现象，提高发现违规行为的概率。

① 《陕西警方未对房姐拥 41 套房产事件立案》（http://news.163.com/13/0201/02/8MJJQSGJ0001124J.html）。

五　陈庆霞事件[①]

陈庆霞，黑龙江省伊春市人，因其患有精神病的丈夫于 2003 年被当地派出所实施违法劳教而常年上访。2007 年被当地政府“截访”后限制人身自由，甚至安排在当地一处“太平间”内。

该事件的起因则是 2013 年 1 月 24 日，中国之声《新闻纵横》报道“上访女子被劳教 18 个月，期满后继续限制人身自由的系列报道”，此事立马引起舆论一片哗然。各大媒体争相报道，网络针对此事对伊春市政府的质疑和不满评论铺天盖地。

事件的具体过程是这样的，2003 年黑龙江伊春市带岭区公安分局对陈庆霞的丈夫宋立升实施劳教，陈庆霞经上访等多种渠道争取之后，伊春市法院撤销对宋立升劳动教养的判决。但是，带岭区派出所并没有及时终止劳教而是改为所外执行。陈庆霞因为对丈夫的劳教不满从此开始上访。2007 年陈庆霞在北京上访期间被伊春市信访办接访人员“截访”，其间造成陈庆霞 12 岁的儿子走失。陈庆霞本人被带回后劳教 18 个月，其间造成下肢瘫痪。伊春市在对其进行医院治疗后，将其安排在一处翻修过的“太平间”，由环卫工人照看，并用监控设备等方式限制陈庆霞人身自由。陈庆霞事件报道后，伊春市政府立刻做出回应，及时处理了本事件中涉及人员，并派人员前往北京寻找陈庆霞走失的儿子。面对伊春市政府给出的“自由”，陈庆霞却不愿意离开“太平间”，而是提出住房、寻子、工作安排等一系列要求，让伊春市政府陷入尴尬的境地。随着伊春市政府低姿态的认错态度，迅速的补救措施以及信息的及时公示，才让这件事情的舆论逐渐平息。

六　赵红霞事件[②]

赵红霞，化名周小雪，重庆市开县赵家镇人。1982 年生于农村，15 岁时便离家来到重庆江北的一所技校读书，但毕业后她的生活却并不如意，先后在公交公司和酒店有过短暂的工作，也当过护士，甚至一度加入了传

① 《陈庆霞》(http://baike.baidu.com/link? url=7jyuO_6dpwRWGlqXB4x7BDx0J5xOxeB-lNNLT7M95n_3RIc7bZc6BRvCBKcdVQqMBry-fHhzgSoJTMrRaASgyoK)。

② 《赵红霞》(http://baike.baidu.com/link? url=l-Yxmgl4H8TegNgAEIJry9xi9V7dBmQCz-X1tDrpcc9fQ41mR3kcYhQpQKkhkDZ0qqInRoNedTfrmAE3FojduCq)。

销组织。2007 年赵红霞经朋友介绍认识了已婚的重庆商人肖烨，之后成为肖烨的情人，2007 年末加入肖烨的永煌公司，成为肖烨等人拍摄官员性爱视频最成功的诱饵。2013 年 1 月 27 日，最早曝光雷政富不雅视频的朱瑞峰转述来自重庆公安内部知情人士的话，称赵红霞 2013 年 1 月已经被警方控制。对于赵红霞已经被警方控制的信息，记者 27 日致电重庆市公安局，相关负责人表示，“如果有进展，会对外公布”。2013 年 2 月 4 号，赵红霞提交的取保候审申请被相关部门在法定时间内否定。2013 年 4 月 3 号，了解到“重庆官员不雅视频”女主角赵红霞案再次被延期侦查两个月，加上此前曾延期一个月，赵红霞被批捕后的侦查期限已经延长了 3 个月。

七　李天一事件[①]

李天一，现名李冠丰，著名歌唱家李双江和知名歌唱家梦鸽之子。2013 年 2 月，因涉嫌轮奸案被刑事拘留，2013 年 9 月北京市海淀区法院做出一审判决，以强奸罪判处李天一有期徒刑 10 年。

事件开始于 2013 年 2 月 22 日，网上曝出李双江之子李天一涉嫌轮奸，被警方刑事拘留。由于当事人的特殊背景，使此事引起舆论的巨大关注。随后又有人曝出李天一曾于 2011 年因与人斗殴被拘留教养 1 年，这让李天一的争议进一步升温。2013 年 3 月 27 日，李天一被移送至海淀区检察院未成年人案件检察，同时被认定为未成年人被告人，将不被公开审理。而之后有网友爆料：李天一在该案件中涉嫌年龄造假，这使得本案进一步发酵，美国、法国、印度、日本等多国媒体对此事进行了报道。2013 年 5 月 6 日，检方受理了李案。6 月 25 日，被告代理律师因涉案太深及被告母亲梦鸽的要求过高而辞去辩护工作。整个事件最受关注的是梦鸽为了帮助其儿子脱罪，动用各种手段，包括“利用母子亲情来造势”“将事件定义为敲诈来转移视听”等。2013 年 9 月 26 日李天一案开庭，法院认定，5 名被告人犯强奸罪事实清楚，证据确实充分，指控罪名成立。5 名被告行为系轮奸，性质恶劣，社会危害性大　依法应予惩处。李天一被判处有期徒刑 10 年。被告辩护律师称，结果对李天一不利会坚持上诉。

---

① 《李天一案》(http：//baike. baidu. com/view/10972238. htm？fromtitle = 李冠丰案 &fromid = 8351391&type = syn)。

第三节 突发事件网络舆情信息流的波动特点与传导周期划分①

突发事件网络舆情信息流传导分期实际上就是基于其传导特点对突发事件网络舆情信息流传导的不同阶段进行界分。从信息交换均衡的视角来说，突发事件网络舆情信息流传导的过程，实际上也就是突发事件信息网络供给方（包括政府、权威信息发布部门、舆论领袖等）与需求方（一般网民及其他网络舆情信息需求者）之间相互交流、交换信息进而实现信息交换均衡的过程。以“袁厉害”“房妹”“周口平坟事件”“房姐事件”“陈庆霞”“赵红霞事件”“李天一事件”为检索词，检索百度指数（http：//index. baidu. com/），可以发现 7 个突发事件网络舆情信息流的波动与传导总体脉络。如图 4－2、图 4－3、图 4－4、图 4－5、图 4－6、图 4－7、图 4－8 所示：

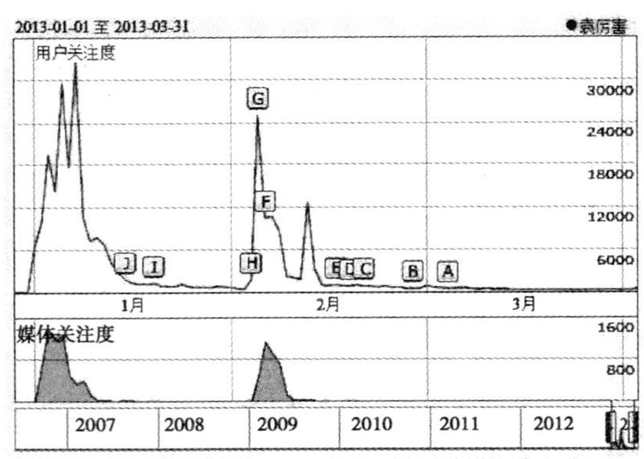

图 4－2 袁厉害事件网络舆情信息流传导周期

① 张玉亮：《基于信息交换均衡的突发事件网络舆情演变分期研究》，《现代情报》2013 年第 1 期。

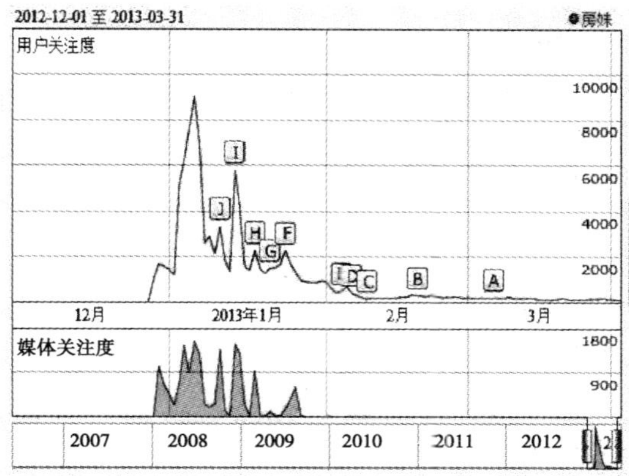

图 4－3　郑州“房妹”事件网络舆情信息流传导周期

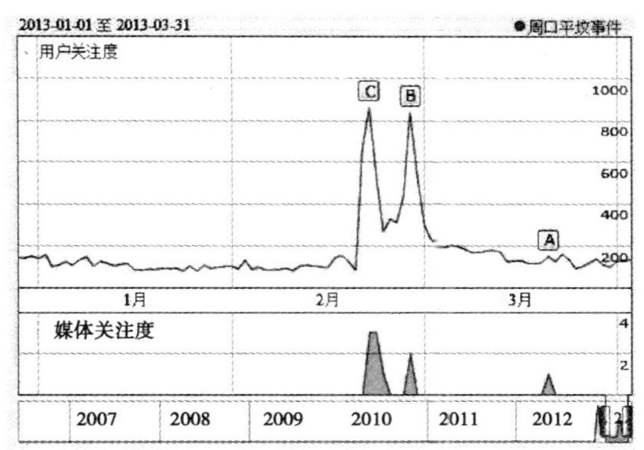

图 4－4　河南周口平坟事件网络舆情信息流传导周期

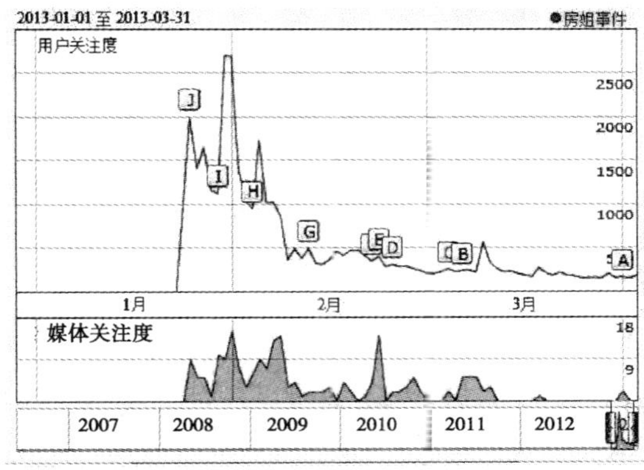

图 4－5　陕西“房姐”事件网络舆情信息流传导周期

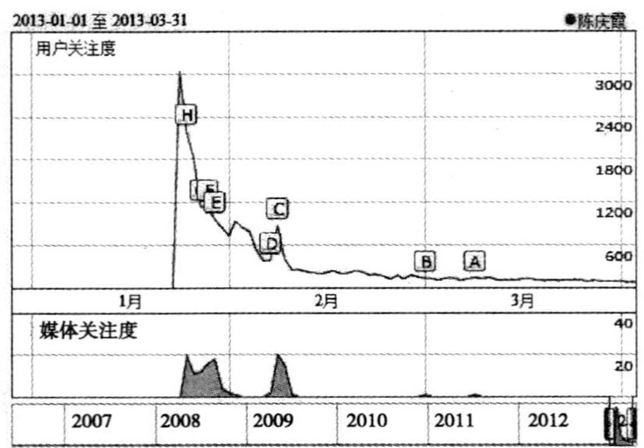

图 4－6 陈庆霞事件网络舆情信息流传导周期

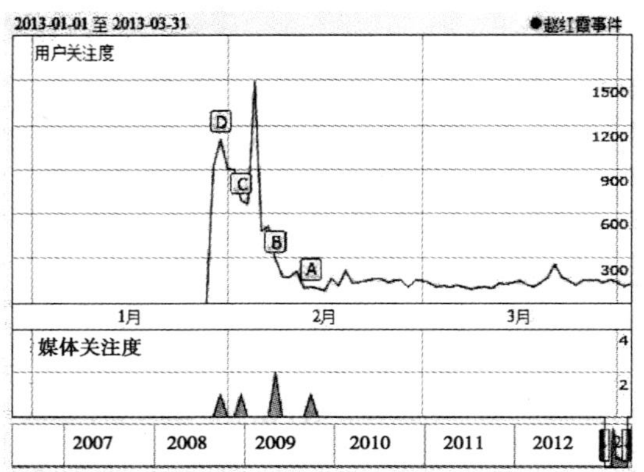

图 4－7 赵红霞事件网络舆情信息流传导周期

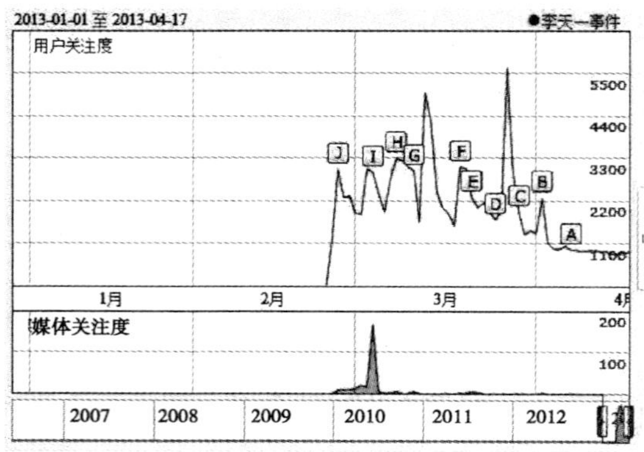

图 4－8 李天一事件网络舆情信息流传导周期

就 7 个突发事件网络舆情信息流传导的过程看，突发事件信息网络供需存在三种状态：一是过剩状态，即突发事件信息网络供给方提供了远多于需求方需求的信息；二是短缺状态，也就是突发事件信息网络供给方没有及时供给相关突发事件信息，使得需求方的信息需求没有得到合理和充分满足的一种状态；三是均衡状态，即突发事件信息网络供给方所提供的信息与突发事件信息网络需求方所需要的信息正好相等的状态。需要说明的是，这种供需均衡状态只是一种短暂的时间节点上的均衡，随着时间、条件的改变，这种均衡状态很难持久维持。这是因为，突发事件信息供需关系不是一种完全静态的关系，而是一种处于变化、运动中的关系，是一种从突发事件信息网络供给过剩到突发事件信息网络供给均衡，再到突发事件信息网络供给短缺，不断地循环变化的关系。相较于突发事件信息网络供需均衡状态，突发事件信息网络供给过剩或者短缺则是更为频繁出现的两种状态。“不难看出，突发事件信息网络供给与突发事件信息网络需求是一种互动反馈的关系。即正常状态之下，突发事件信息网络供需基本处于均衡状态。但在某突发事件发生之后，突发事件信息网络需求往往空前增加，致使突发事件信息网络供给处于短缺状态，从而对突发事件信息网络供给方提出更高要求；随后供给方通过加强供给，提供更多、更为丰富的突发事件信息，满足突发事件信息网络需求方空前扩大的信息需求，进而实现新的状态下的交换均衡。从而实现了突发事件信息网络供需互动的循环。”①

基于以上分析，可以发现，以信息交换为标准，界分突发事件网络舆情信息流的传导周期，与其他划分标准相比，具有很大优势：一是有利于体现突发事件网络舆情信息流传导的时间延展性特点。即突发事件网络舆情信息流传导有着时间持续性的特点，依据该标准划分后，要能够说明突发事件网络舆情信息流传导的时间过程，即突发事件网络舆情信息供给由不均（供给过剩或短缺）到均衡的时间过程。二是有利于体现突发事件网络舆情信息流传导的过程特点，便于对整个突发事件网络舆情信息流传导过程进行把握和分析。三是有利于揭示突发事件网络舆情信息流传导的基本实质，体现突发事件网络舆情信息流传导的基本内容。选择以信息交换均衡为依据，可以将突发事件网络舆情信息流传导周期分为均衡期、需求增长期、供需激化期、供给加强期、再均衡期

① 张玉亮：《基于信息交换均衡的突发事件网络舆情演变分期研究》，《现代情报》2013 年第 1 期。

五个阶段。如图 4－9 所示。

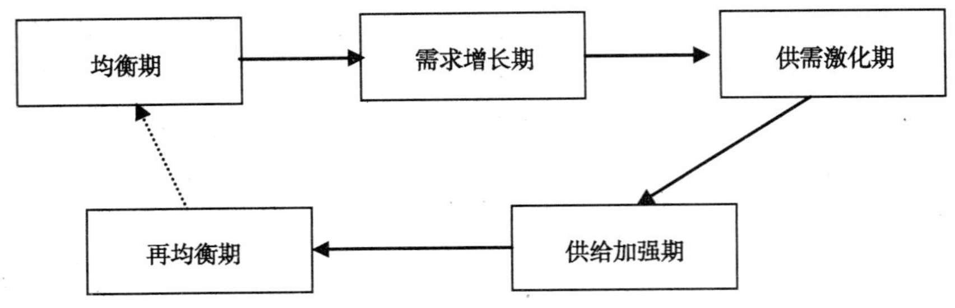

图 4－9 突发事件网络舆情信息流传导的基本周期

一 均衡期

均衡期是突发事件网络舆情信息流传导的起端，也是突发事件信息网络需求方的需求内容与供给方的供给内容正好相等的一种状态。之所以出现这一状况，原因有二：一是突发事件发生之后，突发事件信息网络供给方能够积极进取、审时度势，根据事件发展情势，及时向突发事件信息网络需求方提供相关突发事件信息，满足了需求方的需求要求，使突发事件网络舆情信息流处于平复状态；二是突发事件的发生仅限于局部地区、涉及极少数的利益相关者，波及的范围比较狭窄，并不能引起广大突发事件信息网络需求方的关注，进而不会产生多样而广泛的突发事件信息网络需求。不过，需要指出的是，突发事件网络舆情信息流传导的均衡期并不是一种持久的稳定状态，由于突发事件信息供给方的供给行为与需求方的需求内容在不同时间段内总是不断变化的。因此，这种均衡状态往往也会随着这种变化而发生改变。

二 需求增长期

突发事件信息需求的增长是对突发事件信息网络供需均衡状态的一种背离。在该阶段，最为明显的特点是在突发事件信息网络供给行为没有发生变化的情况之下，需求方的需求层次和需求内容发生了变化，需求强度得到进一步增强。主要表现是网络上出现的网民对突发事件的意见、评论、建议、态度和观点等不断增多，突发事件的网络热度得到逐步提升。突发事件网络舆情信息流传导进入需求增长期，有两个方面的推动因素：一方面，突发事件波及较大范围，影响的人群比较多，由此造就了众多的突发事件关注者，而这些关注者多数往往都会成为突发事件信息的需求者；另一方面，突发事件网络推手的刻意推动。即突发事件网络推手基于某种目的，故意推高某个突发事件的关注度，激发广大网民的突发事件信息需求，由此引导突发事件网络舆情信息流传导步入需求增长期的发展轨道。

三　供需激化期

突发事件网络舆情信息流传导供需激化期是网络舆情信息流传导进一步发展的结果。在该时期，突发事件信息网络需求方的需求空前增长，需求内容更加丰富，对于突发事件信息供给数量、供给质量以及供给速度的要求达到峰值。与之相反，突发事件信息网络供给方的供给行为反应迟钝，并没有关注到需求方的这一变化，往往还以原有的供给方式来提供突发事件信息，从而使得突发事件信息供需双方矛盾空前激化，进而使得突发事件网络舆情信息流传导呈现无序、混乱的状态。表现在如下方面："一是突发事件信息需求方的数量呈现几何级数增长，突发事件关注度、热度提高迅速。二是突发事件信息需求方角色转换。即一部分突发事件信息需求方将一些通过非正式渠道获得的信息向其他需求方进行传递，逐步成为突发事件信息的供给方。比如网上的小道消息就是此类。但是这种消息的正确性、可靠性都是比较低的，往往给谣言滋生提供了机会和空间，使得真实的突发事件信息的传播受到抑制。"①

四　供给加强期

突发事件网络舆情信息流传导供给加强期是舆情信息流传导过程中的一个重要阶段。在这一时期，突发事件信息网络供给方已经认识到改进自己供给行为的必要性，从而提高了信息供给的质量和数量，使得突发事件信息网络需求方的需求得到尽可能的满足。而突发事件信息需求方需求的满足，又成为突发事件网络舆情信息流波动的一个重要体现，这种衰减既体现在数量方面，即需求方的人数大幅减少，关注人数不再有新的增加，同时这种衰减也体现在质的方面，即突发事件信息需求方不再向供给方提出更高质量舆情信息的要求。

---

① 张玉亮：《基于信息交换均衡的突发事件网络舆情演变分期研究》，《现代情报》2013年第1期。

五　再均衡期

突发事件网络舆情信息流传导的再均衡期是网络舆情信息流传导平息的阶段，是突发事件信息网络供需重新回归均衡的一种状态。即突发事件信息网络供给方的供给行为再次与需求方的需求相符合的一种状态。需要说明的是，突发事件信息供给的再均衡期往往既是突发事件网络舆情信息流平复的体现，同时也是新的突发事件网络舆情信息流传导的开始。

第四节　突发事件网络舆情信息流传导中主体敏感性分析[①]

突发事件网络舆情信息流传导中，不同网络舆情主体的敏感性表现是不一样的。这种差异体现在性别、年龄、职业、学历等方面。对网络舆情主体敏感性的分析和把握，对我们在优化导控突发事件网络舆情信息流之时采取更加科学、有效和有针对性的措施有着十分重要的意义。

一　性别分析

通过对袁厉害事件、郑州“房妹”事件、河南周口平坟事件、陕西“房姐”事件、陈庆霞事件、赵红霞事件、李天一事件网络舆情信息流的分析，可以发现，男女网络舆情主体在突发事件网络舆情信息流传导中的敏感性是不同的，男性网络舆情主体的敏感性远高于女性网络舆情主体。如在 7 个突发事件网络舆情信息流传导中，敏感性差异最大的是周口平坟事件，其男女网络舆情主体所占比例分别是 80.9% 和 19.1%，男性网络舆情主体是女性舆情主体的 4 倍之多；敏感性差异最小的是赵红霞事件，其男性舆情主体比例占 64.22%，女性网络舆情主体占 35.78%，男性网络舆情主体也几乎是女性的 2 倍之多。如图 4－10、图 4－11、图 4－12、图 4－13、图 4－14、图 4－15、图 4－16 所示。

①　张玉亮：《基于多案例事件的突发事件网络舆情信息流传导特征研究》，载《现代情报》2015 年第 1 期。

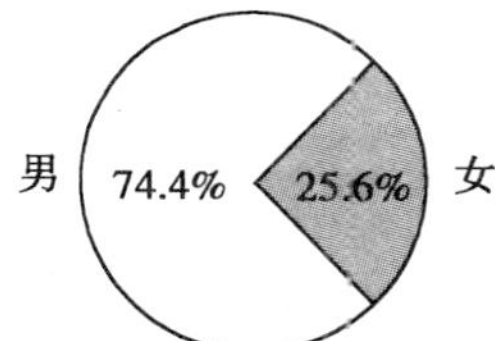

图 4－10　袁厉害事件网络舆情信息流传导中舆情主体的性别比例

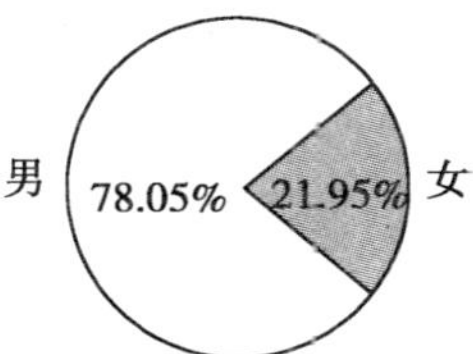

图 4－11　郑州“房妹”事件网络舆情信息流传导中舆情主体的性别比例

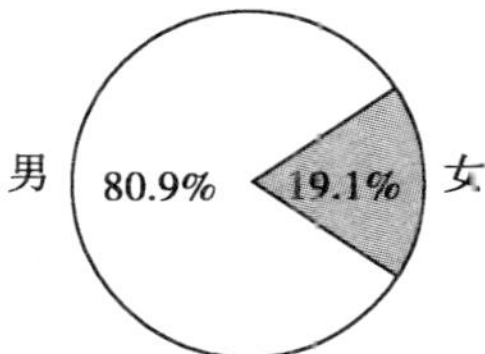

图 4－12　河南周口平坟事件网络舆情信息流传导中舆情主体的性别比例

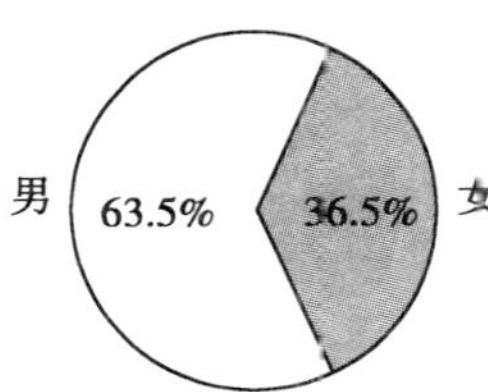

图 4－13　陕西“房姐”事件网络舆情信息流传导中舆情主体的性别比例

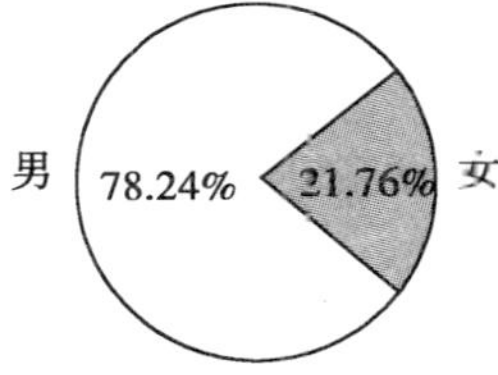

图 4－14　陈庆霞事件网络舆情信息流传导中舆情主体的性别比例

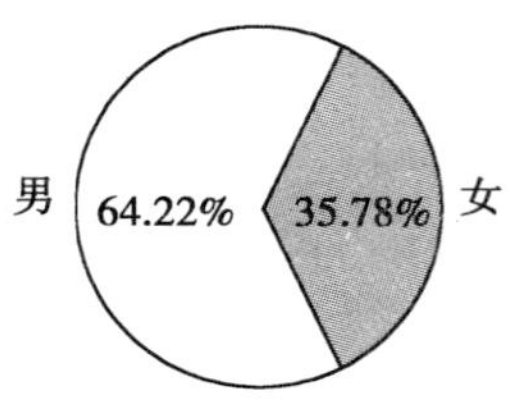

图 4 – 15　赵红霞事件网络舆情信息流传导中舆情主体的性别比例

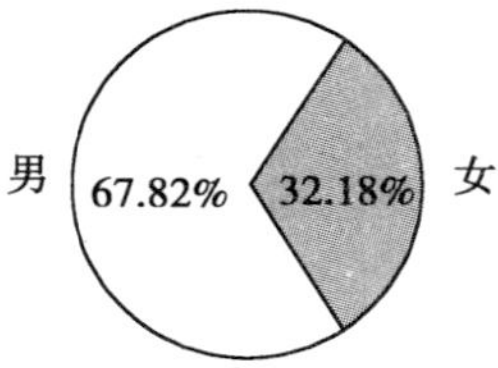

图 4 – 16　李天一事件网络舆情信息流传导中舆情主体的性别比例

之所以男女网络舆情主体在突发事件网络舆情信息流传导中敏感性表现有差异，原因有二：一是男女网络舆情主体的关注点是不一样的。男性网络舆情主体更多倾向于理性思考，喜欢关注社会热点，喜欢对社会突发事件抱以关注姿态，积极地抒发自己的观点；而女性网络舆情主体则不同，她们更倾向于感性的认知，更喜欢关注与自己切实利益密切相关的实际事物，对于宏观的突发事件则没有太大的热情。二是男女网民数量的差异也使得男女网络舆情主体的敏感性受到影响。据统计，“2008 年，女性网民占比 47. 5%，而 2011 年则下降到了 44. 1%”。[①] 出现这一情况，既有人口数量比例失衡的原因，如 2011 年全国第六次人口普查，男女人口比例是 105. 2∶100，男女比例出现较大失衡；也有客观条件限制的原因，相较于男性，女性更缺少上网条件。

二　年龄分布

除了男女网络舆情主体的敏感性表现不同之外，通过对 7 个突发事件网络舆情信息流进行研究，我们发现，不同年龄阶段的网络舆情主体的敏感性也是不同的。如在 7 个突发事件网络舆情信息流传导中，30—39 岁年龄段的网络舆情主体的敏感性最强，其次是 20—29 岁年龄段的网络舆

① 《网民男女比为 53∶47》（http://news. enorth. com. cn/system/2012/05/15/009226119. shtml）。

情主体，他们的敏感性仅次于30—39岁年龄段的网络舆情主体。除了以上两个年龄段的网络舆情主体，之后依次是40—49岁、10—19岁、50—59岁的网络舆情主体，这些年龄阶段网络舆情主体的敏感性要远弱于以上两个年龄阶段的网络舆情主体。如图4－17、图4－18、图4－19、图4－20、图4－21、图4－22、图4－23所示。

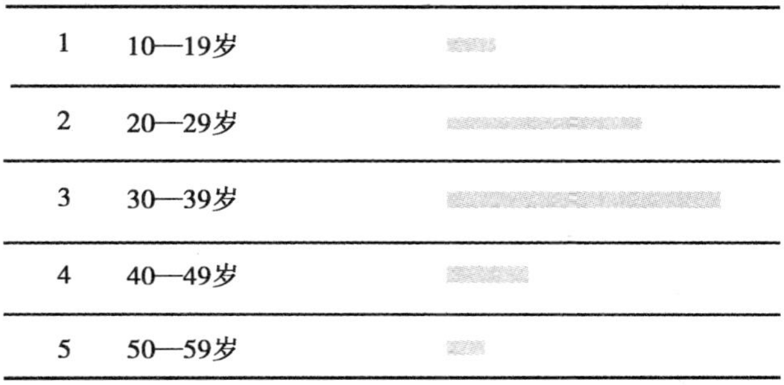

1　10—19岁
2　20—29岁
3　30—39岁
4　40—49岁
5　50—59岁

图4－17　袁厉害事件网络舆情信息流传导中舆情主体的年龄分布

1　10—19岁
2　20—29岁
3　30—39岁
4　40—49岁
5　50—59岁

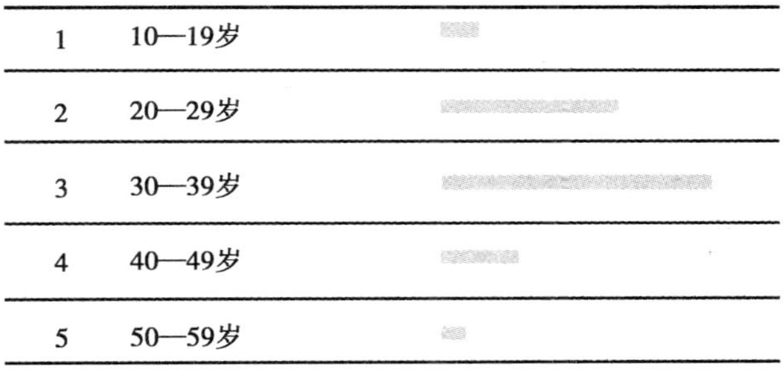

图4－18　郑州“房妹”事件网络舆情信息流传导中舆情主体的年龄分布

1　10—19岁
2　20—29岁
3　30—39岁
4　40—49岁
5　50—59岁

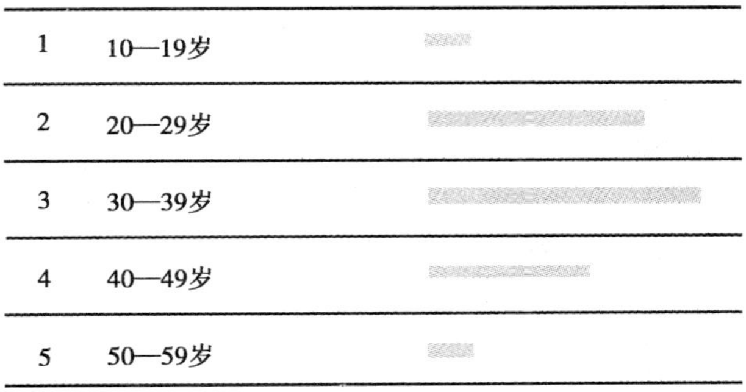

图4－19　河南周口平坟事件网络舆情信息流传导中舆情主体的年龄分布

1	10—19岁
2	20—29岁
3	30—39岁
4	40—49岁
5	50—59岁

图 4－20　陕西“房姐”事件网络舆情信息流传导中舆情主体的年龄分布

1	10—19岁
2	20—29岁
3	30—39岁
4	40—49岁
5	50—59岁

图 4－21　陈庆霞事件网络舆情信息流传导中舆情主体的年龄分布

1	10—19岁
2	20—29岁
3	30—39岁
4	40—49岁
5	50—59岁

图 4－22　赵红霞事件网络舆情信息流传导中舆情主体的年龄分布

出现这种差异，有三个方面的原因：其一，社会分工的结果。30—39 岁的网民多是 20 世纪 70 年代、80 年代出生，目前是我国社会的中间力量，突发事件的发生，与他们的切身利益往往密切相关，他们倾向于发表论点、表达态度，来阐释自己作为社会中坚力量的意见。其二，舆论热情不同。一般来说，20—39 岁的网民舆论热情较高，喜欢表达自己的观点，希望观点受到社会的接纳，而其他年龄阶段的舆论热情则较小，10—19

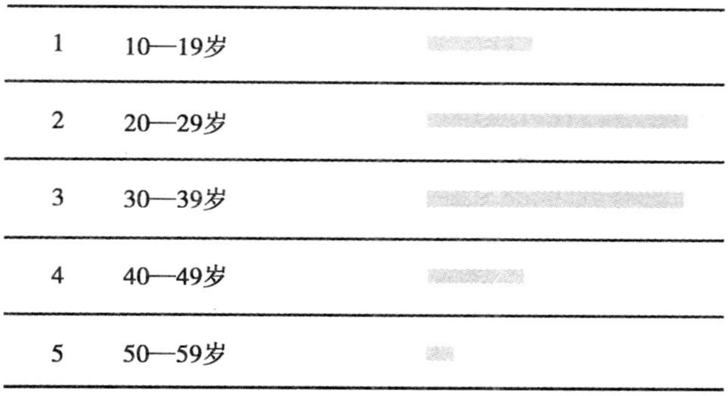

1	10—19岁	
2	20—29岁	
3	30—39岁	
4	40—49岁	
5	50—59岁	

图4－23　李天一事件网络舆情信息流传导中舆情主体的年龄分布

岁对于社会的认识还需进一步强化，观点的成熟度有待进一步提高，其舆论热情也不是特别高；50—59岁的网络舆情主体多数处于社会的稳重阶层，舆论态度趋向于保守，多数不喜欢在网络中晾晒自己的观点，舆论热情不高。其三是自身数量的差异。据统计，“2011年，网民中30—39岁人群占比明显提升，较2010年底上升了2.3个百分点，达到25.7%，近两年来该年龄段占比继续处上升趋势。40—49岁网民增长速度较慢，因而在网民中的占比出现下降。10—19岁、20—29岁网民比例与2010年底相比基本保持稳定”。[①] 在网络发展的初期，网民的年龄集中在20—35岁之间。但是随着网络的普及，网络受众的年龄分布正在趋于平衡。尤其是，2000年7月以来统计表明，18岁到24岁，25岁到30岁这两个年龄段的上网人数比例在持续下降，18岁到24岁上网人数的比例2000年7月是46.77%，2001年1月减少到41.18%，而现在只占36.8%；25岁到30岁的上网人群2000年1月占33%，2001年1月底降低到19%，现在进一步降低到16.1%。网民年龄层次分别向两个方向延伸。今后互联网将不再是年轻人的专有，只要有符合需求的信息及合理的收费，用户群体必将向各年龄段延伸。如图4－24所示。

三　职业分布

通过对袁厉害等7个突发事件网络舆情信息流进行跟踪研究，还可以发现，不同职业网络舆情主体的敏感性也具有很大差别。其中，IT行业

① 《我国网民年龄比例以及年龄分布》（http：//www.cfsbcn.com/news/17395136.html）。

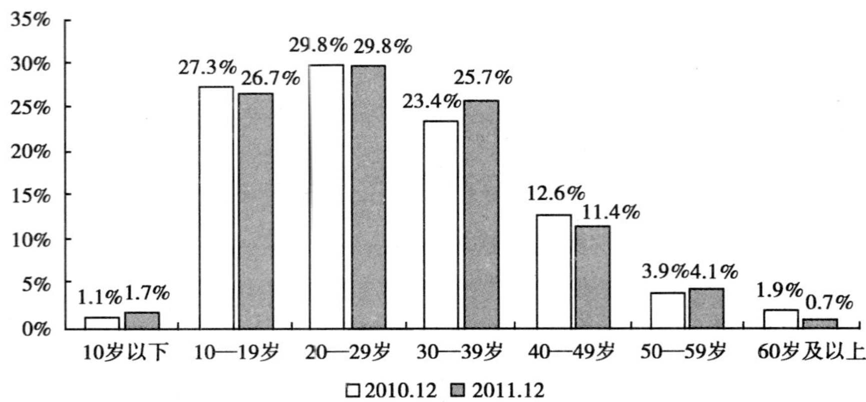

图 4－24　中国 2010 年 12 月—2011 年 12 月网民年龄结构

的网络舆情主体的敏感性最高。其次是从事教育职业或是处于求学阶段的网络舆情主体，其敏感性仅次于从事 IT 职业的网络舆情主体。此外，从事政府/公共服务职业、金融/房产、电信/网络、能源/采矿、服务、农林/化工职业的网络舆情主体的敏感性也较高。如图 4－25、图 4－26、图 4－27、图 4－28、图 4－29、图 4－30、图 4－31 所示。

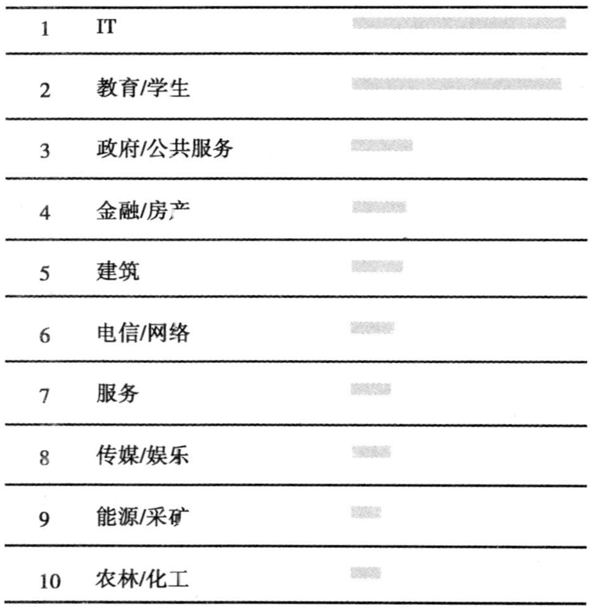

1	IT	
2	教育/学生	
3	政府/公共服务	
4	金融/房产	
5	建筑	
6	电信/网络	
7	服务	
8	传媒/娱乐	
9	能源/采矿	
10	农林/化工	

图 4－25　袁厉害事件网络舆情信息流传导中舆情主体的职业分布

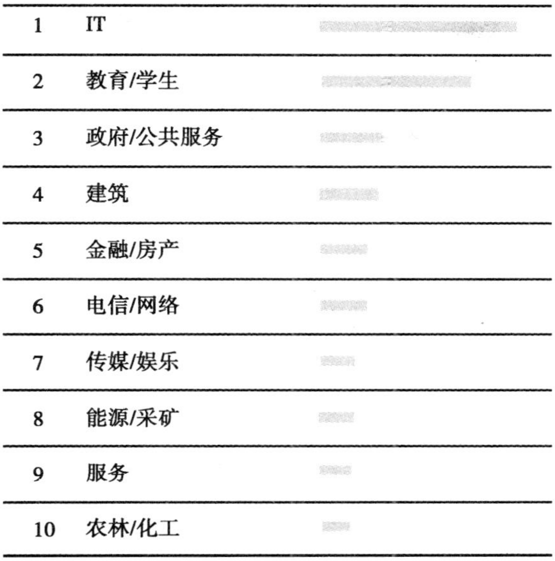

1	IT
2	教育/学生
3	政府/公共服务
4	建筑
5	金融/房产
6	电信/网络
7	传媒/娱乐
8	能源/采矿
9	服务
10	农林/化工

图 4－26　郑州“房妹”事件网络舆情信息流传导中舆情主体的职业分布

1	IT
2	教育/学生
3	政府/公共服务
4	建筑
5	电信/网络
6	金融/房产
7	能源/采矿
8	汽车
9	服务
10	农林/化工

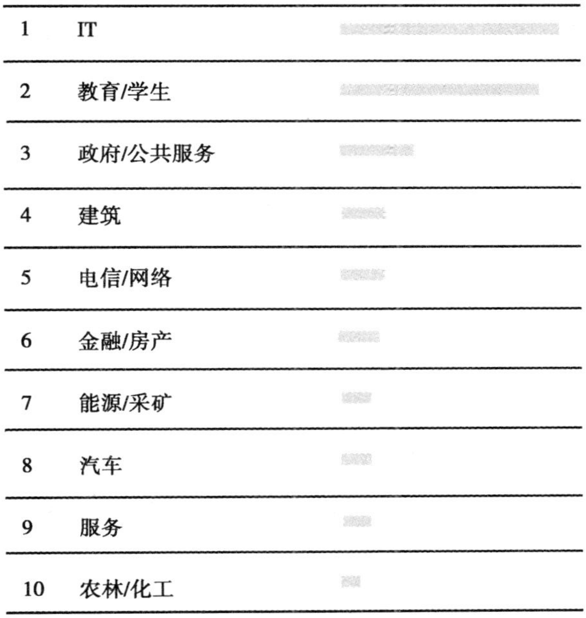

图 4－27　河南周口平坟事件网络舆情信息流传导中舆情主体的职业分布

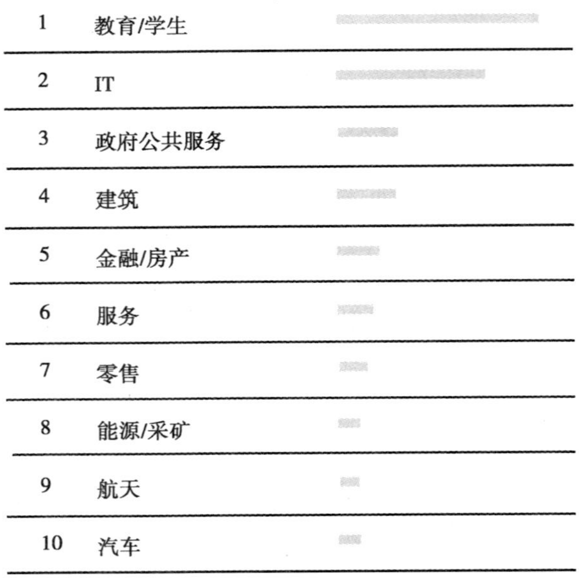

1	教育/学生
2	IT
3	政府公共服务
4	建筑
5	金融/房产
6	服务
7	零售
8	能源/采矿
9	航天
10	汽车

图 4－28　陕西“房姐”事件网络舆情信息流传导中舆情主体的职业分布

1	IT
2	教育/学生
3	政府/公共服务
4	金融/房产
5	建筑
6	电信/网络
7	传媒/娱乐
8	服务
9	能源/采矿
10	零售

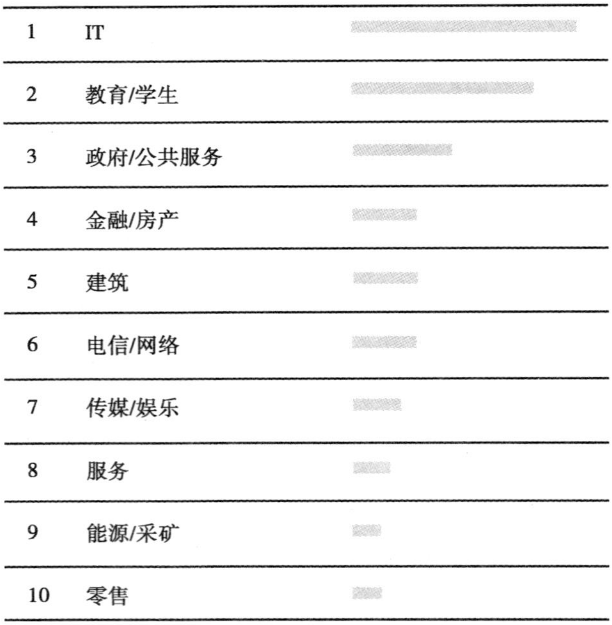

图 4－29　陈庆霞事件网络舆情信息流传导中舆情主体的职业分布

1 IT
2 教育/学生
3 建筑
4 传媒/娱乐
5 政府/公共服务
6 电信/网络
7 服务
8 金融/房产
9 农林/化工
10 汽车

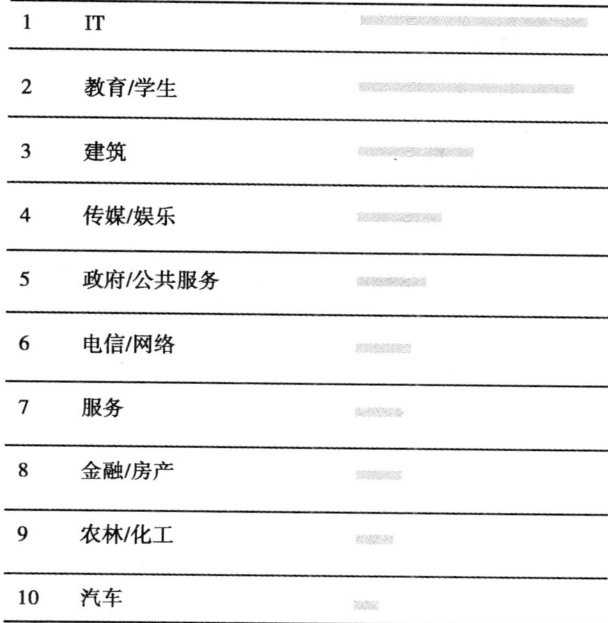

图 4－30　赵红霞事件网络舆情信息流传导中舆情主体的职业分布

1 教育/学生
2 IT
3 建筑
4 电信/网络
5 金融/房产
6 政府/公共服务
7 服务
8 零售
9 传媒/娱乐
10 能源/采矿

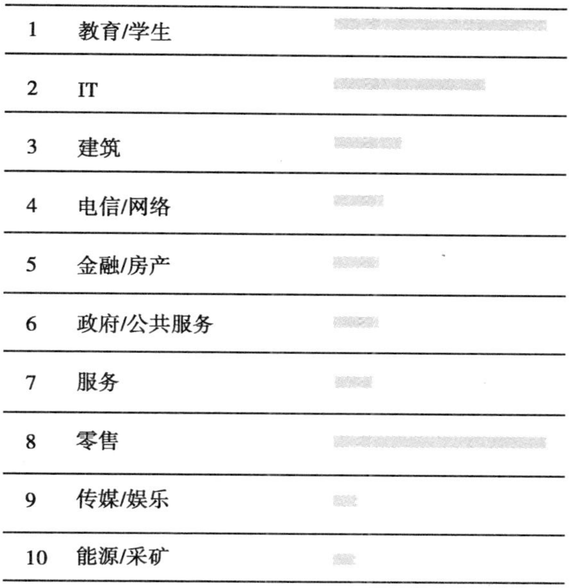

图 4－31　李天一事件网络舆情信息流传导中舆情主体的职业分布

之所以会出现这个情况，原因是，从事教育和就学的学生有着更多的“关注时间”，同时社会知识较高，参与社会事件讨论的热情也比较高。

四　学历分布

就学历来看，本科及以上学历的网民占据绝对多数，其次是高中学历网民、大专学历网民。这说明，知识较高人群因受教育的层次较高，对于国家、社会发展关注较多，对于社会热点事件的讨论也就更富激情。如图4－32、图4－33、图4－34、图4－35、图4－36、图4－37、图4－38所示。

1	本科及以上	
2	大专	
3	高中	
4	初中	
5	小学	

图4－32　袁厉害事件网络舆情信息流传导中舆情主体的学历分布

1	本科及以上	
2	大专	
3	高中	
4	初中	
5	小学	

图4－33　郑州“房妹”事件网络舆情信息流传导中舆情主体的学历分布

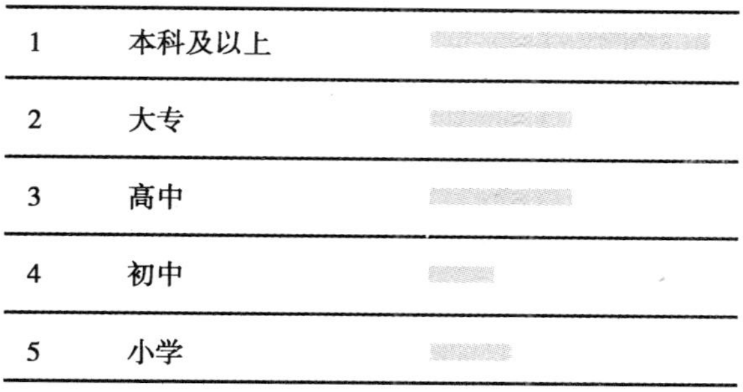

1	本科及以上
2	大专
3	高中
4	初中
5	小学

图4－34　河南周口平坟事件网络舆情信息流传导中舆情主体的学历分布

1	本科及以上
2	大专
3	高中
4	初中
5	小学

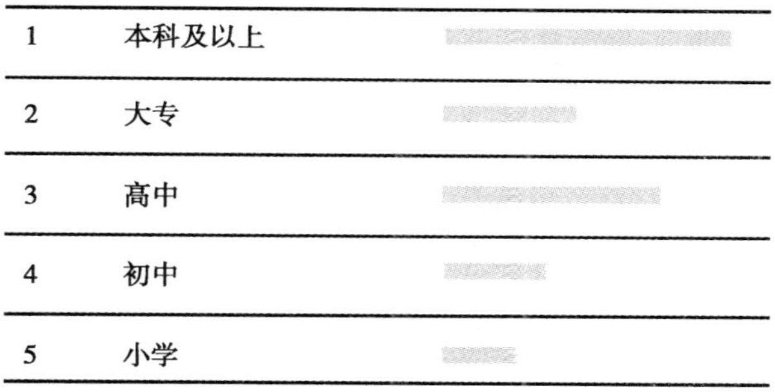

图4－35　陕西“房姐”事件网络舆情信息流传导中舆情主体的学历分布

1	本科及以上
2	大专
3	高中
4	初中
5	小学

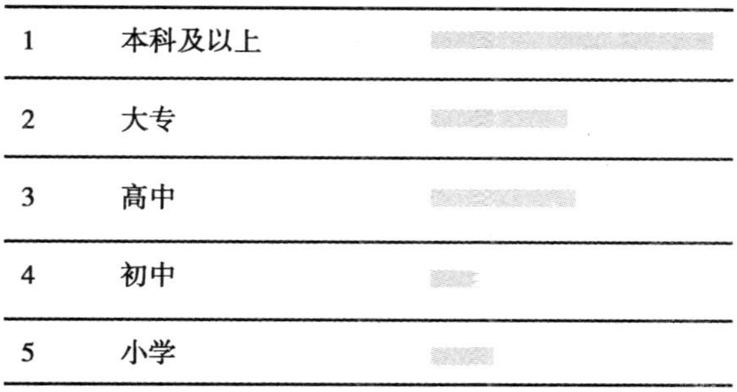

图4－36　陈庆霞事件网络舆情信息流传导中舆情主体的学历分布

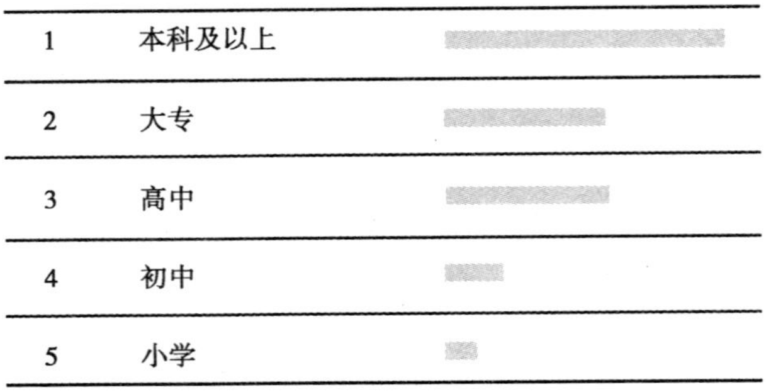

1	本科及以上	
2	大专	
3	高中	
4	初中	
5	小学	

图4－37　赵红霞事件网络舆情信息流传导中舆情主体的职业分布

1	本科及以上	
2	大专	
3	高中	
4	初中	
5	小学	

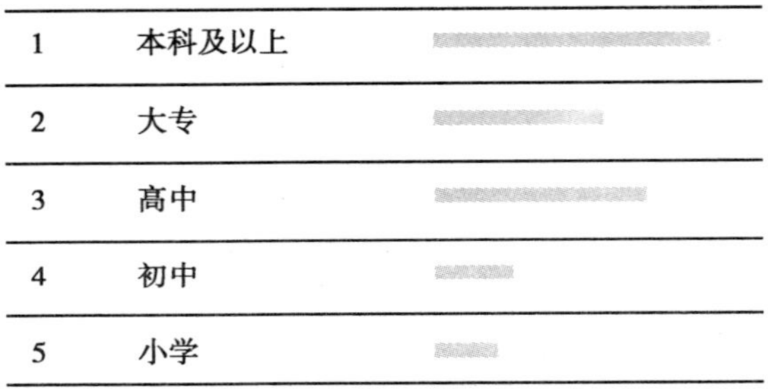

图4－38　李天一事件网络舆情信息流传导中舆情主体的职业分布

第五节　突发事件网络舆情信息流传导中地区活跃度考察

地区活跃度是指突发事件网络舆情信息流发端之后，网络舆情信息流在不同地区的分布情况以及“热闹”程度。通过对袁厉害事件、郑州“房妹”事件、河南周口平坟事件、陕西“房姐”事件、陈庆霞事件、赵红霞事件、李天一事件7个突发事件的网络舆情信息流地区活跃度进行研究，结果如图4－39至图4－52所示。

通过对图4－39至图4－52进行分析，可以发现，突发事件网络舆情信息流在不同地区的活跃度是不一样的。易言之，突发事件网络舆情信息流的地区分布和城市分布都是不均匀的，主要表现在如下几个方面：

一　突发事件始发地网络舆情信息流活跃度很高

如袁厉害事件，始发地河南省的网络舆情信息流活跃度排名全国第

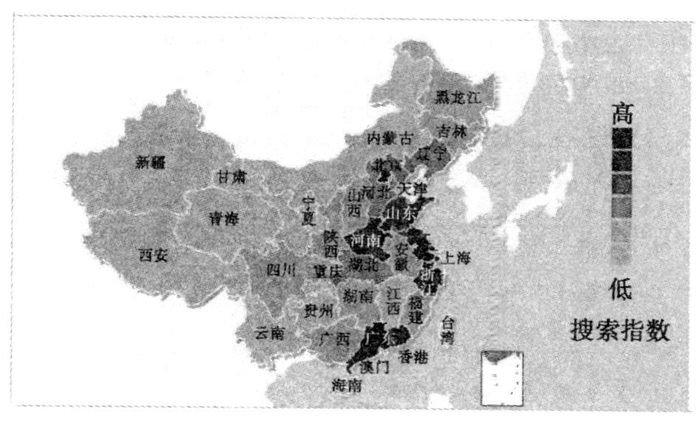

图 4－39 袁厉害事件网络舆情信息流活跃地区分布

1	北京
2	上海
3	天津
4	郑州
5	广州
6	深圳
7	杭州
8	武汉
9	苏州
10	济南

图 4－40 袁厉害事件网络舆情信息流活跃城市分布

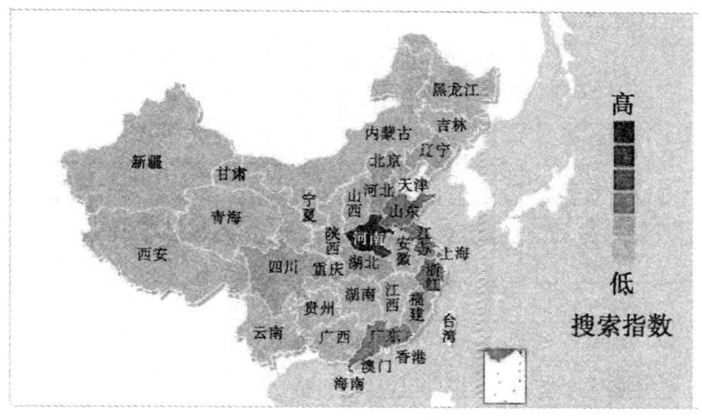

图 4－41 郑州“房妹”事件网络舆情信息流活跃地区分布

三，省会郑州排名第四；郑州“房妹”事件发生后，事发省份河南省的网络舆情信息流排名第一，省会郑州排名第二；河南周口平坟事件当中，

1	北京
2	郑州
3	上海
4	天津
5	广州
6	杭州
7	西安
8	深圳
9	南京
10	武汉

图 4－42　郑州“房妹”事件网络舆情信息流活跃城市分布

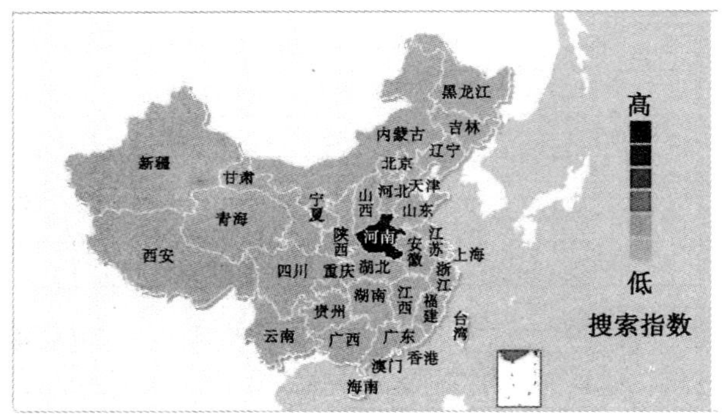

图 4－43　河南周口平坟事件网络舆情信息流活跃地区分布

1	郑州
2	周口
3	北京
4	上海
5	天津
6	广州
7	深圳
8	洛阳
9	南阳
10	西安

图 4－44　河南周口平坟事件网络舆情信息流活跃城市分布

事发省份河南省的网络舆情信息流排名第一，省会郑州排名第一；陕西“房姐”事件当中，事发省份陕西的网络舆情信息流排名第六，省会西安

图4－45　陕西“房姐”事件网络舆情信息流活跃地区分布

1	北京
2	上海
3	天津
4	西安
5	广州
6	郑州
7	济南
8	重庆
9	深圳
10	杭州

图4－46　陕西“房姐”事件网络舆情信息流活跃城市分布

图4－47　陈庆霞事件网络舆情信息流活跃地区分布

排名第四；陈庆霞事件当中，事发省份黑龙江的网络舆情信息流排名第一，黑龙江伊春市排名第一；赵红霞事件当中，始发城市重庆排名第五；李天一事件当中，始发地北京的网络舆情信息流排名第一。突发事件始发

1	伊春
2	北京
3	上海
4	哈尔滨
5	天津
6	广州
7	深圳
8	杭州
9	沈阳
10	济南

图 4－48　陈庆霞事件网络舆情信息流活跃城市分布

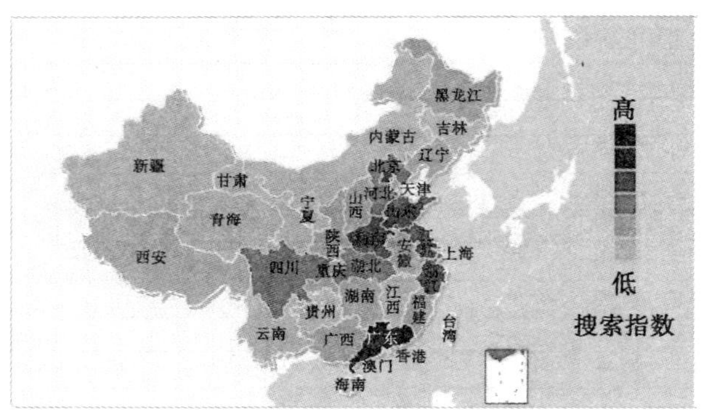

图 4－49　赵红霞事件网络舆情信息流活跃地区分布

1	北京
2	上海
3	广州
4	郑州
5	重庆
6	天津
7	深圳
8	西安
9	苏州
10	成都

图 4－50　赵红霞事件网络舆情信息流活跃城市分布

地的网络舆情信息流之所以相当活跃，这是因为当地网民有更多的机会接触到社会实体事件，也有诸多的观点和态度，更希望通过网络把这些态度、观点呈现出来，以期揭示事件的“真相”。

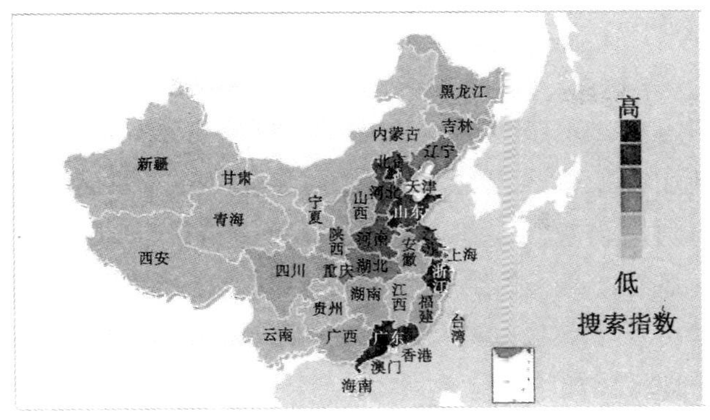

图 4－51　李天一事件网络舆情信息流活跃地区分布

1	北京
2	上海
3	天津
4	广州
5	郑州
6	深圳
7	武汉
8	杭州
9	西安
10	苏州

图 4－52　李天一事件网络舆情信息流活跃城市分布

二　经济发达地区的突发事件网络舆情信息流波动较大

袁厉害事件发生后，除了始发地河南外，北京、广东、浙江、山东、江苏、上海、河北、湖北、辽宁的网络舆情信息流也十分活跃，从城市分布看，除郑州外，北京、上海、天津、广州、深圳、杭州、武汉、苏州、济南进入网络舆情信息流地区活跃度的前十名。郑州"房妹"事件中，除始发省份河南，北京、山东、浙江、江苏、广东、上海、河北、辽宁进入前十名，从城市分布看，北京、郑州、上海、天津、广州、杭州、西安、深圳、南京、武汉处于前十名。河南周口平坟事件当中，除始发省份河南，北京、广东、浙江、山东、江苏、天津、湖北进入头十名，从城市分布来看，郑州、周口、北京、上海、天津、广州、深圳、洛阳、南阳、西安进入前十名。陕西"房姐"事件中，除始发省份陕西，依次是北京、山东、广东、河北、江苏、浙江、河南、辽宁、上海的网络舆情信息流比较活跃，从城市看，北京、上海、天津、西安、广州、郑州、济南、重庆、深圳、杭州进入前十名。陈庆霞事件当中，进入前十名的是黑龙江、北京、广东、山东、江苏、浙江、上海、辽宁、河南、河北。赵红霞事件中，广东、浙江、江苏、北京、山东、河南、河北、四川、上海、湖北位列前十。城市则是北京、上海、广州、郑州、重庆、天津、深圳、西安、苏州、成都。显然，经济的发展程度与网络舆情信息流的传导亦呈正相关关系。主要是由于经济发达地区民众的意见表达欲望、政治表达欲望相对于经济稍落后地区强烈。

三　西部地区和偏远地区的突发事件网络舆情信息流活跃性较低

出现这一现象，是由以下几个方面的因素决定的。一是人口密度相对较低。相对于中东部地区，西部地区及偏远地区人口密度相对较低，并且人员成分相对单一，利益结构相对简单，因此产生利益纠纷，导致突发事件网络舆情信息流波动的事件也就相对较少。二是西部地区和偏远地区传统习俗影响深远。自古以来，我国就有着“事不关己、高高挂起”的明哲保身之风。虽然，经过改革开放，中东部地区民众的观念有了较大改变，民主观念、自我观念、利益观念都逐渐树立，但是西部地区以及偏远地区，其观念还比较保守，思想开化程度还不够高，传统风气还有深刻影响，致使其对外部突发事件的关注较少。三是现代化程度和技术水平不高。相对于发达地区，西部地区和偏远地区的现代化程度依然较低，网络不够发达，有的地方甚至没有网络覆盖。在这种条件之下，民众参与网络话题，进行网络热议，推动突发事件网络舆情信息流产生波动也就只能是纸上谈兵了。

第五章　突发事件网络舆情信息流风险分析与指数评价研究

突发事件网络舆情信息流风险评价是研判突发事件网络舆情信息流风险态势，推进突发事件网络舆情信息流优化导控的前提和基础。有效实施突发事件网络舆情信息流风险评价，关键是构建科学合理的风险评价指标体系和评估模型。本章在借鉴国内外相关研究成果的基础上，探索构建基于 UML 的突发事件网络舆情信息流风险评价指标体系。继而在对比分析各类评价方法优势和劣势的基础上，建构突发事件网络舆情信息流风险综合评价模型并进行实证研究，进而为突发事件网络舆情信息流的优化导控奠定基础。

第一节　构建突发事件网络舆情信息流风险评价指标体系的注意问题

突发事件网络舆情信息流风险评价指标是指用来反映和概括突发事件网络舆情信息流风险的概念和具体指标。风险评价指标体系的构建，是突发事件网络舆情信息流风险评价的一项基础工程。

对于如何构建突发事件网络舆情信息流风险评价指标体系以及构建什么样的突发事件网络舆情信息流风险评价指标体系，国内学者对此作了不少探索，取得了很多有价值的成果。如张一文、齐佳音等学者根据突发事件网络舆情作用机理，并结合构成网络舆情高涨的四方面原因，建立了内含 4 个一级指标、11 个二级指标、26 个三级指标，3 个四级指标，总计 44 个指标的评价指标体系。① 李玉海、李友巍在遵循指标体系构建客观性、科学性、可操作性和有效性原则的前提下，从社会环境、网络舆论主体、主体行为以及网络舆论本体四个方面构建了一套网络舆论风险评价体

① 张一文、齐佳音等：《非常规突发事件网络舆情热度评价指标体系构建》，《情报杂志》2010 年第 11 期。

系。[①] 喻国明分析了网络舆情的可测量性，认为网络舆情具备开放、非平衡态、非线性、存在涨落和突变等耗散结构特征，可以从时间维度、数量维度、显著维度、集中维度、意见维度来构建网络舆情评价指标体系。[②] 兰月新在阐释突发事件网络舆情安全评估重要意义的基础上，建构了内含网民反应、突发事件信息特性、突发事件事态扩散三个维度的突发事件网络舆情安全评估指标体系。[③] 上海交通大学舆情研究实验室借助上海交通大学强大的信息安全、计算机科学技术等工科优势，以第三方学术机构的中立视角提出了一套社会舆情指数，内含 4 个一级指标、7 个二级指标。[④] 戴媛、郝晓伟等在研究互联网内容、舆情性质和特点以及舆情演化规律的基础上，从传播扩散、民众关注、内容敏感性、态度倾向性四个方面构建了网络舆情信息的安全评估指标体系。[⑤]

通过对这些研究成果的回顾和整理，可以发现，以上学者在探讨构建突发事件网络舆情信息流风险评价指标体系时，特别注意从以下几个方面入手：一是注意分析突发事件网络舆情信息流的理论内涵和基本特征，以便于指标体系能够切实反映其实际面貌、发展状态以及风险情况；二是注意结合突发事件网络舆情信息流的演化阶段，演化阶段不同，其风险也就不同，着力分析突发事件网络舆情信息流的演化过程和演化阶段，对于构建科学有效的风险评价指标体系很有启迪；三是注意学术整合和研究成果的彼此借鉴，已有研究成果的积淀，为当前研究奠定了雄厚基础，积极吸取其宝贵成果，对于突发事件网络舆情信息流风险评价指标体系的分析与构建意义重大。

构建突发事件网络舆情信息流风险评价指标体系是一个系统工程，涉及很多方面，除通过前期研究成果分析所获得的经验外，在构建突发事件网络舆情信息流风险评价指标体系之时，还需注意把握以下几个方面的问题。

---

① 李玉海、李友巍：《网络舆论风险评估体系探讨》，《情报杂志》2010 年第 6 期。

② 喻国明：《中国社会舆情年度报告（2012）》，人民日报出版社 2012 年版，第 11—13 页。

③ 兰月新：《突发事件网络舆情安全评估指标体系构建》，《情报杂志》2011 年第 7 期。

④ 谢耕耘、刘锐等：《中国社会舆情与危机管理报告（2011）》，社会科学文献出版社 2011 年版，第 5 页。

⑤ 戴媛、郝晓伟等：《我国网络舆情安全评估指标体系的构建研究》，《信息网络安全》2010 年第 4 期。

一　以政府发展规划为指导

政府发展规划是政府对未来一段时间内工作重点的描绘，它阐明了政府的战略意图，明晰了政府的活动纲领，对于防范、化解突发事件，维护经济社会稳定发展也做了重要部署。因此，积极贯彻政府发展规划中的重要指示精神，对于构建突发事件网络舆情信息流风险评价指标体系不无裨益。

二　正确定位评价的价值导向

价值导向就是“主体价值选择和决策过程中的一定的倾向性”，是“人们在一定的场合以一定的方式采取一定行动的价值倾向性”，是“目的价值导向与工具价值导向的辩证统一”①。突发事件网络舆情信息流风险评价价值导向不仅决定着评价指标体系的建立及其规模，“决定着评价指标体系的结构、功能和性质，而且从根本上决定着评价指标体系的变迁及其改革和发展的方向”②。因此，建构科学合理的突发事件网络舆情信息流风险评价指标体系，首先应确立正确的评价价值导向。具体而言，就是要树立服务大局、系统评价与效益评价的价值取向。

服务大局就是要求突发事件网络舆情信息流风险评价要致力于揭示突发事件发生发展真相，摆正网络舆论的正确方向，维护当前政治稳定、经济发展、社会健康运行的大好局面。时下，网络社会发展迅速，突发事件网络舆情信息流跌宕起伏，一些消极、悲观、非理性、混淆视听的网络言论肆意散播，严重影响了政府突发事件处置的既有安排，削弱了政府公信力，同时也为政治稳定、经济发展、社会健康运行埋下隐患。因此，实施有效的突发事件网络舆情信息流风险评价，督促政府及相关部门采取积极措施，就成为还原突发事件发生真相，回归突发事件网络舆情信息流理性，维护政治、经济、社会健康发展良好局面的必然之举。

系统评价就是要把突发事件网络舆情信息流风险看成一个有机的整体，在实施风险评价之时，要把定性评价指标设计与定量评价指标设计、局部性评价指标设计与整体性评价指标设计、静态性评价指标设计与发展性评

① 袁贵仁：《价值学引论》，北京师范大学出版社1992年版，第350页。

② 彭国甫：《地方政府公共事业管理绩效评价研究》，湖南人民出版社2004年版，第113页。

价指标设计有机结合起来，力求揭示突发事件网络舆情信息流风险的全貌。

效益评价就是指在实施突发事件网络舆情信息流风险评价过程中，既要注重突发事件网络舆情信息流风险评价的实质作用，同时又要兼顾风险评价成本，提高风险评价的效益，做到评价作用发挥、评价成本降低、评价效益提升的统一。

服务大局、系统评价与效益评价辩证统一，相辅相成。服务大局构成突发事件网络舆情信息流风险评价指标设计的目的导向，系统评价与效益评价则形成突发事件网络舆情信息流风险评价指标设计的工具导向。如图5－1所示。

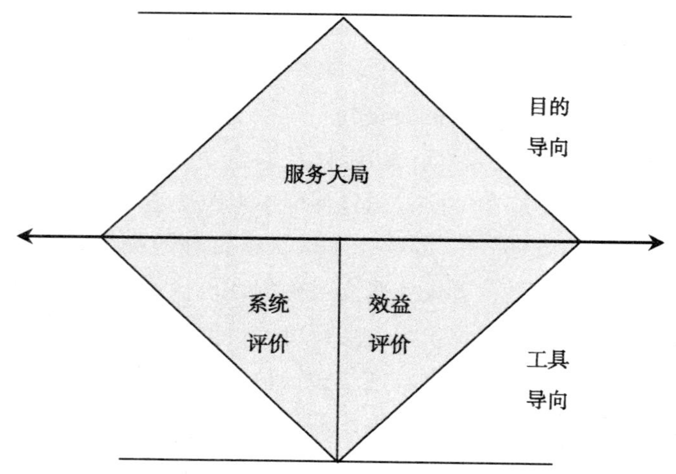

图5－1　突发事件网络舆情信息流风险评价的价值导向

三　科学选择评价指标设计工具

评价指标设计工具是一种评价指标构建的方式和手段。当前，比较时兴的评价指标设计工具有平衡记分卡、关键指标方法、绩效棱柱方法，等等，各种方法具有其特色和优势，且多是绩效分析和绩效评价指标设计工具，将之应用于突发事件网络舆情信息流风险评价，具有一定的局限性。在此，本书选取了一种更为科学并且简便的风险评价指标设计工作，即UML方法。该种方法以用户需求为出发点，包括需求调查、词法分析、用例分析、类图构建及分析等一系列环节。运用该种方法设计突发事件网络舆情信息流风险评价指标体系，既容易贯彻突发事件网络舆情信息流风险评价价值导向的要求，也容易技术上的操作。

四　处理好评价指标时代性与稳定性、规模化与集约化的关系

突发事件网络舆情信息流风险评价指标体系的设计必须与时俱进，体现时代精神，充满生机和活力，但是也应当具有一定的稳定性。同时，突发事件网络舆情信息流风险评价指标体系设计还要处理好规模化与集约化的关系。突发事件网络舆情信息流风险评价指标体系必须涵盖一定数量规模的指标，不能“管中窥豹”，以偏概全，但是也不能事无巨细，滥设指标，使整个指标体系背离集约化原则。

第二节　突发事件网络舆情信息流风险 UML 评价指标体系的具体设计[①]

一　UML 的原理与方法分析

UML（Unified Modeling Language）是一种标准的图形化建模语言，[②]是第三代用来为面向对象开发系统的可视化产品说明和编辑文档的方法。[③] 它由 Grady Booch 和 Jim Rumbaugh 联手创立，是 20 世纪 80 年代末至 90 年代面向对象分析与设计（OOA&D）技术迅速发展的产物，随后，“UML 得到进一步的充实与完善，并最终统一为业界所接受的标准建模语言”[④]。其发展史如图 5－2 所示。

就 UML 的定义而言，它是由 UML 语义和 UML 语法两个部分组成的。UML 语义描述基于 UML 的精确元模型定义。元模型为 UML 的所有元素在语法和语义上提供简单、一致、通用的定义说明，使开发者能在语义上取得一致，消除因人而异的表达方法所造成的影响。此外，UML 还支持对元模型的扩展定义。“UML 的语法则定义了 UML 的概念、元素、符号表示法及用法，为开发者或开发工具使用这些图形符号和文本语法提供了

① 张玉亮：《基于 UML 的公共图书馆绩效评价指标体系研究》，《图书情报知识》2009 年第 4 期。

② ［美］施穆勒：《UML 基础、案例与应用》，李虎等译，人民邮电出版社 2004 年版，第 2—15 页。

③ “OMG，OMG Unified Modeling Language Specification”（http：//www. omg. org）。

④ 郑燕、王杨：《浅谈 UNL》，《决策管理》2008 年第 7 期。

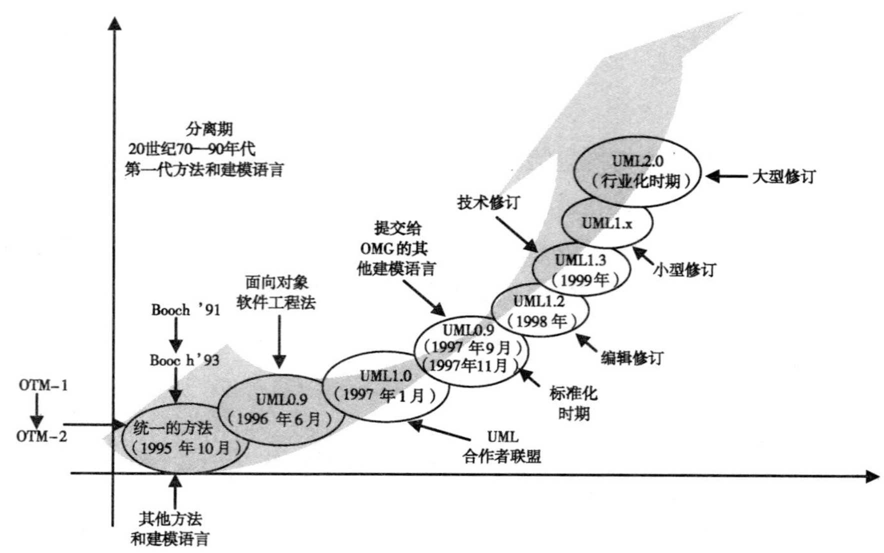

图 5－2　标准图形化建模语言 UML 的发展历程

系统建模标准。"① 需要注意的是，这些图形符号和文字所表达的都是实际使用的模型，在语义上它是 UML 元模型的实例。

作为标准化的建模语言，UML 包含了一系列图形元素，这些图形元素相互组合，可以形成不同的图表，进而从不同的角度展示一个系统。

就结构而言，UML 包括构造块、公共机制和构架三个部分。其中，构造块由模型元素（分为结构、行为、分组、注解 4 类）、关系（分为关联、依赖、泛化、实现 4 种关系类型）和图（分为静态模型和动态模型）组成。公共机制分为四种表现形式，它们一致地应用在语言中，描述了达到对象建模目的四种策略。② 构架则可以理解为框架，是用于捕获系统高级层次结构的一种策略，即用来确定是否使用层次框架还是其他的框架，从总体的角度对系统进行分解，降低耦合度。"一旦确定构架为层次框架

① 刘渝林：《养老质量测评——中国老年人口生活质量评价与保障制度》，商务印书馆 2007 年版，第 61—69 页。

② 一是规格说明，是模型元素的特征和语义的文本描述。UML 不仅是图形语言，而且也为每一个 UML 图形规定了文字说明的语法和语义。二是修饰，用于描述模型元素其他方面的细节特征，通过装饰性说明，不仅增强了图的整体清晰性和可读性，也突出了模型的某些重要特征。三是公共分类，UML 中有两种公共分类。四是扩展机制，UML 允许使用人员根据需要自定义一些构造的语言成分。不同的机制都可应用模型中的各个元素，对模型元素的特性可以描述，但是不同的模型元素，其可供使用的公共机制的内容是不同的。

后，在设计包、子系统时就绝对不能出现下层的包依赖于上层的包的情况，这就使得系统结构清楚。"① 为了捕获系统构架的所有方面，UML 定义了系统的四个不同的视图（见图 5－3）。

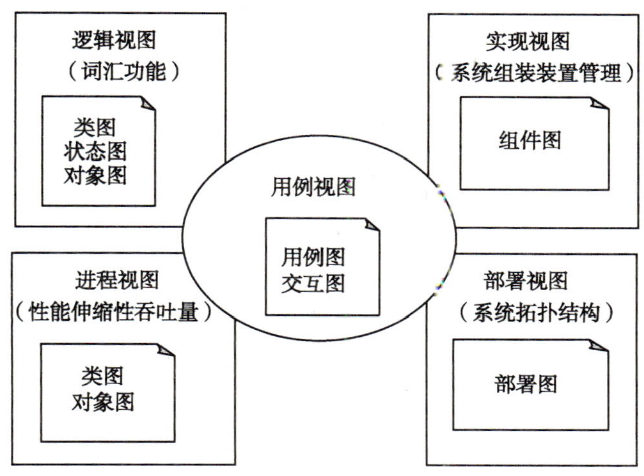

图 5－3　标准化图形建模语言 UML 的逻辑架构

此外，还有必要对包图、静态模型和动态模型三个关键概念予以了解。所谓包图，实际上是 UML 分组模型元素的容器，通过包可将具有紧密语义联系的模型元素进行分组，从而创建结构良好的模型，同时创建模型中的语义边界，不同的包提供系统功能的不同方面。在 UML 中，包由一个大的矩形表示，左上角突出一小格，形成一个文件夹似的图案，其名称放在矩形内。如图 5－4 所示。

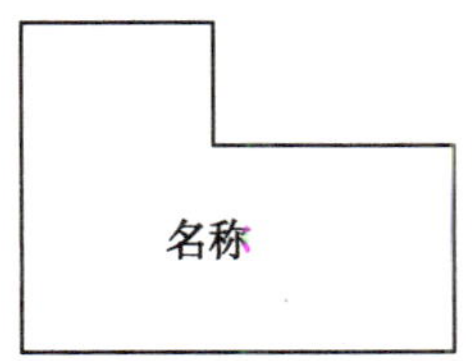

图 5－4　UML 建模语言中包图的标记

静态模型主要是用于阐释系统的静态结构，它实际上是客观世界及对

① 刘渝林：《养老质量测评——中国老年人口生活质量评价与保障制度》，商务印书馆 2007 年版，第 68—69 页。

象彼此间关系的映射，静态结构的确立，可以为建立动态模型和功能模型提供实质性的框架。一般而言，建立静态模型，关键是寻找类，就是找到一系列拥有相同属性的对象集合。为达此目的，可以借助于词法分析。

动态模型用于描述系统中对象的交互关系，在系统分析阶段通过用例可对创建的过程进行叙述性说明。在本书中我们通过用例图来构建动态模型。用例建模分为四个步骤，一是找出系统边界。① 二是找出用例；三是找出参与者；四是建立用例图。用例图是从用户角度描述系统的功能，并指出系统各功能的操作者。用例图一般包含 4 种元素：系统边界、参与者、用例、关系。用例元素与图形符号的对应关系如表 5 – 1 所示。②

表 5 – 1　　UML 建模语言中用例元素与图形符号的说明③

用例元素	图例	说明
系统边界	系统名称	主要是界定系统的边界，用例置于系统之中，参与者置于边界外，系统名称则在系统顶部
参与者	<参与者>	是参与系统交互的外部实体代表。在图标下方需要注明参与者的名称
用　例	<用例>	阐释参与者是如何使用系统来实现它们的目标，在椭圆的中心是用例的名称
关　系	可以参见表 4 – 10	阐释了模型和元素之间的逻辑相关性

二　评价指标体系初始构架模型的构建

（一）资料收集与专家访谈

UML 建模是一个迭代和增量的过程。④ 而资料收集与专家访谈则属于

① 定义是什么系统的组成部分（系统的边界内）和什么是系统的外部（系统的边界外）。系统边界定义了什么样的参与者使用系统，系统为参与者提供了什么样的功能作用。

② 同上书，第 68—69 页。

③ 刘渝林：《养老质量测评——中国老年人口生活质量评价与保障制度》，商务印书馆 2007 年版，第 68 页。

④ 魏庆平、张秋文：《水电梯级开发移民评价指标体系的 UML 模型》，《水力发电》2006 年第 9 期。

这个过程中的起步阶段，也是一个至关重要的过程。为了保证这个过程的科学性与准确性，笔者采取多种途径达此目的。一方面，通过中国国家图书馆、河南理工大学图书馆、学院资料室以及相关网上数据库①收集了大量有关突发事件网络舆情信息流风险评价的信息；另一方面，先后参加“中国社会公共安全论坛（2013）”（上海，2013 年 5 月）、中国特色防灾减灾高层论坛（北京，2013 年 6 月）等学术会议，与网络舆情及公共安全研究方面的相关专家、学者进行了多次交谈，通过这些访谈与调查，得到的初步认识是：突发事件网络舆情信息流风险尽管内容驳杂，涉及方方面面，但主要还是体现在“突发事件网络舆情信息流生成风险、突发事件网络舆情信息流传导扩散风险和突发事件网络舆情平复风险三个方面”②。

1. 突发事件网络舆情信息流生成风险。就是指突发事件发生后，在网上酝酿、产生网络舆情信息流进而传播扩散的可能性。一般而言，民众对于政府及其他公共部门信任程度较高的地区，突发事件发生概率较低，突发事件网络舆情信息流生成风险较低，即使发生突发事件，民众也会较好配合政府行动，最大程度与政府协作，降低突发事件的危害；反之，政府及相关公共部门的社会公信力明显不足的地区，突发事件网络舆情信息流生成风险也较高，一旦发生突发事件，就会激发民众网络热议，突发事件网络舆情信息流就会快速波动，而其中更多包含着对政府及相关公共部门的否定态度、激烈看法和偏激观点，也影响了突发事件的有效处置。

2. 突发事件网络舆情信息流传导扩散风险。突发事件网络舆情信息流一旦形成，就必然会进行快速传导扩散。在传导扩散的过程中，突发事件网络舆情信息流也不断地进行着自我演化，从而给相关导控工作造成了很大困难。一般而言，突发事件网络舆情信息流的演化主要体现在三个方面：一是主题延伸。即在传导扩散过程中，突发事件网络舆情信息流关注的内容更加丰富，也更加深入，使得突发事件网络舆情信息流所包含的意义更多。二是范围扩大。这主要表现在两个方面，一方面是突发事件网络舆情信息流的波及人群更广泛，使得更多的人受到突发事件的牵连和波及，也使得更多的人把关注精力投入到这次突发事件网络舆情信息流传导扩散过

① 包括 CNKI 系列数据库、豫北地区资源共享平台、超星数字图书馆以及 Apabi 数字图书馆，等等。

② 张玉亮：《基于发生周期的突发事件网络舆情风险评价指标体系》，《情报科学》2012 年第 7 期。

程中；另一方面是突发事件网络舆情信息流的传导扩散地区扩大，使得一些地区性抑或区域性突发事件网络舆情信息流演化成为全国性甚至全球性突发事件网络舆情信息流。三是危害增强。突发事件网络舆情信息流的快速传导扩散，使得导控成本快速增加，导控困难加大，给突发事件的现实处置和应对带来诸多不便，其现实危害和不利影响呈现上升趋势。

3. 突发事件网络舆情信息流平复风险。一般来说，突发事件网络舆情信息流的不断蔓延，给政府造成巨大舆论压力，继而引起政府重视，开始介入，采取有效措施，解决突发事件，同时合理引导网络舆情信息流，使之逐渐衰退平复。但是这种衰退平复背后往往也不是绝对性的，在某种情况之下，也存在着死灰复燃、话题重启的可能性。这就要求政府及相关公共部门在导控、平复突发事件网络舆情信息流之时，要切实采取更为积极的手段，有效揭示突发事件真相、还原突发事件本来面貌，而不是采取消极的“捂盖子”的方式。

（二）词法分析

1. 初始指标筛选。通过寻找应用领域中的重要概念，并进行筛选，得到系统中的各初始指标：地区、网民、网民知识、生活保障、地区GDP数值、地区人均收入水平、和谐、地区和谐程度、收入、网民浏览次数、上网群众、主要网站突发事件议题点击率、类型、信息流、网站、浏览突发事件议题网民分布情况、主要网站议题回复、突发事件议题回复网帖数量、网络跟帖、网民发言情况、政府舆情响应速度、指标、政府舆情回应民众满意度、教育水平、网民职业、个人收入情况、浏览突发事件议题网民职业分布情况、政府回应情况、跟帖情况、监测人员情况、温饱、监测平台完善程度、和谐情况、舆情信息流已持续天数、信息流扩散天数、刊登突发事件议题主要网站情况、刊登突发事件议题数量、地区网民、突发事件解决情况。

2. 提取参与者。在访谈、调查之中，所涉及的人或机构有：社会服务机构、统计部门、民政部门、社保部门、专家学者、研究人员、网民、网络媒体。实际上，可以将这些参与者划分为三大类：互联网用户、政府及相关公共部门和研究人员，其中互联网用户、政府及相关公共部门是系统信息的具体提供者，而研究人员则是系统信息的提取、分析者。

3. 指标的二次筛选。首先，删除语义功能不够清晰的词汇。比如地区、温饱、生活保障、网民知识、教育水平、类型、指标、信息流。其次，保留语义近似的词中表达更为准确恰当的一个词语，如地区和谐程度（和谐、地区和谐程度、和谐情况）、地区人均收入水平（地区人均收入水平、收入、个人收入情况）、主要网站突发事件议题点击率（网民浏览次数、主要网站突发事件议题点击率）、突发事件议题回复网帖数量（突发事件议题回复网帖数量、网络跟帖、网民发言情况、跟帖情况）、政府舆情回应民众满意度（政府舆情回应的民众满意度、政府回应情况）、舆情信息流已持续天数（舆情信息流已持续天数、信息流扩散天数）、地区网民（网民、上网群众、地区网民）、浏览突发事件议题网民职业分布情况（网民职业、浏览突发事件议题网民职业分布情况）。经过如此分析，可以得到如下候选指标。如表 5－2 所示。

表 5－2　　经过两次筛选后的指标

1. 地区 GDP 数值	2. 地区人均收入水平	3. 地区和谐程度
4. 主要网站突发事件议题点击率	5. 浏览突发事件议题网民分布情况	6. 突发事件议题回复网帖数量
7. 政府舆情响应速度	8. 政府舆情回应民众满意度	9. 浏览突发事件议题网民职业分布情况
10. 监测人员情况	11. 监测平台完善程度	12. 舆情信息流已持续天数
13. 刊登突发事件议题主要网站情况	14. 地区网民	15. 突发事件解决情况

（三）用例修饰

“根据 UML 的规则，我们可将表 5－3 中的每个候选指标词汇作为一个用例，通过用例语义背板和‘shall’语句来表示文体修饰，并进行功能性说明。”① 用例语义背板的描述形式见表 5－3。

表 5－3　　用例语义背板描述形式

用例说明：
参 与 者：
前置条件：
实现步骤：
结束状态：

① 张玉亮：《基于 UML 的公共图书馆绩效评价指标体系研究》，《图书情报知识》2009 年第 4 期。

其中：用例名称，是每一个候选指标词汇；参与者，是指为完成一个事件而与系统交互的实体；前置条件，是指用例被触发之前系统状态的限制条件；实现步骤，是指当参与者和系统试图达到一个目标时所发生的一系列活动；结束状态，是指用例成功之后系统达到的目标状态。

"shall" 语句格式：

< ID >　The　< Case Item >　shall　< Tag >

其中：< ID > 为用例的标志号，可用候选项的顺序号来表示；< Case Item > 为用例名称，即候选指标；< Tag > 为用例对系统的影响作用。

根据表的顺序，依次对每一个候选指标按反映突发事件网络舆情信息流风险的不同方面进行文本描述。如表 5 –4、表 5 –5、表 5 –6 所示。

表 5 –4　　突发事件网络舆情信息流生成风险的用例修饰

用例说明：地区 GDP 数值
参 与 者：政府及相关公共部门
前置条件：无
实现步骤：确定当地当年国内生产总值
结束状态：得到 GDP 数值

（1） The < 当地 GDP 数值 > shall < 反映当地国内生产总值的基本程度 >

用例说明：地区人均收入水平
参 与 者：政府及相关公共部门
前置条件：无
实现步骤：确定当年当地居民收入数量
结束状态：得出收入钱数

（2） The < 地区人均收入水平 > shall < 反映当地居民可供支配收入情况 >

用例说明：地区和谐度
参 与 者：政府及相关公共部门
前置条件：无
实现步骤：确定当地社会是否和谐
结束状态：得到社会和谐指数

（3） The < 当地 GDP 数值 > shall < 反映当地社会和谐的基本程度 >

用例说明：地区网民
参 与 者：政府及相关公共部门
前置条件：无
实现步骤：确定当地网民数量
结束状态：得到当地网民数量

（14） The < 地区网民 > shall < 反映所在当地网民数量 >

表 5－5　　突发事件网络舆情信息流传导扩散风险的用例修饰

用例说明：主要网站突发事件议题点击率
参 与 者：政府及相关公共部门
前置条件：无
实现步骤：主要网站突发事件议题有效点击的数量
结束状态：得出有效点击次数

（4）The < 主要网站突发事件议题点击率 > shall < 反映主要网站突发事件议题有效点击的数量 >

用例说明：突发事件议题回复网帖数量
参 与 者：政府及相关公共部门
前置条件：无
实现步骤：确定议题回复网帖条数
结束状态：得出条数

（6）The < 突发事件议题回复网帖数量 > shall < 反映突发事件网络舆情信息流扩散程度 >

用例说明：舆情信息流已持续天数
参 与 者：政府及相关公共部门
前置条件：无
实现步骤：得出舆情信息流持续天数
结束状态：得出天数

（12）The < 舆情信息流已持续天数 > shall < 反映舆情信息流演化持续的时间范围 >

用例说明：浏览突发事件议题网民分布情况
参 与 者：政府及相关公共部门
前置条件：无
实现步骤：确定突发事件议题网民的分布具体范围
结束状态：得出分布范围

（5）The < 浏览突发事件议题网民的分布情况 > shall < 反映突发事件网络舆情信息流演化地域范围 >

用例说明：浏览突发事件议题网民职业分布情况
参 与 者：政府及相关公共部门
前置条件：无
实现步骤：确定议题回复网民职业类型
结束状态：得出职业类型数

（9）The < 浏览突发事件议题网民职业分布数量 > shall < 反映回复网民职业类型 >

用例说明：刊登突发事件议题主要网站情况
参 与 者：政府及相关公共部门
前置条件：无
实现步骤：确定刊登突发事件议题网站个数
结束状态：得出个数

（13）The < 刊登突发事件议题主要网站情况 > shall < 反映刊登突发事件网络舆情信息流波及范围 >

表 5－6　　突发事件网络舆情信息流平复风险的用例修饰

用例说明：政府舆情响应速度
参 与 者：民众
前置条件：无
实现步骤：政府舆情响应速度
结束状态：得出小时数

（7）The < 政府舆情响应速度 > shall < 反映政府及相关公共部门对突发事件网络舆情信息回应的是否迅捷 >

用例说明：监测人员情况
参 与 者：民众
前置条件：无
实现步骤：确定监测人员整体状况
结束状态：得到素质评价比率

（10）The < 监测人员素质水平 > shall < 反映监测人员素质水平的基本情况 >

用例说明：突发事件解决的情况
参 与 者：民众
前置条件：无
实现步骤：确定民众的满意程度
结束状态：得到满意群众的百分比

（2）The < 突发事件解决的民众满意程度 > shall < 反映民众对政府及公共部门处置突发事件的满意程度 >

用例说明：政府舆情回应民众满意度
参 与 者：民众
前置条件：无
实现步骤：确定政府舆情回应民众满意度
结束状态：得到回应效度百分比

（8）The < 政府网络舆情信息流回应效度 > shall < 反映民众对政府及公共部门回应网络舆情的认可程度 >

用例说明：监测平台完善程度
参 与 者：政府及相关公共部门
前置条件：无
实现步骤：确定监测平台完善程度
结束状态：得到应急平台数量

（11）The < 政府网络舆情信息流监测平台完善程度 > shall < 反映政府及公共部门监测处置突发事件网络舆情信息流应急平台基础情况 >

（四）构架模型

1. 分组。就是根据语义分析，按照语义所表达的功能进行指标分组。根据“shall”语句中的 < Tag > 内容，提取体现不同逻辑功能的名字对象：国内生产总值、可供支配收入、社会和谐的基本程度、网民人数、有效点击的数量、演化地域范围、扩散程度、时间范围、职业类型、回应的是否迅捷、认可程度、人员素质水平、应急平台、突发事件的满意程度。对这些名词进行分组，以获得抽象的实体类。（1）含有国内生产总值、可供支配收入、社会和谐的基本程度、网民人数这些词汇的用例，均从不同角度反映突发事件网络舆情信息流生成风险，可以归为突发事件网络舆情信息流生成风险类。(2) 含有有效点击的数量、演化地域范围、扩散程度、时间范围、职业类型这些词汇的用例，反映了突发事件网络舆情信息流传导扩散方面的风险，可以归为突发事件网络舆情信息流传导扩散风险类。(3) 含有回应的是否迅捷、认可程度、人员素质水平、应急平台、突发事件的满意程度这些词汇的用例，展现了网络舆情信息流平复的风险，可以归为突发事件网络舆情信息流平复风险类。

2. 构造包图和初始构架模型。确定系统边界，按照上述分组，用包图表示各子系统（类）的边界，如图5－5、图5－6、图5－7所示。

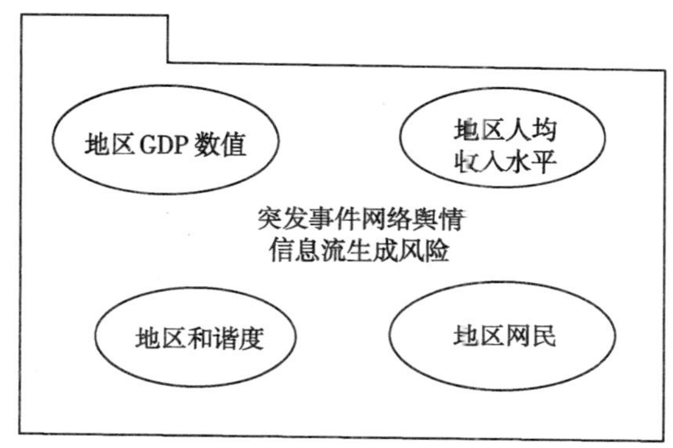

图5－5　突发事件网络舆情信息流生成风险类包图

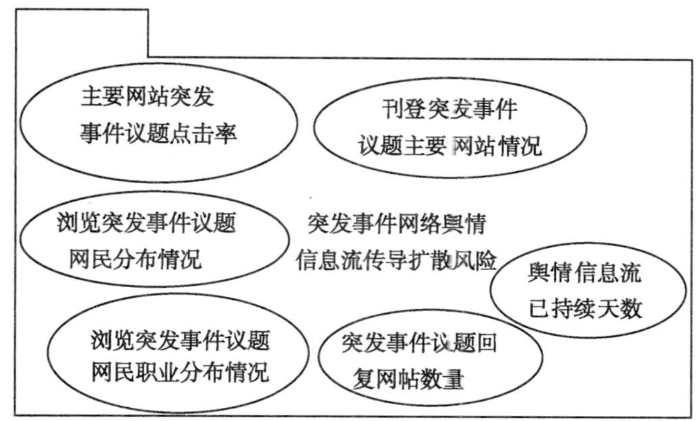

图5－6　突发事件网络舆情信息流传导扩散风险类包图

对于突发事件网络舆情信息流风险评价指标体系而言，只要以矩形作

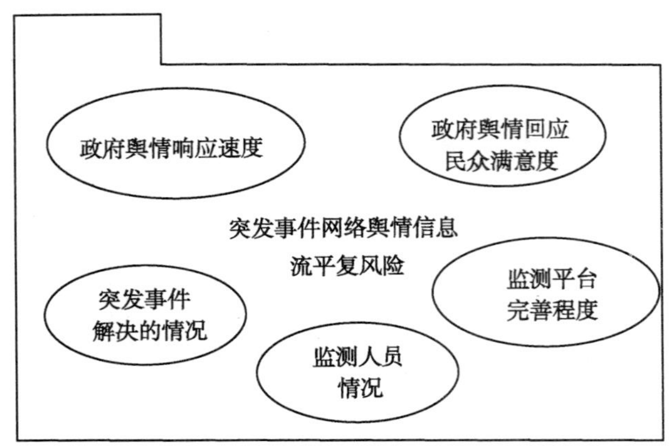

图5－7 突发事件网络舆情信息流平复风险类包图

为系统的边界，将四个包图进行合并就可以得到系统的用例构架模型。如图5－8所示：

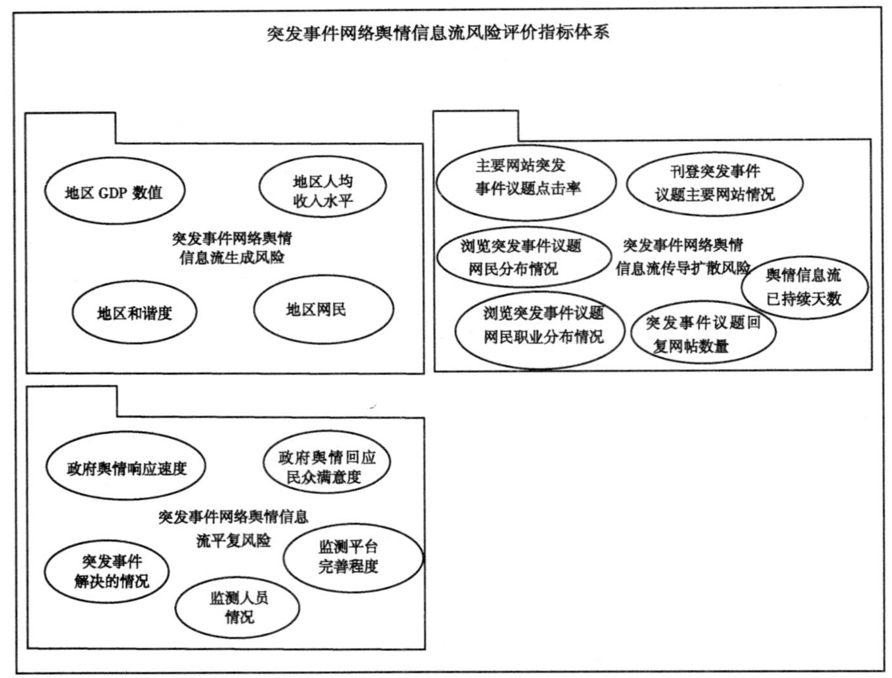

图5－8 突发事件网络舆情信息流风险评价指标体系的初始构架模型

3. 关系引入。建立关系就是要通过对用例信息的过滤、修改变形，分析模型内部的元素关系以及模型与外部参与者的关系。即建立用例之间的关系，对用例进行泛化处理，同时引入参与者，分析参与者与用例之间的关系。依次对图进行分析处理并建立关系，得到新图，如图5－9、图5－10、图5－11所示。

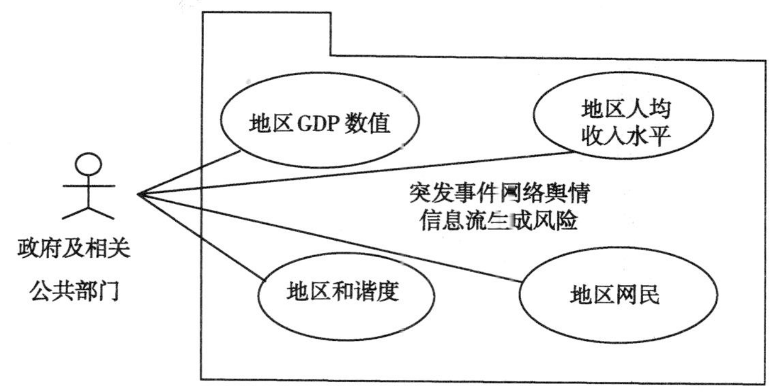

图5－9　突发事件网络舆情信息流生成风险类包图

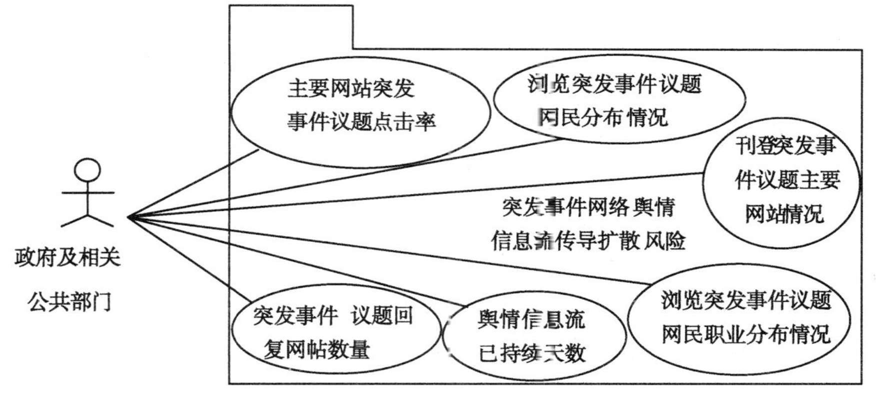

图5－10　突发事件网络舆情信息流传导扩散风险类包图

4. 完善初始构架模型。因参与者的引入以及相关关系的建立，使得各包图中的用例关系得以确定，但是对于突发事件网络舆情信息流风险评价指标体系的构架模型而言，主要表达的应该是其整体架构而非内部结构，因此有必要对得到的各用例图作进一步的规范和抽象。要实现这一目标，有三种基本方法，一是规范，就是体现该用例的本质特征，二是抽象，用以凸显该用例的功能，三是代替，以突出风险评价指标的基本特征，便于进行纵向和横向的比较，实现指标的量化评价。

（1）规范突发事件网络舆情信息流生成风险类包图。由于地区网民用例只是一个客观情况的说明，无法用具体的数值来评价，因此用地区网

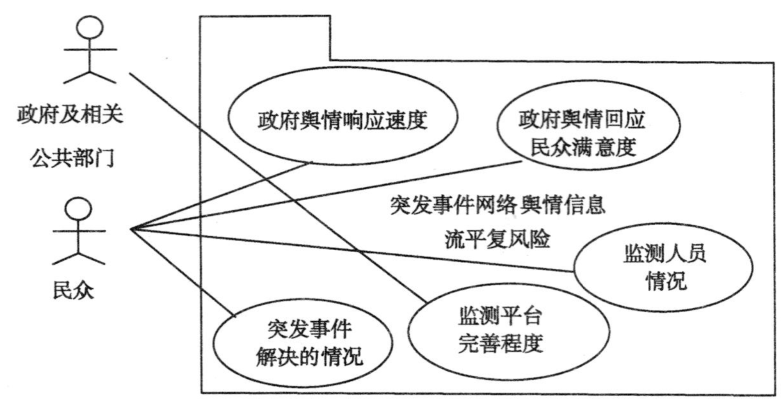

图5-11 突发事件网络舆情信息流平复风险类包图

民数量用例来代替。

（2）规范突发事件网络舆情信息流传导扩散风险类包图。用刊登突发事件议题主要网站数量用例代替刊登突发事件议题主要网站情况用例，用浏览突发事件议题网民的分布省份数用例代替浏览突发事件议题网民分布情况用例，用浏览突发事件议题网民职业分布数量用例代替浏览突发事件议题网民职业分布情况用例。

（3）规范突发事件网络舆情信息流平复风险类包图。用突发事件解决民众认可度用例代替突发事件解决情况用例。用监测人员素质水平用例代替监测人员情况用例。经过处理，每个包图内没有出现超越包图界定范围的用例。

笔者将引入新的参与者，即研究人员（系统信息使用者），同时将五个包图合并为完整的用例图，从而得到比较完善的突发事件网络舆情信息流风险评价指标体系的构架模型。如图5-12所示：该图说明突发事件网络舆情信息流风险评价指标系统由三个不同特性的包图所组成，它们分别代表了系统的三种不同功能。在系统外有三种参与者分别参与了其中的不同功能，政府及相关公共部门和民众是系统数据信息的提供者，研究人员则是需要从系统总体的角度去分析研究系统的各个部分，找出问题所在，并提出相关的政策建议。从图中可以看出，突发事件网络舆情信息流生成风险、突发事件网络舆情信息流传导扩散风险和突发事件网络舆情信息流平复风险是突发事件网络舆情信息流风险评价指标体系这个抽象父用例的具体表现，“在三个包图之下是各个具体的二级指标用例，不同的二级指标用例通过泛化就可以得到上次的三个父用例指标”①。

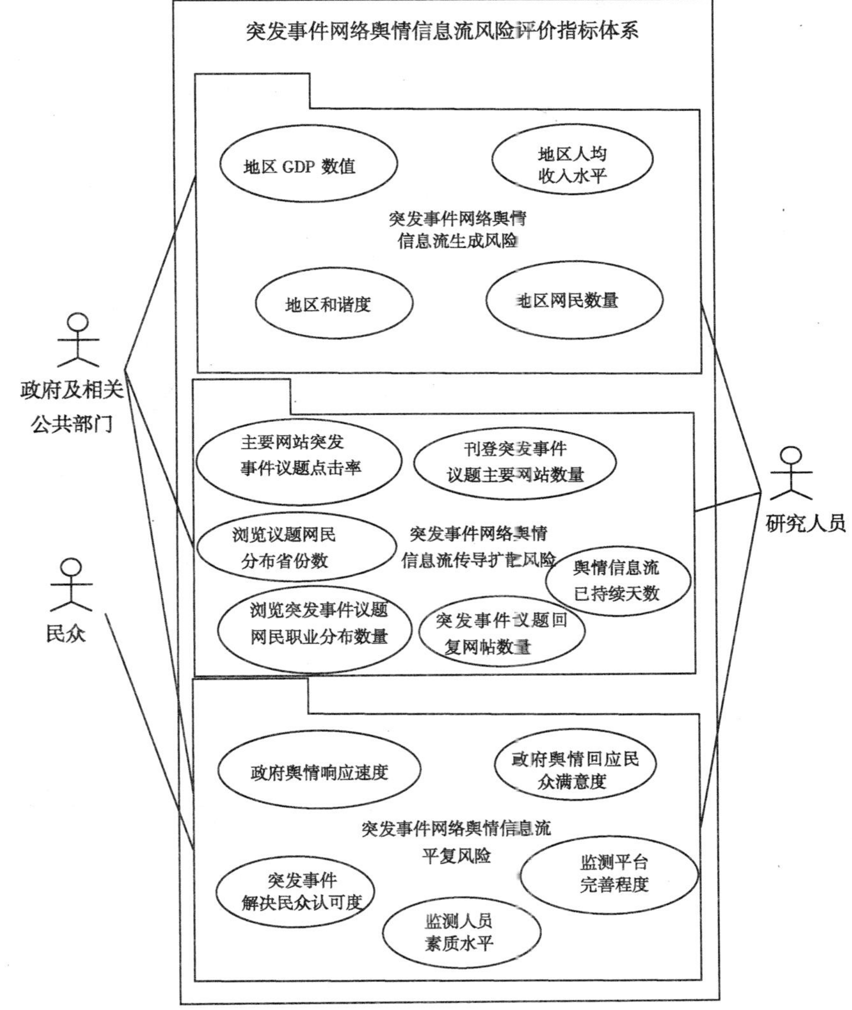

图 5－12　突发事件网络舆情信息流风险评价指标体系完善的构架模型

三　评价指标体系的体系结构类图分析

“UML 中的包图是从专家抑或研究人员（模型的使用者）的观察角度收集系统的需求，而其中的类图则能为分析人员（模型的构建者）提供

① 张玉亮：《基于 UML 的公共图书馆绩效评价指标体系研究》，《图书情报知识》2009 年第4 期。

模仿现实世界的表达方式，类图可以让分析人员使用研究人员所采用的术语与研究人员交流，这样就可以促使研究人员说出自己所要解决的问题的重要细节。”① 同时类图的建立过程也是一个自上到下，逐步求精的过程，因此可以将包图转化为类图，为进一步的研究奠定基础。将包图转化为类图的过程中将突出抽象层的特性描述，并且进一步地分析类之间的关系，笔者对突发事件网络舆情信息流风险评价各项二级指标经过不断的剔除、变形、泛化，最后得到了较为合理的指标体系模型，同时利用 UML 的辅助设计工具 Power Designer 完成了突发事件网络舆情信息流风险评价指标体系的结构类图。如图 5－13 所示。

在图 5－13 中，通过自上而下使类逐步实例化，即从最为抽象的“根类向下”扩展，在最底层是实现突发事件网络舆情信息流风险评价各个指标的具体操作过程。并且，从结构类图中，可以看到构成突发事件网络舆情信息流风险评价指标体系的类有层次之分，整个评价指标体系结构分为根类、大类、实现类三个层次。

最顶层的类是突发事件网络舆情信息流风险评价指标体系所有类的根源，为“根”类；在“根”类的下层子类是大类。大类与根类的关系是辩证统一关系，一方面，各个大类是“根”类的逻辑延伸，呈现出根类的相关特点；另一方面，大类与根类又不尽相同。其中，“根”类是大类的聚集，根类不能脱离大类而单独存在。而突发事件网络舆情信息流风险评价指标体系中的大类又是由各自的实现类组成。各个实现类通过属性的详细描述，揭示了突发事件网络舆情信息流风险的相关特征，进而为突发事件网络舆情信息流风险评价创造了条件。

在突发事件网络舆情信息流风险评价指标体系中，通过泛化关系产生的子类具有了相对应父类的基本特征，而依赖关系也表现在不同层次之间的依存关系。易言之，突发事件网络舆情信息流风险评价指标体系最终是由较低层次的对象构建并支撑起来的。自下而上由各个不同的特性类构成，并且泛化为一个统一的“根”类。而三个大类的根归于突发事件网络舆情信息流风险评价指标体系，并服务于“根”类，这表明了系统适用的对象范围是突发事件网络舆情信息流风险评价。

通过对用例构架模型和结构类图的描述，我们可以清楚地确定突发事

① 张玉亮：《基于 UML 的公共图书馆绩效评价指标体系研究》，《图书情报知识》2009 年第 4 期。

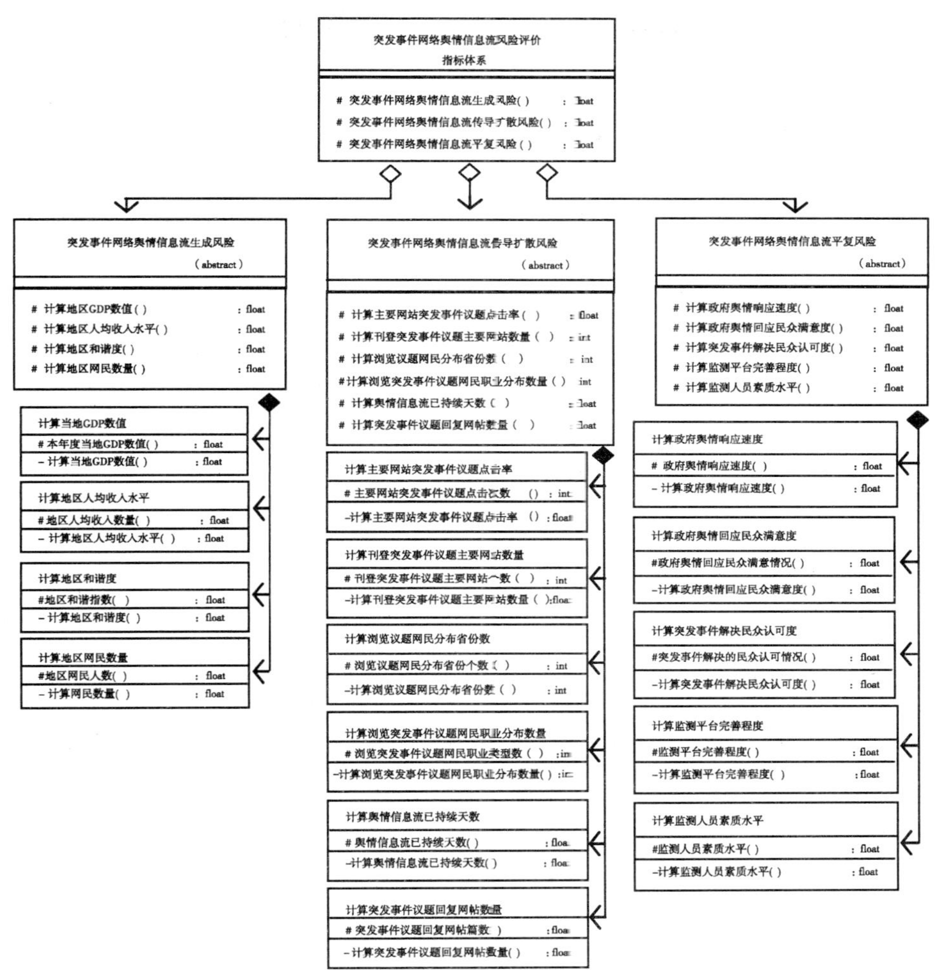

图 5－13　突发事件网络舆情信息流风险评价指标体系结构类图

件网络舆情信息流风险评价指标体系应该具有的指标项。

四　评价指标体系的具体内容的解释

根据 UML 模型推导出的结构类图，并遵循科学性、可行性、功能性、可测性、完备性等指标构建的一般原则，可以绘制出突发事件网络舆情信息流风险评价的指标框架模型（见表 5－7）。

表 5－7　　突发事件网络舆情信息流风险评价指标框架

目标层指标	功能层指标	实现层指标
突发事件网络舆情信息流风险评价指标体系 X	突发事件网络舆情信息流生成风险 B_1	地区 GDP 数值 C_{11}
		地区人均收入水平 C_{12}
		地区和谐度 C_{13}
		地区网民数量 C_{14}
	突发事件网络舆情信息流传导扩散风险 B_2	主要网站突发事件议题点击率 C_{21}
		刊登突发事件议题主要网站数量 C_{22}
		浏览议题网民分布省份数 C_{23}
		浏览突发事件议题网民职业分布数量 C_{24}
		舆情信息流已持续天数 C_{25}
		突发事件议题回复网帖数量 C_{26}
	突发事件网络舆情信息流平复风险 B_3	政府舆情响应速度 C_{31}
		政府舆情回应民众满意度 C_{32}
		突发事件解决民众认可度 C_{33}
		监测平台完善程度 C_{34}
		监测人员素质水平 C_{35}

构建出突发事件网络舆情信息流风险评价指标体系的总体框架之后，还十分有必要对其中各项指标的内涵逐一剖析，以期为后面的指标数据采集和评价结果分析打下基础。

（一）突发事件网络舆情信息流生成风险

地区 GDP 数值：GDP（国内生产总值）是指在一定时期内（一个季度或一年），一个国家或地区的经济中所生产出的全部最终产品和劳务的价值，常被公认为衡量国家经济状况的最佳指标。它不但可反映一个国家的经济表现，还可以反映一国的国力与财富。从一般意义上来说，GDP 数值较高的地区，政府的公信力也相对较高，突发事件发生后，突发事件网络舆情信息流生成风险相对较低，反之反是。

地区人均收入水平：是指本地区民众在一定时期内（通常为一年）按人口平均的国民收入占有量。它是一国经济发展水平、经济实力、人民生活水平的重要标志。地区人均收入水平较高的地区，人民群众的富裕水平较高，生活质量也有很大提升，突发事件发生后，出现网络舆情信息流生成的风险相对较低。

地区和谐度：设计地区和谐度指标就是要明确当地的社会稳定情况，政府及相关公共部门与民众的亲和情况。可以说，和谐是中国传统文化精神的核心内涵之一，是指不同事物之间相同相成、相辅相成、相反相成、互助合作、互利互惠、互促互补、共同发展的关系。推崇地区和谐，有效防范突发事件网络舆情信息流生成风险是各级政府义不容辞的职责。推崇地区和谐，有效防范和谐性风险就是要求政府在公共管理实践中，在为人民服务、为民众创造政绩的过程中，充分发扬民主，正确反映和兼顾不同方面群众的利益，正确处理人民内部矛盾和其他社会矛盾，妥善协调各方面的利益关系，处理好社会人际关系，确保每一个公民都能共享社会发展的有益成果，共享教育、社会保障、公共卫生和公共文化等基本权利。

地区网民数量：计算辖区内上网人员的数量。网民在突发事件网络舆情信息流传导中充当重要角色，往往是突发事件网络舆情的发起者，因此，网民的数量越多，就越容易激发、生成突发事件网络舆情信息流。①

（二）突发事件网络舆情信息流传导扩散风险

主要网站突发事件议题点击率：计算一定统计周期内网民就某一突发事件信息（新闻、博文、帖子等）的点击数量。点击量越大，说明舆情波及的人数越多。

刊登突发事件议题主要网站数量：计算在一定统计周期内刊登突发事件网络舆情信息的网站个数。

浏览议题网民分布省份数：计算在一定统计周期浏览突发事件相关内容的网民所分布的省份数，该指标反映了信息流通量最大区域及在该时间段内的扩散趋势及分布范围，具体可以通过网民的 IP 地址等因素来获取和定位。

浏览突发事件议题网民职业分布数量：通过计算浏览突发事件议题网民职业分布情况，可以作为研判突发事件网络舆情信息流传导扩散风险的一个重要指标。这是因为，如果浏览突发事件议题网民职业涉及很多行业，就说明这一突发事件已经引起网络多阶层群体的共鸣，突发事件网络舆情信息流传导扩散的风险也就越大。反之，如果职业分布相对较少，说明突发事件引起的网络共振效应并不明显，其传导扩散风险也相对较小。

① 张玉亮：《基于发生周期的突发事件网络舆情风险评价指标体系》，《情报科学》2012 年第 7 期。

舆情信息流已持续天数：计算突发事件网络舆情信息流已经持续传播的天数。就突发事件网络舆情信息流传导扩散风险来看，传导的时间越长，说明民众的关注度越高，突发事件网络舆情信息传导扩散风险也就越大。反之，风险较小。

突发事件议题回复网帖数量：一定时期内网民就某一突发事件的全部相关舆情信息的回复总量。网民回复的网帖数量越多，说明舆情信息流传导越加深远和广泛。

（三）突发事件网络舆情信息流平复风险

政府舆情响应速度：政府舆情响应越及时，突发事件网络舆情信息流平复风险就越小，反之，如果对舆情熟视无睹，就有可能错失良机，使突发事件网络舆情信息流越演越烈。

政府舆情回应民众满意度：西方国家自 20 世纪 80 年代以后就已特别关注“顾客满意”的测量了，并设计了顾客满意度指数（SCSB）模型、SERVQUAL 模型、美国顾客质量满意度指数（American Customer Satisfaction Index，ACSI）等一系列民众满意测量模型。其中，ACSI 和 SERVQUAL 模型评估服务质量涵盖了服务质量的五大属性，在公共服务质量测评中得到了广泛的运用。[①] 在中国，对民众满意的测量，尚处于一个起步阶段。本文设此指标，主要是用以测量民众对政府舆情回应满意情况，其指标值可以通过计算满意民众占民众总数比例的方式获得。与西方国家提出的民众满意测量模型相比，尽管没有其操作过程的缜密与细致，但在操控难度方面却大大降低了。

突发事件解决民众认可度：突发事件如果在现实层面能够得到很好的解决，民众对于突发事件的处置结果比较满意，那么就不会继续在网上传导扩散网络舆情信息。如果处置结果依然不能获得大部分民众的满意，那么，网络舆情信息流就有可能很难平复，甚至会得到进一步的强化。

监测平台完善程度：完善的监测平台能够确保政府及相关公共部门发现突发事件网络舆情信息流后，及时做出回应，有效导控突发事件网络舆情信息流，进而使之尽快平复。如果没有健全、完善的监测平台，可能就会致使政府及相关公共部门在突发事件网络舆情信息流面前变成“盲眼

---

① Claes Fornell，Michael D. Johnson，Eugene W. Anderson，Jaesung Cha，& Barbara Everitt Bryant，The American Customer Satisfaction Index：Nature，Purpose and Findings，*Journal of Marketing*，1996. 60，（Oct.），pp. 7 – 18.

人”，就不能有效采取导控措施，突发事件网络舆情信息流平复风险也就变得很大。

监测人员素质水平：就是用这一指标来衡量、评价政府及相关公共部门参与突发事件网络舆情信息流监测与导控的工作人员素质和水平情况。一般来说，从事这项工作的人员素质和水平越高，对于突发事件网络舆情信息流的导控也就越有利，也就越有利于突发事件网络舆情信息流的平复。

五　评价指标体系的有效性检测

构建突发事件网络舆情信息流风险评价指标体系之后，还要对评价指标体系进行有效性检测。通常，指标体系的有效性是通过衡量其效度与信度来实现的。

（一）评价指标体系效度的检测

评价指标效度（validity）是指测量工具究竟在多大程度上测量到了真正想要测量的特质（或东西），即测量的有效程度。从统计学上讲，效度是指测量结果与某种外部标准（即效标）之间的相关程度，相关程度越高即表明测量结果越有效。“根据研究目的不同，效度评定有多种方法。常用的方法有内容效度、预测效度、构思效度、聚合效度、辨别效度、效标关联效度等。”[①] 目前，评价指标效度的测定主要依据评判者的主观经验，即邀请一些熟悉该评价内容的人员来评定指标的效度，评定的结果通常用内容效度比（content validity ratio）来表示，缩写为CVR。它的计算公式为：

$$CVR = \frac{ne - N/2}{N/2}$$

就本书所构建的突发事件网络舆情信息流风险评价指标体系，我们征询了19位有关专家的意见，并统计算出了各个评价指标与突发事件网络舆情信息流风险这一评价对象之间关系的密切程度，即内容效度比cvr，进而将专家们的意见统一起来，整理后如表5－8所示。

① 范柏乃：《政府绩效评估与管理》，复旦大学出版社2007年版，第222页。

表 5－8　　本书选取的突发事件网络舆情信息流风险评价指标意见征求结果

指标序号	1	2	3	4	5	6	7	8	9	10	11	12	13	14	15
ne	14	13	11	11	14	13	12	12	14	11	12	12	13	14	14
cvr	1	0.9	0.57	0.57	1	0.86	0.71	0.71	1	0.57	0.71	0.71	0.9	1	1

注：1—4 是突发事件网络舆情信息流生成风险评价指标；5—10 是突发事件网络舆情信息流传导扩散风险评价指标；11—15 是突发事件网络舆情信息流平复风险评价指标。

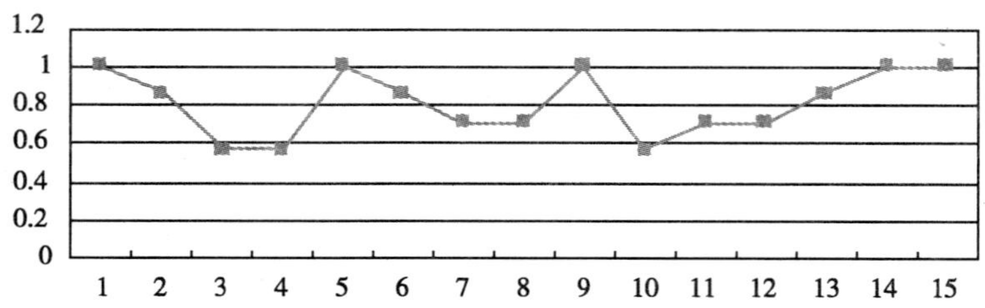

图 5－14　突发事件网络舆情信息流风险评价指标的内容效度比值

由表 5－8 可以发现，约有 80% 指标的内容效度比值在 0.6 以上。因此，大部分指标能够较好反映突发事件网络舆情信息流风险这一评价对象的特性要求，因此，该指标体系具有较高的效度，达到了指标设计的基本要求。

（二）评价指标体系信度的检测

评价指标体系的信度（reliability）是指测量工具反映被测量对象特征的可靠程度，或者是测量结果在不同条件下的一致性程度的指标，它是衡量测量工具可靠性和一致性的基本指针。“从统计学上讲，信度是指测量结果反映出系统变异的程度。评定测量工具信度的方法有很多，常用的有内部一致性信度、折半信度、重测信度和平行信度等。”① 在此，我们采用计算克朗巴赫（Cronbach）内部一致性系数的方法来检测突发事件网络舆情信息流风险评价指标体系的信度。其中克朗巴赫 α 系数计算公式为：

$$r_{\alpha} = \frac{k}{k-1}\left|1 - \frac{\sum S_i^2}{S^2}\right|$$

式中 k 为指标体系所包含的指标个数，当指标体系包含若干个子指标层时，k 为子指标层所含的指标个数；S_i 为各指标的标准差，S_i^2 是第 i 个指标的方差，S^2 即是总分的方差。克朗巴赫 α 系数值介于 0 与 1 之间，α 值

① 范柏乃：《政府绩效评估与管理》，复旦大学出版社 2007 年版，第 220—221 页。

越大表示评价指标间相关性越好，内部一致性可信度越高。“一般而言，α大于0.8表示内部一致性极好，α在0.6—0.8表示较好，而低于0.6表示内部一致性较差。”① 经过计算，该指标体系的克朗巴赫α系数为0.872，可以发现本书构建的突发事件网络舆情信息流风险评价指标体系各个指标间相对独立、内部结构良好、指标关系一致，基本上达到了评价指标体系构建的要求。

第三节　突发事件网络舆情信息流风险模糊综合评价模型的分析与建构②

“评价模型是评价主体对评价客体的价值体系结构在形式上的概括。”③ 构建评价模型，对指标数值进行计算是突发事件网络舆情信息流风险评价的关键环节，是导控突发事件网络舆情信息流，提升政府及相关部门导控能力的重要参照。

一　突发事件网络舆情信息流风险模糊综合评价的原因

（一）突发事件网络舆情信息流风险具有模糊性

突发事件网络舆情信息流风险是指民众通过互联网，就突发事件发生、发展、处置等问题表达情绪、态度和意愿，致使网络舆情信息流波动异常，给突发事件应急处置、政府公信力以及经济社会秩序带来不良影响的风险。突发事件网络舆情信息流风险成因复杂，具有极强的模糊性，对其精确评价十分困难。

首先，精确评价指标的遴选十分困难。突发事件网络舆情信息流风险影响因素复杂，哪些是关键影响因素，哪些是非关键影响因素，很难精确界定。同时，不同突发事件网络舆情信息流的影响因素又是有所不同的，这使得突发事件网络舆情信息流风险评价指标、评价标准的精确遴选、权

---

① 李怀祖：《管理研究方法论》（第二版），西安交通大学出版社2004年版，第262—263页。

② 张玉亮：《突发事件网络舆情信息流风险模糊综合评价研究》，拟载《情报科学》2015年第3期。

③ 彭国甫：《地方政府公共事业管理绩效评价研究》，湖南人民出版社2004年版，第188页。

重的精确确定变得十分困难。

其次，精确风险评价信息的获取十分困难。从信息科学的角度看，突发事件网络舆情信息流风险评价的过程实际上就是风险评价信息收集、整理、分析、加工、输出的过程。风险评价信息获取的准确性、真实性、有效性直接决定着突发事件网络舆情信息流风险评价的科学性。但是，突发事件网络舆情信息流风险评价缺少科学、规范、统一的数据系统的支持，数据采集来自多个领域、多个方面，既涉及政府部门的有关统计数据，也涉及专门舆情分析系统的相关数据，还涉及部门调研数据，因此，数据获取变得十分困难。

最后，精确风险评价结论的得出十分困难。实际上，突发事件网络舆情信息流风险评价更多是一种主观价值判断。它深受评价主体认知的影响和制约。评价主体的价值取向是否正确、风险认知是否敏感、风险评价知识是否全面、经验是否充足等，直接影响和制约着突发事件网络舆情信息流风险评价的正确性和科学性。

（二）模糊综合评价方法是一种有效的评价方法

整体上看，评价方法主要有定性评价法、半定性评价法、定量评价法以及集成评价方法几种。每种评价方法都有相应的适用对象，与适用对象相互关联。对基础研究项目的评价侧重运用定性评价方法或主观判断方法，对应用研究项目的评价侧重于使用定量或半定量的评价方法。综合集成评价法是一种新的趋势，适用性更为广泛，无论是对于基础研究还是应用研究，都有用武之地。就具体评价方法来说，主要有同行评议、回溯分析、层次分析法、敏感分析、模糊综合评价、综合集成评价等几种方法。每种分析方法的优势与不足如表 5 -9 所示。

表 5 -9　几种常见评价方法的比较

评价方法	特征	不足之处	适用范围
同行评议	由专家进行评价	主观性较强，很可能因专家不同而使结论偏颇	基础项目研究
回溯分析	时间长，应用于单个研究项目，有较强的针对性	受历史经验左右，对新生研究项目很难给予科学评估	特定项目的回顾和跟踪调查
层次分析法	将复杂问题简化，简洁，使用方便，并可与其他方法合用	比较判断矩阵数据需求量大	各类评价项目

续表

评价方法	特征	不足之处	适用范围
敏感分析	因素容易检测，利于跟踪、控制		项目进展评价
模糊综合评价	综合多种方法使用，可针对多个目标		各类评价项目
综合集成评价	多种评价方法综合运用		应用面广，各类项目，各个阶段的评价

通过表5－9，可以发现，与其他评价方法相比，模糊综合评价方法具有极强的优越性，它能够在综合考虑多种因素的作用下，实现定量评价与定性评价的有机结合，较好地解决了模糊的、难以定量化的问题。因此，该方法适宜于各类评价项目，具有十分广阔的应用空间。

二　突发事件网络舆情信息流风险评价模型构建

鉴于突发事件网络舆情信息流风险的复杂性、模糊性特点以及模糊综合评价方法的优越性，本书应用模糊综合评价方法构建突发事件网络舆情信息流风险评价模型。具体构建过程如下：

（一）确定突发事件网络舆情信息流风险评价指标和影响因素集

设定突发事件网络舆情信息流风险评价指标集为 $U = (U_1, U_2 \cdots, U_m)$，$U_j$ 表示被考虑评价的指标，其中，$j = 1, 2, \cdots, m$。

突发事件网络舆情信息流发生后，会造成多个方面的影响，可以将其风险影响因素集设定为 $F = (F_1, F_2, \cdots, F_n)$，其中，$F_i$ 是指突发事件网络与信息流风险的影响因素，$i = 1, 2, \cdots, n$。

（二）确定评价指标及风险影响因素权重集

“权重又称权数、权系数。在评价指标体系中，指标要素的权重表示这一指标要素在指标体系中的重要程度，表示在其他要素不变的情况下，这一要素变化对评价结果的影响。”① 权重分配是否恰当，直接关系到评价指标体系的科学性，关系到评价结果的合理和公正。② 确定指标权重的

① 张玉亮：《基于发生周期的突发事件网络舆情风险评价指标体系》，《情报科学》2012年第7期。

② 彭国甫：《地方政府绩效评估研究》，湖南人民出版社2005年版，第273页。

方法，有经验估值法、专家评定法等多种方法，在此，我们选用层次分析法。[①] 这是因为，作为一种指标权重确定方法，与其他方法相比，层次分析法有计算简单、方便易用、较为科学等诸多优点，且能够很好满足我们的实际需求。

设定第一层次突发事件网络舆情信息流风险评价指标的权重集 $B = (B_1, B_2, \cdots, B_m)$，$B_j$ ($j = 1,2,\cdots,m$) 表示功能层第 j 个风险评价指标的权数，并且满足：

$$\sum_{j=1}^{m} B_j = 1 \tag{1}$$

突发事件网络舆情信息流风险实现层评价指标的权重集：$C = (C_{j1}, C_{j2}, \cdots, C_{jn})$ ($i = 1,2,\cdots,n$)，并且满足：

$$\sum_{i=1}^{n} C_{ji} = 1 \tag{2}$$

（三）修正风险指标的权重

应用层次分析法确定突发事件网络舆情信息流风险评价指标权重后，得矩阵如下：

$$B = \begin{Bmatrix} B_{11} & B_{12} & \cdots & B_{1n} \\ B_{21} & B_{22} & \cdots & B_{2n} \\ \cdots & \cdots & B_{ij} & \cdots \\ B_{m1} & B_{m2} & \cdots & B_{mn} \end{Bmatrix} \tag{3}$$

其中，B_{ij} 指第 i 位专家对第 j 个指标判断后经层次分析法处理后得到的权重和重要程度，m 表示专家的人数，n 表示指标的个数。

此外，为了判断矩阵中各专家所得权重的离散程度，还需计算各权重间的相似系数以及由此所组成相似系数矩阵。相似系数 M_{ij} 和相似矩阵 M 如下：

$$M_{ij} = 1 - \sqrt{\frac{1}{n}\sum_{k=1}^{n}(B_{ik} - B_{jk})}^{\,2} \tag{4}$$

---

① 该方法是由美国著名运筹学家、沃顿商学院的托马斯·L. 萨蒂（Thomas L. Saaty）于20世纪70年代初提出。该方法允许决策者将复杂问题分解为层次结构模型，表明目标与次准则、子准则与方案之间的关系，是一种定性与定量相结合的多目标决策方法。整个过程体现了人的决策思维的基本特征，即分解、判断和综合。运用层次分析法进行决策时，大体可分为5个步骤进行：（1）明确问题；（2）建立层次结构；（3）构造判断矩阵；（4）层次单排序及其一致性检验；（5）层次总排序及其一致性检验。其中后三个步骤在整个过程中需要逐层进行。

$$M = \begin{Bmatrix} M_{11} & M_{12} & \cdots & M_{1m} \\ M_{21} & M_{22} & \cdots & M_{2m} \\ \cdots & \cdots & M_{ij} & \cdots \\ M_{m1} & M_{m2} & \cdots & M_{mm} \end{Bmatrix} \quad (5)$$

其中 M_{ij} 指专家 i 与专家 j 权重结果的相似程度；由式（4）可知，R_{ij}越小，则相似程度越小。n 表示指标权重的维数，亦即所评价指标的个数。m 表示专家意见的总数，即参加权重评价的专家总人数；显然，$M_{ij}=1$，$M_{ij}=M_{ji}$。在剔除离异程度大的权重时，本书没有采用聚类分析经常用的，计算方法相当复杂的集聚方法（如直接聚类法、间接聚类法，等等），而是提出了一种简化的方法，它与现有的方法具有相同的精度，但计算简单、原理直观，更适合在实践领域内应用：

$$P_i = \sum_{j=1}^{n} M_{ij} = 1 \quad (6)$$

$$P = (P_1, P_2, \cdots, P_n)' \quad (7)$$

其中，P_i 表示相似系数矩阵中每一行之和，它表示第 i 个专家判断所得出的权重意见与其他专家群体（包括它自己）评价所得权重意见的偏离程度，相似系数之和越小，则此专家意见距离其他专家意见越“远”，偏离程度越大。P 表示相似系数对行求和形成的一列。①

然后，通过公式（8）确定偏离程度，用偏离程度的量化指标来衡量各个专家意见，即当 D_i 大于5%时，这个意见应该被排除掉。②

$$D_i = \frac{P_{max} - P_i}{P_{max}} \times 100\% \quad (8)$$

式中：D_i 表示第 i 个专家的相似系数与最大相似系数的偏离程度。P_{max} 表示相似系数矩阵中的最大值。

（四）确定风险评价的评语集

设定突发事件网络舆情信息流风险概率和发生后果评语集为 $V=$

① 通常来说，聚类分析所要解决的问题是把很多的元素按照相似原则划分为若干小集合，目的在于分类而不是淘汰某个集合。本书的聚类分析则侧重于找出偏离专家群体综合意见程度最大的“离异”专家意见。不过，在淘汰专家意见的过程中要把握好“度”，原因是，在地方政府公共项目委托代理风险评价过程中，淘汰专家过多，就会使评价失去效用，淘汰的专家太少，则又会使评价准确性受到质疑。

② 要说明的是，5%的阈值是在具体风险评价中总结出来的经验值，还需要经过更长时间的检验，才能更好地反映出实际情况。

$(V_1,V_2,\cdots,V_m)$ 表示评价标准，$j=1$，2，…，m。设定突发事件网络舆情信息流风险发生后果评语集为 $H=(H_1,H_2,\cdots,H_n)$，H_i 表示评价标准，$i=1$，2，…，n。一般来说，评价等级个数通常大于4而不超过9，原因是，评价等级过多将超过人的语义区分能力，不易判断对象的等级归属，过少又达不到模糊综合评价的质量要求。

（五）建立模糊评价矩阵进行风险评价

突发事件网络舆情信息流风险评价指标与发生概率评语集之间的关系，即从 U 到 V 模糊关系，可用模糊评判矩阵加以描述，用 R 表示如下：

$$R=(r_{ij})_{mxn}=\begin{Bmatrix} r_{11} & r_{12} & \cdots & r_{1n} \\ r_{21} & r_{22} & \cdots & r_{2n} \\ \cdots & \cdots & r_{ij} & \cdots \\ r_{m1} & r_{m2} & \cdots & r_{mn} \end{Bmatrix}$$

根据模糊评价矩阵，模糊综合评判集为：

$$S=CR=(C_1,C_2,\cdots,C_n)\begin{Bmatrix} r_{11} & r_{12} & \cdots & r_{1n} \\ r_{21} & r_{22} & \cdots & r_{2n} \\ \cdots & \cdots & r_{ij} & \cdots \\ r_{m1} & r_{m2} & \cdots & r_{mn} \end{Bmatrix}=(S_1,S_2,\cdots,S_n) \tag{9}$$

突发事件网络舆情信息流风险发生的概率为：

$$P_f=SV=(S_1,S_2,\cdots,S_n)\begin{Bmatrix} V_1 \\ V_2 \\ \vdots \\ V_n \end{Bmatrix} \tag{10}$$

其中 S_i（$i=1$，2，…，n）表示以风险评价指标 U_i 为评价对象进行综合评价时，评价对象相对评判集中第 i 个元素的隶属度。同理求得突发事件网络舆情信息流风险后果的严重程度 T_f。

确定突发事件网络舆情信息流风险的大小：

$$X_f = P_f + T_f - P_f T_f \text{①} \tag{11}$$

最后，应用等风险图②判定突发事件网络舆情信息流风险的大小，一般认为，当 $X_f < 0.3$ 时，风险较低；当 $0.3 < X_f < 0.7$ 时，风险中等；当 $X_f > 0.7$ 时，风险较高。P_f 和 T_f 的值由专家判断结合模糊数学分析获得。

第四节　突发事件网络舆情信息流风险实证评价与结果分析

一　评价样本的基本情况

2013 年 7 月 17 日，邓正加夫妇在湖南临武县解放南路摆摊卖西瓜，城管以无着装、无证经营等理由对其进行处罚，并与邓正加之妻发生推搡。随后，邓正加将西瓜摊移至他处。城管又一次进行处罚，双方再次发生争执。导致邓正加头部因受秤砣重击倒地身亡，邓妻在冲突中身体多处受伤，后被送临武县中医院救治。当晚，警方多次试图抢尸，并与围观群众发生冲突，现场一度混乱。事件发生后，经网络播报，引起网民的强烈反应。这就是“邓正加事件”。在此，本书将应用所构建的风险评价模型对“邓正加事件”网络舆情信息流风险进行实证评估，并尝试得出一定的结论。本次评价的具体时间是 2013 年 7 月 2[illegible] 日。在评价数据来源上，主要有三个来源：一是查阅了郴州统计信息网的《统计公报》，对相关的

① 本书将模糊综合评判法应用到突发事件网络舆情信息流风险中来，主要是根据风险的含义，$R = f(P_f, C_f)$，其中 R 表示风险或风险量。通过建立风险评价指标体系，应用层次分析法确定风险指标权重，并结合聚类分析法对风险指标的权重进行修正。突发事件网络舆情信息流风险不仅是风险事件发生的概率的函数，而且是风险事件发生所产生后果的函数，用 P_f 和 P_s 分别表示突发事件网络舆情信息流风险导控成功或失败的概率，即用 P_f 表示风险事件发生概率，用 P_s 表示风险事件未发生概率，则：$P_s = 1 - P_f$（$0 < P_S < 1$，$0 < P_f < 1$）。对事件发生所产生的后果也用概率表示，用 T_f 和 T_S 分别表示失败的后果非效用值。用 T_f 表示风险事件发生影响程度的大小，用 T_S 表示风险事件未发生影响程度的大小。根据效用理论，T_f 和 T_S 满足关系：$T_s = 1 - T_f$（$0 < T_S < 1$，$0 < T_f < 1$），那么由概率为变量的风险函数如下：$R_f = f$（风险事件发生的概率，风险事件发生产生的后果的概率）$= 1 -$ 风险事件未发生概率 $\times$ 其产生损失的概率 $= 1 - P_s$，$T_s = 1 - (1 - P_f)(1 - P_s) = P_f + Tf - P_f \times T_f$ 显然，有 $0 < R_f < 1$。

② 等风险图法包括两个因素：失败的概率和失败的后果。这种方法把已识别的风险为高，中，低三类。低风险是指对突发事件网络舆情信息流风险发生概率也小（一般 < 0.3）；中等风险是指发生概率较大（一般在 0.3 到 0.7 之间）；高风险是指发生概率很大（一般 > 0.7）。

指标数据进行采集；二是通过河南理工大学网络舆情监测系统，并结合百度指数对相关指标数据进行采集；三是对于定性指标，我们采用格栅获取法对其赋值，通过问卷调研（共发放100份问卷，有效回收问卷96份），数据经过整理，形成指标数据。“邓正加事件”网络舆情信息流的指标数据如表5－10所示。

表5－10 “邓正加事件”网络舆情信息流的指标数据

目标层指标	功能层指标	实现层指标	数据	标准化数据
U	B_1	C_{11}	819107万元	0.058165745
		C_{12}	23986元	0.001703274
		C_{13}	71.124	0.000005051
		C_{14}	—	—
	B_2	C_{21}	6619362次	0.470048626
		C_{22}	40个	0.000002840
		C_{23}	18个	0.000001278
		C_{24}	8种	0.000000568
		C_{25}	3天	0.000000213
		C_{26}	6619362条	0.470048626
	B_3	C_{31}	68.257	0.000004847
		C_{32}	51.987	0.000003692
		C_{33}	68.513	0.000004865
		C_{34}	69.859	0.000004961
		C_{35}	76.259	0.000005415

二 评价指标数据的计算

（一）确定突发事件网络舆情信息流风险影响因素集

突发事件网络舆情信息流的生成、传导、扩散，给经济社会带来诸多影响。总体上来说，主要会造成四种后果：事件当事人生活受到干扰（F_1）、突发事件处置难度加大（F_2）、激化形成群体性事件（F_3）、政府公信力受损（F_4）。

（二）确定评价指标权重

首先对我们所建构的突发事件网络舆情信息流评价指标体系中的功能

层指标进行权重确定。其功能层指标主要是三个指标，即突发事件网络舆情信息流生成风险（B_1）、突发事件网络舆情信息流传导扩散风险（B_2）、突发事件网络舆情信息流平复风险（B_3）。我们聘请六位突发事件网络舆情信息流研究与管理方面的专家组成评价小组（其中，专业研究人员 4 名，从事网络舆情信息流监控的政府实际工作者 2 名），应用层次分析法对指标权重意见处理后得矩阵如下：

$$B = \begin{Bmatrix} 0.171 & 0.402 & 0.427 \\ 0.221 & 0.460 & 0.319 \\ 0.124 & 0.517 & 0.359 \\ 0.333 & 0.334 & 0.333 \\ 0.113 & 0.523 & 0.364 \\ 0.100 & 0.500 & 0.400 \end{Bmatrix}$$

依据公式（4）计算权重的相似系数，得相似系数矩阵如下：

$$M = \begin{Bmatrix} 1 & 0.923 & 0.918 & 0.885 & 0.915 & 0.929 \\ 0.923 & 1 & 0.931 & 0.903 & 0.923 & 0.913 \\ 0.918 & 0.931 & 1 & 0.839 & 0.994 & 0.971 \\ 0.885 & 0.903 & 0.839 & 1 & 0.831 & 0.830 \\ 0.915 & 0.923 & 0.994 & 0.831 & 1 & 0.974 \\ 0.929 & 0.913 & 0.971 & 0.830 & 0.974 & 1 \end{Bmatrix}$$

根据公式（6）计算得：

$$P = (5.570 \quad 5.593 \quad 5.653 \quad 5.288 \quad 5.637 \quad 5.617)$$

下面依据公式（8）计算各专家权重意见的偏离程度，得

$$\begin{aligned} D &= (D_1, D_2, D_3, D_4, D_5, D_6) \\ &= (1.47\% \quad 1.06\% \quad 0 \quad 6.46\% \quad 0.28\% \quad 0.64\%) \end{aligned}$$

因为 $D_4 > 5\%$ ，所以应当排除第 4 位专家的权重意见。因此，经过修正的突发事件网络舆情信息流风险功能层评价指标权重是：

$$B_1 = (0.171 + 0.221 + 0.124 + 0.113 + 0.100)/5 = 0.1458$$

$$B_2 = (0.402 + 0.460 + 0.517 + 0.523 + 0.500)/5 = 0.4804$$

$$B_3 = (0.427 + 0.319 + 0.359 + 0.364 + 0.400)/5 = 0.3738$$

于是，突发事件网络舆情信息流风险功能层评价指标权重分别是：0.1458，0.4804，0.3738。同理，可求突发事件网络舆情信息流风险实现层评价指标权重：

C_{1i} = (0.1230　0.1686　0.3789　0.3295)

C_{2i} = (0.2265　0.1586　0.1028　0.0547　0.0737　0.3837)

C_{3i} = (0.0896　0.3042　0.1672　0.3731　0.0659)

突发事件网络舆情信息流风险的所造成四种后果权重为：

$F_1 = 0.0938 F_2 = 0.3129 F_3 = 0.4098 F_4 = 0.1835$

（三）对风险发生概率进行模糊综合评价

设定突发事件网络舆情信息流风险发生概率评语集 V 为五级，即 V = (0.1　0.3　0.5　0.7　0.9)，分别表示（低，较低，中性，较高，高）。

在前面计算的基础上，将“邓正加事件”网络舆情信息流风险各评价指标的风险隶属度用分数表示。如表 5－11 所示。

表 5－11　　单个风险因素权重及其评价结果

准则层指标	子指标层	风险隶属度					权重
		小 (0.1)	较小 (0.3)	中 (0.5)	较大 (0.7)	很大 (0.9)	
B_1 (0.1458)	C_{11}	0.1	0.2	0.4	0.3	0	0.1230
	C_{12}	0.2	0.3	0.5	0	0	0.1686
	C_{13}	0.1	0.3	0.4	0.2	0	0.3789
	C_{14}	0.2	0.5	0.1	0.1	0.1	0.3295
B_2 (0.4804)	C_{21}	0	0.2	0.4	0.4	0	0.2265
	C_{22}	0	0.1	0.5	0.4	0	0.1586
	C_{23}	0	0.1	0.6	0.3	0	0.1028
	C_{24}	0	0.6	0.2	0.2	0	0.0547
	C_{25}	0	0.3	0.5	0.2	0	0.0737
	C_{26}	0	0.1	0.6	0.3	0	0.3837
B_3 (0.3738)	C_{31}	0.1	0.5	0.3	0.1	0	0.0896
	C_{32}	0.1	0.3	0.4	0.2	0	0.3042
	C_{33}	0.2	0.4	0.4	0	0	0.1672
	C_{34}	0	0.3	0.7	0	0	0.3731
	C_{35}	0.1	0.4	0.5	0	0	0.0659

由风险评价小组对风险状况进行审查，由此得到“邓正加事件”网络舆情信息流风险单指标评价矩阵：

$$R_1 = \begin{Bmatrix} 0.1 & 0.2 & 0.4 & 0.3 & 0 \\ 0.2 & 0.3 & 0.5 & 0 & 0 \\ 0.1 & 0.3 & 0.4 & 0.2 & 0 \\ 0.2 & 0.5 & 0.1 & 0.1 & 0.1 \end{Bmatrix}$$

$$R_2 = \begin{Bmatrix} 0 & 0.2 & 0.4 & 0.4 & 0 \\ 0 & 0.1 & 0.5 & 0.4 & 0 \\ 0 & 0.1 & 0.6 & 0.3 & 0 \\ 0 & 0.6 & 0.2 & 0.2 & 0 \\ 0 & 0.3 & 0.5 & 0.2 & 0 \\ 0 & 0.1 & 0.6 & 0.3 & 0 \end{Bmatrix}$$

$$R_3 = \begin{Bmatrix} 0.1 & 0.5 & 0.3 & 0.1 & 0 \\ 0.1 & 0.3 & 0.4 & 0.2 & 0 \\ 0.2 & 0.4 & 0.4 & 0 & 0 \\ 0 & 0.3 & 0.7 & 0 & 0 \\ 0.1 & 0.4 & 0.5 & 0 & 0 \end{Bmatrix}$$

综合评价集为：

$$S_1 = (0.1230 \quad 0.1686 \quad 0.3789 \quad 0.3295) \begin{Bmatrix} 0.1 & 0.2 & 0.4 & 0.3 & 0 \\ 0.2 & 0.3 & 0.5 & 0 & 0 \\ 0.1 & 0.3 & 0.4 & 0.2 & 0 \\ 0.2 & 0.5 & 0.1 & 0.1 & 0.1 \end{Bmatrix}$$

$$= (0.1498 \quad 0.3537 \quad 0.3160 \quad 0.14470 \ 0330)$$

$$S_2 = (0.2265 \quad 0.1586 \quad 0.1028 \quad 0.0547 \quad 0.0737 \quad 0.3837) \begin{Bmatrix} 0 & 0.2 & 0.4 & 0.4 & 0 \\ 0 & 0.1 & 0.5 & 0.4 & 0 \\ 0 & 0.1 & 0.6 & 0.3 & 0 \\ 0 & 0.6 & 0.2 & 0.2 & 0 \\ 0 & 0.3 & 0.5 & 0.2 & 0 \\ 0 & 0.1 & 0.6 & 0.3 & 0 \end{Bmatrix}$$

$$= (0 \quad 0.1648 \quad 0.5096 \quad 0.3255 \quad 0)$$

$$S_3 = (0.0896 \quad 0.3042 \quad 0.1672 \quad 0.3731 \quad 0.0659)$$

$$\begin{Bmatrix} 0.1 & 0.5 & 0.3 & 0.1 & 0 \\ 0.1 & 0.3 & 0.4 & 0.2 & 0 \\ 0.2 & 0.4 & 0.4 & 0 & 0 \\ 0 & 0.3 & 0.7 & 0 & 0 \\ 0.1 & 0.4 & 0.5 & 0 & 0 \end{Bmatrix}$$

$$= (0.0794 \quad 0.3413 \quad 0.5097 \quad 0.0698 \quad 0)$$

$$S = (0.1458 \quad 0.4804 \quad 0.3738)$$

$$\begin{Bmatrix} 0.1498 & 0.3537 & 0.3160 & 0.1447 & 0.0330 \\ 0 & 0.1648 & 0.5096 & 0.3255 & 0 \\ 0.0794 & 0.3413 & 0.5097 & 0.0698 & 0.0179 \end{Bmatrix}$$

$$= (0.0516 \quad 0.2584 \quad 0.4814 \quad 0.2036 \quad 0.0115)$$

于是，“邓正加事件”网络舆情信息流风险发生的概率为：

$$P_f = SV = (0.0516 \quad 0.2584 \quad 0.4814 \quad 0.2036 \quad 0.0115)\begin{Bmatrix} 0.1 \\ 0.3 \\ 0.5 \\ 0.7 \\ 0.9 \end{Bmatrix}$$

$$= 0.4763$$

（四）对风险后果的影响程度进行模糊综合评价

设定突发事件网络舆情信息流风险发生后果严重程度评语集 H 为五级，即 $H = (0.1 \quad 0.3 \quad 0.5 \quad 0.7 \quad 0.9)$，分别表示（低，较低，中，较高，高）。

由评价小组对“邓正加事件”网络舆情信息流风险发生后果进行评价，将各个评价等级的隶属度用分数表示。如表 5－12 所示。

表 5－12　风险后果影响程度权重及其评价结果

风险后果	风险后果影响程度隶属度					权重
	低（0.1）	较低（0.3）	中（0.5）	较高（0.7）	高（0.9）	
F_1	0	0.2	0.4	0.3	0.1	0.0938
F_2	0.1	0.3	0.5	0.1	0	0.3129
F_3	0.3	0.4	0.3	0	0	0.4098
F_4	0.1	0.2	0.6	0.1	0	0.1835

$$S = (0.0938 \quad 0.3129 \quad 0.4098 \quad 0.1835)\begin{pmatrix} 0 & 0.2 & 0.4 & 0.3 & 0.1 \\ 0.1 & 0.3 & 0.5 & 0.1 & 0 \\ 0.3 & 0.4 & 0.3 & 0 & 0 \\ 0.1 & 0.2 & 0.6 & 0.1 & 0 \end{pmatrix}$$

$$= (0.1726 \quad 0.3133 \quad 0.4270 \quad 0.0778 \quad 0.0094)$$

那么，突发事件网络舆情信息流风险后果的影响程度是：

$$T_f = (0.1726 \quad 0.3133 \quad 0.4270 \quad 0.0778 \quad 0.0094)\begin{pmatrix} 0.1 \\ 0.3 \\ 0.5 \\ 0.7 \\ 0.9 \end{pmatrix} = 0.3878$$

三 评价结果获得与分析

（一）评价结果获得

在计算“邓正加事件”网络舆情信息流风险发生概率以及风险后果影响程度的基础上，根据公式（11）：

$$R_f = P_f + T_f - P_f T_f$$

可以计算出“邓正加事件”网络舆情信息流风险的大小是：

$$R_f = 0.4763 + 0.3878 - 0.4763 \times 0.3878 = 0.6794$$

应用风险图判定“邓正加事件”网络舆情信息流风险。如图 5 – 15 所示。

（二）评价结果分析

依据等风险图，通过对突发事件网络舆情信息流风险评价过程及评价结果进行综合分析，我们发现，优化导控突发事件网络舆情信息流，有效防范突发事件网络舆情信息流生成、传导扩散以及平复风险，需要注意以下三个方面的问题。

1. 突发事件网络舆情信息流风险水平由其发生概率和危害后果两方面因素决定。通过对突发事件网络舆情信息流风险评价模型及评价结果的分析，可以发现，突发事件网络舆情信息流风险水平主要取决于两个方面的因素：一是其发生概率，发生概率越大，意味着风险水平越高，反之，则说明风险水平较低；二是风险造成的危害后果，在风险发生概率一定的情况之下，突发事件网络舆情信息流风险水平与其危害后果成正比例关

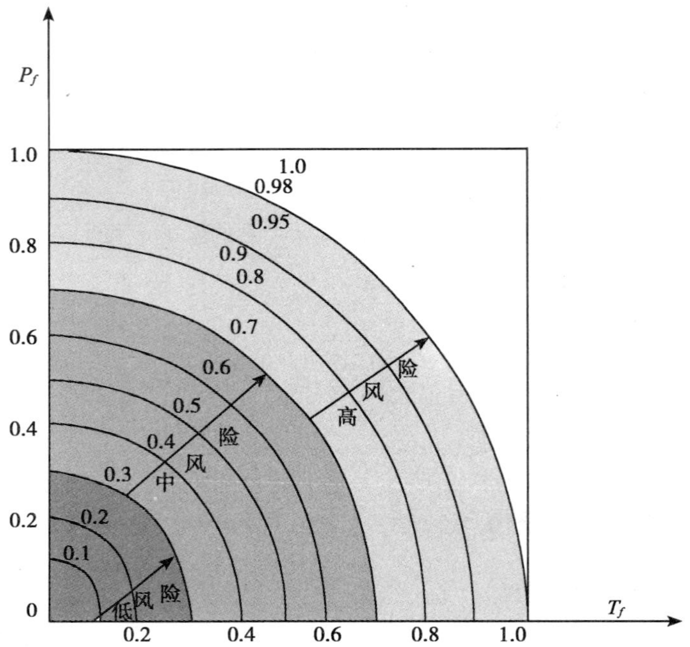

图 5－15　“邓正加事件”网络舆情信息流风险的等风险图展示

系。因此，在化解突发事件网络舆情信息流风险之时，也需要从两个方面着手，一方面是尽可能采取有效的事前措施，如通过加强突发事件网络舆情信息流的监测与分析，及时回应网民关切，抑制网络谣言传播等措施，尽可能降低突发事件网络舆情信息流风险发生的概率。另一方面，则是大幅减轻突发事件网络舆情信息流风险的危害后果。通过危机公关、公众形象再造等方式和手段，减少风险所带来的不利影响。

2. 突发事件网络舆情信息流风险应对的关键是消除其传导扩散风险。突发事件网络舆情信息流风险具体体现为三个方面：突发事件网络舆情信息流的生成风险、传导扩散风险和平复风险。相较于突发事件网络舆情信息流生成风险（权重系数：0. 1458）和平复风险（权重系数：0. 3738），突发事件网络信息流传导扩散风险影响最大（权重系数：0. 4804）。因此，控制好突发事件网络舆情信息流传导扩散风险是优化导控突发事件网络舆情信息流，科学应对突发事件网络舆情信息流风险的关键之举。

3. 政府及相关部门的有效介入是突发事件网络舆情信息流风险平复的重要原因。通过分析，我们发现，突发事件网络舆情信息流平复风险（权重系数：0. 3738）控制亦不容忽视。突发事件网络舆情信息流风险一旦生成，就要及时开展风险的平复工作。而要做好这一工作，就需要政府及相关部门秉持积极、敏感的态度，尽快有效介入。众多事实也一再证明，政府部门积极介入，有效应对，就能够尽快平复突发事件网络舆情信息流，消除其风险，如湖南平江野生华南虎事件、四川会理县悬浮照事件等，均因政府强力有效介入，及时平复了突发事件网络舆情信息流，没有造成不良后果；相反，部分政府及部门也由于没有及时回应网络舆情，关注突发事件网络舆情信息流波动情况，以至于带来了巨大的突发事件网络舆情信息流风险，致使政府形象严重受损。本书所依评价样本就是此例。

第六章　面向优化管理的突发事件网络舆情信息流导控对策研究

研究突发事件网络舆情信息流生成、传导规律，对其进行风险评价，并不只是为了一种理论上的推演，也不是为了揭示规律而揭示规律，为了风险评价而风险评价，而是要通过规律揭示、风险评价来实现突发事件网络舆情信息流的优化导控。通过前面的研究，我们发现，突发事件网络舆情信息流之所以生成、传导并演化成风险，影响经济社会的健康稳定运行，有几个方面的原因：一是突发事件应急处置不够规范，应急处置理念不正确，处置行动不规范，处置结果有失公平公正，导致民众不满；二是突发事件网络舆情信息流导控机制不完善，导控主体缺位，预警监测不及时，法律机制依然存在漏洞；三是民意收集与回馈通道不畅甚至不通，民众正当和合理的言论没有“下达上听”，得不到重视；四是社会心态失衡，社会心理处于“亚健康”状态，仇官、仇富、泛娱乐化心态大行其道，等等。如果不妥善解决好这些问题，突发事件网络舆情信息流导控就不可能有所作为，发挥其应有作用。做好这些工作，需要从“线上”和“线下”两个方面入手，既要以开放、包容、竞合、创新的理念推动“线上”突发事件网络舆情信息流导控，推进突发事件网络舆情信息流导控机制创新，又要注意完善突发事件网络舆情信息流导控保障体系，处置好“线下”的突发事件，做到突发事件快速响应，信息适时通报，民意有效收集与回馈，社会心态及时矫正与恢复。

第一节　以开放、包容、竞合、创新的理念推动突发事件网络舆情信息流导控

导控理念影响和制约着突发事件网络舆情信息流导控，构成突发事件网络舆情信息流导控体系和导控行为的深层结构，是突发事件网络舆情信息流导控之魂。扎实有效推进突发事件网络舆情信息流导控，应首先改变突发事件网络舆情信息流导控的整体心智模式，树立开放、包容、竞合、

创新的突发事件网络舆情信息流导控理念。

一　开放理念

秉持开放理念，就是要求政府在突发事件网络舆情信息流导控中注意把握两个方面的问题：一是人的开放。突发事件网络舆情信息流导控是人推动的工作，作为导控主体的人如果不开放，突发事件网络舆情信息流导控这项工作就无法深入推进。人的开放就是要求导控主体在推进舆情信息流导控的工作过程中，积极学习、借鉴其他国家、其他地区的先进导控机制、方式和方法。总体而言，我国的突发事件网络舆情信息流导控工作起步较晚，发展虽然迅速但还存在不少问题。而国外在此方面已经有了一些卓有成效的探索，如果能够积极学习、引鉴这些成功经验和做法，相信对于推进我国的突发事件网络舆情信息流导控工作不无裨益。二是信息的开放。目前的社会是信息社会，信息对于突发事件网络舆情信息流导控工作的顺利进行至关重要。长久以来，我们在舆情信息流导控工作中，把导控工作的成功过分寄希望于信息的封闭、信息的截堵，以求民众知道得越少，突发事件舆情信息流就越容易自然平息。但是在网络社会，这种努力似乎难见其效，政府及相关公共部门越是封堵关于突发事件的相关信息，越是“捂盖子”，往往突发事件网络舆情信息流就越是传递迅速，就越是波及更广范围、更深层次。因此，积极向民众通报有关的、可以公开的突发事件处置信息、处置流程、处置结果，满足民众的“好奇心”，防止其陷入“信息饥渴”的困局，便于实现政府及相关公共部门与民众的良好沟通，便于民众了解政府突发事件应急处置的不懈努力和良苦用心，也便于突发事件网络舆情信息流的良性导控。

二　包容理念

包容是一种品格，是一种精神，是一种敢于正视问题，应对挑战，提出解决对策的态度。在突发事件网络舆情信息流导控中，树立包容理念，需从以下几个方面入手：

（一）包容突发事件网络舆情信息流中内含的不同观点

突发事件网络舆情信息流首先是观点的集合。这些观点包含着民众对于政府及公共部门处置突发事件的各种想法和政策建议。以包容的精神来分析这些观点，不仅有利于提升政府及公共部门突发事件应急处置的科学水平，同样也可以以更好的实际行动来提升民众满意度，在突发事件应急处置中增强执政基础。

（二）包容突发事件网络舆情信息流内含的不同情绪

突发事件网络舆情信息流不仅是观点的集合，同样也是情绪和态度的集合。其中既有对政府及公共部门处置突发事件的褒扬情绪，也有贬低情绪；有积极情绪，也有消极情绪；有感恩情绪，也有埋怨情绪、不满情绪。透过这些驳杂百变的情绪，我们可以发现，情绪所体现的是民众对于政府及公共部门正确、科学处置突发事件的现实期待，反映的是对政府及公共部门重塑精神，追求卓越，着力提升突发事件处置民众满意度的强烈渴望。政府及公共部门在突发事件网络舆情信息流导控中，只有以包容的态度对待这些情绪，特别是消极的、贬低的、埋怨的、不满的情绪，才能更好地揭示这些情绪背后隐藏的民众心声和期待，才能更好地从民众的角度、公正的角度、公平的角度、科学的角度来处置突发事件，回应民众诉求，进而更好地做好突发事件网络舆情信息流的导控工作。

（三）包容突发事件网络舆情信息流中不同的主体

突发事件网络舆情信息流之所以产生，说到底就是不同舆情主体推波助澜、表达意见的结果。只有以包容的态度对待这些舆情主体，才能便于认清这些舆情主体在突发事件网络舆情信息流传递中的基本意图、利益需求，才能更好地协调、整合这些利益需求，从而保证不同利益群体的合理需求得到满足。反过来，在舆情主体的利益得到满足的情况下，突发事件网络舆情信息流的导控也自然事半功倍。

三　合作理念

树立合作理念就是要求政府及相关公共部门在突发事件网络舆情信息流导控过程中，应当积极谋求与门户网站、网络论坛、网络博客等网络媒体的合作，进而为自身导控能力提升以及良好舆论秩序的建立拓展出一片新天地。

（一）坚持政府主导是合作的前提

政府与网络媒体相互合作，这并不是一种杂乱无序的自发行为，也不是一种忽然起意的临时行为，这种稳固有序合作行为的确立，仰赖于明确各个合作方之间的角色和定位，明确谁是领导者，谁是被领导者。那么，由谁来担负起领导者的重任呢？答案很简单，那就是政府及相关公共部门。这是因为，突发事件网络舆情信息流导控不是一种纯粹的市场行为，也不是单纯基于效率逻辑的谋利行径，它处于公共管理的大背景之中，并受制于公共管理的“公共性”规定。而从公共性的角度审察各个合作方，可以发现，门户网站、网络论坛、网络博客等网络媒体虽具有众多的用户，并彰显一定的公共性意义，但是从本质看，其大多数还是以“公司”身份出现，赚取利润仍是其最终目的，其公共性一旦面临巨额利润的考验，有可能受损甚至丧失。政府及相关公共部门则不同，其诞生之初就是致力于谋求公共福利的提升，就是最大限度地代表和维护公共利益，彰显公共价值，并且，在我国，儒学传统影响深远，“儒家思想中最具优势的国家观和权威观已在新的历史条件下转化为‘秩序原理’，表现为政府在社会发展的诸多方面有着广泛的权威地位”，且“这种权威地位得到了社会的比较普遍的认同和遵从”①。因此，由政府来主导突发事件网络舆情信息流导控的多方合作，自然也就毫无疑义，顺理成章了。

（二）重塑公共精神是合作的关键

公共精神孕育于公民社会之中，包括民主、自由、平等、秩序以及公共利益等一系列价值命题，它锤炼形成于社会成员的社会实践活动之中，渗透凝聚在社会成员的精神内里，影响和制约着社会成员的公共行为，构成社会运作与社会发展之魂。突发事件网络舆情信息流导控合作问题绝对不是一般意义上的制度设计工程，其目标既是规则的，也是意识的。如果不认真培育政府、相关公共部门以及网络媒体的公共精神，那么即使建立最好的导控合作制度，到头来也只会是“竹篮打水一场空”。但是目前，公共精神又确属我国社会中的一种稀缺资源，原因是：公共精神的培育与发展“根源于一定社会的政治、经济、文化和社会发展”，其“生命力的大小直接取决于它与一定社会的政治、经济、文化、社会发展相适应的程度”②。长久以来，我国处于封建统治之下，“臣民社会”的遗毒比较深，加之家国同构的政治架构以及小农经济分散性的负面影响，使得公共空间失去了发展的余地，以致造成我国公民社会先天发育不良，使公共精神丧失了生成的土壤。改革开放之后，市场经济又迅速勃兴，与市场经济相伴

① 张国庆：《现代公共政策导论》，北京大学出版社 1997 年版，第 92 页。

② 彭国甫：《价值取向是地方政府绩效评估的深层结构》，《中国行政管理》2004 年第 7 期。

随的市场精神也随之充斥到社会各个角落，功利主义、利己主义一时甚嚣尘上，公共精神的现代发展又遭遇一系列难题。如果这种情况不改变，公共精神一直得不到张扬，突发事件网络舆情信息流导控合作往往很难在实质层面予以推行。

（三）回归舆论健康秩序是合作的目标

在我国，网络已经成为民众戏谑、抱怨、猎奇的场所，网络舆论秩序也日渐陷入无序和杂乱的状态。仇官、仇富、低俗娱乐、地区歧视、人身攻讦的网络舆情信息流涌动频繁，无限度、无原则、无验证、无分寸的网络舆论俯拾皆是，反权威、反精英、反智性、民粹化的态度浸染网络，这种状况已经到了不得不面对、不得不重视、不得不整改的地步。如果继续放任自流，极有可能破坏我国经济、社会发展的大好局面。而推动突发事件网络舆情信息流导控的多方合作，其目的也恰在于此，即通过正确引导正面、积极的突发事件网络舆情信息流，限制、约束负面、消极的突发事件网络舆情信息流，培育良好的突发事件网络舆情氛围，回归突发事件网络舆情信息流的理性、健康状态。

四　创新理念

创新首先是一种思想以及思想指导下的实践，是一种原则以及该原则引导下的具体活动。树立创新理念是政府突发事件网络舆情信息流导控能力提升的理性选择。

（一）敢于创新

突发事件网络舆情信息流导控是个新生事物，是网络社会发展到一定阶段，网络舆情信息流不断高涨的产物。面对这一新生事物，政府既有的管理模式、管理手段、管理方法要么无法应对，要么应对了也收效甚微甚至适得其反。在这种情况之下，只有以敢于创新的态度来思考突发事件网络舆情信息流导控这一新问题，探索其发生演化规律，探寻其导控处置手段，才能开拓政府突发事件网络舆情信息流导控的新天地。

（二）敏于创新

创新不是一个临时任务，也不是一种短期性工作，需要长期坚持并不懈努力。突发事件网络舆情信息流导控的过程是不断发生变化、不断出现新问题的过程，同时也是创新机遇不断涌现的过程。政府及相关公共部门要保持一种"敏感"态度，及时发现这些创新机遇，及时利用这些机遇创新突发事件网络舆情信息流导控的模式、手段、方法，推动突发事件网络舆情信息流导控工作的不断前行。

（三）善于创新

创新并不是闭门造车。而是要注意充分借鉴已有的成功经验。就突发事件网络舆情信息流导控而言，国外不少国家已经有了一些成功探索，我们要积极学习、借鉴其成功经验，同时需要注意的是，"在学习借鉴别国相关经验之时，必须立足我国国情与实际情况，必须研究中国问题，不能盲目照搬，要实现由范式学习到范式创新的转变"①。要着力探索出一套符合我国基本国情，具有明显中国特色的突发事件网络舆情信息流导控模式，提出真正对解决中国突发事件网络舆情信息流导控问题有效、管用的手段和方法。

第二节　着力推进突发事件网络舆情信息流导控机制创新②

就目前情况看，在我国突发事件网络舆情信息流导控工作中，不同程度地存在着导控机制不健全、导控机制不灵活、导控机制相互交叉和掣肘等问题。只有解决好这些问题，才能优化突发事件网络舆情信息流管理流程，提高政府及公共部门的突发事件网络舆情信息流导控能力。做好这项工作，主要要从四个方面入手：一是着力推进突发事件网络舆情信息流导控法律机制创新，二是着力推进突发事件网络舆情信息流导控主体机制创新，三是着力推进突发事件网络舆情信息流监控与预警机制创新，四是着力推进突发事件网络舆情主体成长与培育机制创新。

一　着力推进突发事件网络舆情信息流导控法律机制创新

推进突发事件网络舆情信息流导控法律机制创新，就是要求我国不断完善突发事件网络舆情信息流导控法律体系，要求突发事件网络舆情信息

① 张玉亮：《政府公共事业管理方式创新：进程、成绩及经验》，《学术探索》2008 年第 1 期。

② 张玉亮：《突发事件网络舆情信息流导控机制安排创新研究》，《湘潭大学学报》（社会科学版）2014 年第 6 期。

流导控主体坚持依法导控，尊重法律精神，在导控工作中既要展现风采，富有绩效；又必须遵循法律，“不以私意兴作”，进而把突发事件网络舆情信息流导控的灵活性与原则性，主动性与规范性结合起来，不断推进突发事件网络舆情信息流导控的法治化进程，真正做到“有法可依、有法必依、执法必严、违法必究”，这既是现代国家公共行政的基本范畴和普遍原则，也是我国民众的共同心声。做好这项工作，主要是从如下几个方面入手：

（一）要在立法上狠下苦工

对突发事件网络舆情信息流导控的各个方面及其基本环节给予法律上的明文规定，形成比较完备的突发事件网络舆情信息流导控法律规范体系，这是突发事件网络舆情信息流导控走向法治化的前提和基础。为此，必须做好以下几项工作：一是加强立法调研和法理研究。即要进一步优化国内各类法学研究会、研究中心和研究室，整合研究力量，推动其开展网络立法方面的相关调研工作，并加强法理研究，为网络立法工作的开展做好前期基础工作。二是提高网络立法层次，规范网络立法程序，改进由主管部门制定相关网络法律法规的传统做法，代之以专门的立法机构或部门，并积极吸收专家学者参与立法，进而提高网络立法的科学性。三是对现有的涉及网络管理的法律、法规和规章进行清查和审理。删除过时的或重复的条文，修正矛盾的或不协调的规定，补充网络侵权、网络黑客犯罪、网络推手管理等方面的法律规范，使之形成较为完整的体系。四是着力推进网络立法民主化。国家立法机关，应当以某种形式公开网络立法规划、立法计划以及法律草案，便于人们了解、讨论，并提出网络立法的相关建议，确保网络立法工作建立在人民民主的基础之上。

（二）要在严格执法上追求卓越

执行是法律的生命，“有法而不循法，法虽善与无法等”。严格行政执法，做到依法办事，这既是法律自身的内在要求，也是制定法律的精神所在。长期以来，在我国突发事件网络舆情信息流导控的过程中，有法不依、执法不严、违法不究的现象时有发生。因此，严格行政执法已是势在必行。首先，要形成行政执法的责任机制，解决职责交叉、越权执法和执法虚位的问题；要明晰各执法部门的职权，明确各自的执法任务，建立以政府“一把手”为核心的权责对等的执法责任体系。其次，建立健全执法考核评议制度。在评议的过程中，要真抓实干，防止“走过场”和流于形式主义；要对被评议的部门、机关在一定时期内所办理的案卷进行全面清查，把对个案的定性分析和对总体的定量考察结合起来，对于在评议中发现的问题，要及时给以指出并予以纠正，决不能做“好好先生”，使评议失去意义。再次，要加大对各级政府部门依法行政的培训力度。要下决心提高现有人员的素质，留“优”汰“劣”，并建立执法工作奖惩制度，做到与“进出”结合，与“薪酬”挂钩。

二　着力推进突发事件网络舆情信息流导控主体机制创新

谁来导控突发事件网络舆情信息流？是进行突发事件网络舆情信息流导控必须解决的关键性问题。过去一段时间，我们往往将突发事件网络舆情信息流导控的重责笼统推给政府及其相关部门。但是在实际操作过程中，却遇到不少困难，即突发事件发生后，网络舆情信息流快速波动的过程中，是政府哪个具体部门来负责，是政府新闻部门还是涉及突发事件的政府部门，并没有给予明确解答。这就使得政府及相关公共部门在面对汹涌的突发事件网络舆情信息流时，往往变得相互观望、互相推责、行动迟缓，难以应对。而要解决好这个问题，就应当明确突发事件网络舆情信息流导控的责任主体，建立健全突发事件网络舆情信息流导控主体机制。

建立健全突发事件网络舆情信息流导控主体机制，首先应当明确作为导控主体，应当具备的基本条件。结合现实实际，同时基于理论分析，笔者认为，成为突发事件网络舆情信息流导控主体，至少具备如下四个方面的条件。

（一）政治理性成熟

突发事件网络舆情信息流导控不仅是一项科学性很强的工作，而且是一项政治性很强的工作。因此，导控主体如果没有相对成熟的政治理性，不能把握好导控工作政治性与科学性的关系，就很难推动突发事件网络舆情信息流导控工作的开展。所谓“政治理性是人类社会发展到一定历史阶段，建立在一定的经济利益和政治利益基础之上的精神现象，是受人的政治目的和意志所支配的精神活动及在政治生活中按一定逻辑规则和逻辑程序运作的认知形式和认知能力”。[①] 成熟的政治理性能够使导控主体在导控过程中，以正确的导控价值观为导引，把上级要求与群众需要有效结

① 何颖：《论政治理性的特征及其功能》，《政治学研究》2006 年第 4 期。

合起来，实事求是地向群众反映突发事件的“原貌”，正确、科学回应民众诉求。

（二）权威合法有效

孔子曰：“名不正则言不顺，言不顺则事不成。”没有合法有效的导控权威作后盾，突发事件网络舆情信息流导控主体的导控实践就无异于是政治生活中的陈列品，徒具其表，名不副实，起不到其应有的作用。易言之，判断一个主体是否具有突发事件网络舆情信息流导控主体的资格，一个重要标准就是看其是否有合法有效的导控权威。在这里，导控权威的“合法性”指的是这种导控权威是通过政治赋权的形式得来的，并且为一系列法律、法规和制度所认可。这种权威一旦形成，便具有相对持久的稳定性，能够为突发事件网络舆情信息流导控主体的政治实践提供强有力的支持。而导控权威的“有效性”则是指作为突发事件网络舆情信息流导控主体，其导控行为要始终以人民群众的利益为准绳，将维护和实现最广大人民群众的利益作为突发事件网络舆情信息流导控工作的出发点和归宿点，贯彻于导控工作的各个环节。

（三）知识基础扎实过硬

突发事件网络舆情信息流导控是一项复杂性、技术性很强的工作，这就要求导控主体具备比较雄厚的知识基础和技术积淀，以保证突发事件网络舆情信息流导控科学性，如导控主体需具备社会学、心理学、管理学、政治学等相关知识和技术，等等，以便于有效应对突发事件网络舆情信息流导控中出现的专业性、技术性、突发性问题。

（四）运作成本相对低廉

构建突发事件网络舆情导控主体机制，还要考虑成本问题，即在现有体制下，以最小的支出获得最大化的导控效果，这样做有利于节省支出，缓解政府及相关公共部门的财政压力。

基于我国现行基本体制、机制，同时结合突发事件网络舆情信息流导控主体的约束条件，我们认为可以成立“网络舆情信息流导控中心”来专门负责突发事件网络舆情信息流导控。其结构如图 6－1 所示。

◆ 隶属关系　各级网络舆情信息流导控中心隶属于同级的党委宣传部，是同级党委宣传部直属的事业单位。

◆ 中心职责　负责对涉及本地区的重大门户网站、论坛、博客等进

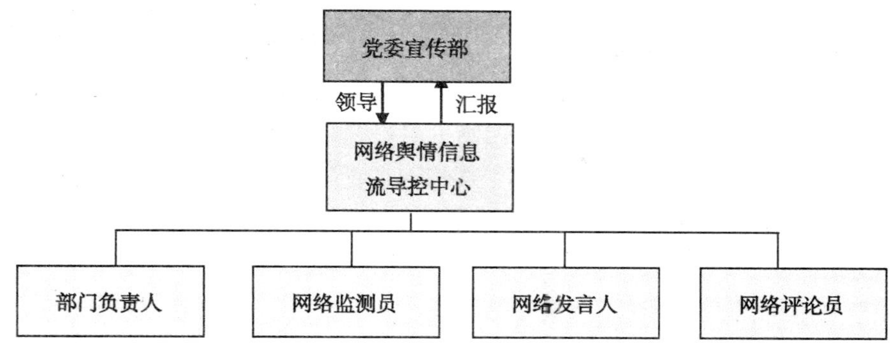

图 6－1　网络舆情信息流导控中心构成

行检测，对重大突发事件网络舆情信息流进行研判；负责突发事件网络舆情信息流统计与分析处理，编辑上报突发事件网络舆情信息流发展报告；根据上级要求，对突发事件网络舆情信息流进行导控，保证网络舆论的正确导向。

◆ 主要人员构成　作为专业性部门，网络舆情信息流导控中心主要有以下人员构成：一是部门负责人。负责中心全面工作；制定并实施网络思想宣传工作计划；负责突发事件网络舆情信息流的监控、发现、上报和预控工作；负责贯彻党委、政府关于突发事件网络舆情信息流导控的有关措施。二是网络监测员。其主要职责是负责对人民网、新华网、大河网、新浪网、搜狐网等重要门户网站、微博、论坛等进行实时监测，对涉及当地的突发事件网络舆情信息流及时收集、整理、筛选、登记，对苗头性、倾向性问题，进行汇总、分析，及时预知突发事件网络舆情信息流的发展态势，并将具体情况报给中心负责人。三是网络发言人。其职责是在网上发布本地区、本单位的党务政务信息，听取网民关于政府工作、突发事件应急处置的相关政策建议，通报本地区突发事件应急处置流程、处置结果、善后事宜，及时回应网民的基本诉求。四是网络评论员。其主要职责是，建设个人博客，并通过相关网络媒体发表评论文章跟踪本地区新闻热点，根据网络发言人新闻发布情况，及时发布新闻跟帖，用正确的思想、准确的事实、客观的态度，理性分析突发事件，正确解读党委、政府关于突发事件应急处置的重要举措，及时为网民解惑释疑、澄清事实，防止网络谣言，为突发事件应急处置构建和谐的网络舆论氛围。

三　着力推进突发事件网络舆情信息流监控与预警机制创新

通过前面的分析，我们发现，不能有效发现、预警突发事件网络舆情信息流是导致政府及相关公共部门突发事件网络舆情信息流导控陷入被动的重要原因。因此，着力推进突发事件网络舆情信息流监控与预警机制创新，是有效提升政府及相关公共部门突发事件网络舆情信息流导控能力的明智之举。总体来说，突发事件网络舆情信息流监控与预警机制主要由知识子系统、监测子系统、预警子系统三个部分组成。如图 6－2 所示。

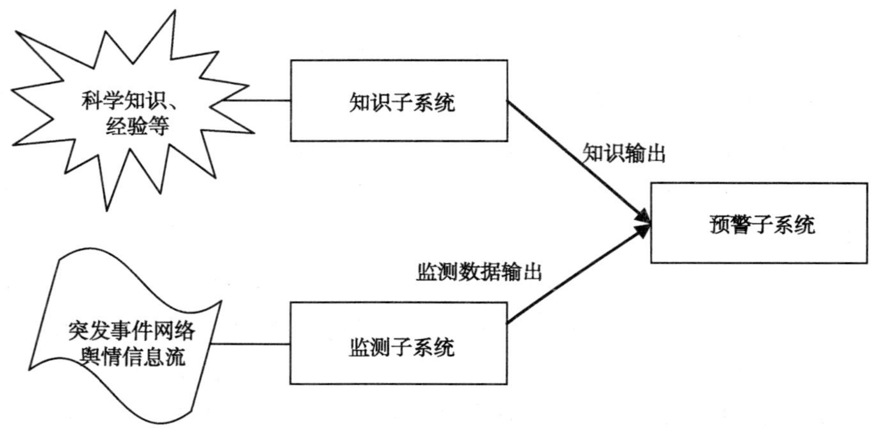

图 6－2　突发事件网络舆情信息流监控与预警机制构成

（一）知识子系统

突发事件网络舆情信息流的监测与预警是建立在充分掌握突发事件网络舆情信息流有关知识的基础之上的。没有知识抑或知识不充分，就无法有效研判突发事件网络舆情信息流的当前形势，就不能预知其未来发展态势，进而不能提供可行而富有操作性的导控措施。建构知识子系统需要做好几个方面的工作：1. 知识识别。就是对政府所掌握的突发事件网络舆情信息流知识的数量与时空位置等属性进行鉴别和辨认，进而为其进行知识输出和知识创造打下基础。突发事件网络舆情信息流知识体系涵盖面广，内容丰富，它既包括突发事件网络舆情信息流的基础常识，如突发事件网络舆情信息流的定义、概念、特征等；也包括过往的突发事件网络舆情信息流导控案例、导控经验、导控教训以及导控部门的机构、职能、预案、能力等。2. 知识获取。就是指在知识识别的基础上，从政府外部获取突发事件网络舆情信息流相关知识，并使之变得易为政府所用。事实上，政府突发事件网络舆情信息流知识获取的过程就是政府对所需的知识与技能进行捕获的过程。为达此目的，可以通过数据库、上网、网络论坛、BBS、博客、远程教育、搜索引擎、网络数据挖掘等手段予以实现。3. 知识整理。首先要对政府突发事件网络舆情信息流知识按其内容、用途进行科学的分类，然后建立政府突发事件网络舆情信息流知识仓库，进而实现政府突发事件网络舆情信息流知识的有序化。4. 知识共享。即确保政府内部信息和知识要尽可能公开，确保政府工作人员能够接触和使用其他人员提供的突发事件网络舆情信息流的相关知识和信息。5. 知识创新。突发事件网络舆情信息流知识创新是建构知识子系统的关键环节。政府突发事件网络舆情信息流知识创新具有三个特点：一是独特性。这是指突发事件网络舆情信息流知识创新的难以模仿性，构成是政府的核心资源，正是由它转变成政府的突发事件网络舆情信息流导控手段，成为政府独有的竞争优势。二是升值性。要确保突发事件网络舆情信息流知识创新既能在当前取得必要的社会效益与经济利益，同时也能在未来产生一定的社会效益与经济利益。三是适应性。突发事件网络舆情信息流知识创新要因时而动，不断进步，进而为提高政府合法性服务。

（二）监测子系统

监测子系统是突发事件网络舆情信息流监控与预警机制的关键一环。主要是致力于对网络舆情信息流进行挖掘、扫描、收集、研判，筛选影响广泛、具有一定危害性的突发事件网络舆情信息流，并与知识子系统的知识进行匹配分析，科学定位当前突发事件网络舆情信息流的基本态势。建立监测子系统需要注意以下几个方面的问题：

1. 加强对经济发展较快、较迅速地区的监测。一般来说，经济发展较快、较迅速的地区，如北京、山东、广东、浙江、江苏、上海、河南、辽宁、湖北等省份，民众的民主意识、关注时政意识较强，突发事件一旦发生，他们能够较快通过网络发布信息，创设议题，推动形成突发事件网络舆情信息流，因此，加强对这些地区的监测很有必要。

2. 加强对敏感行业和敏感人群的监测。所谓敏感行业和敏感人群是指因工作或其他关系，与网络接触较其他行业和人群密切，同时也热衷于通过网络表达态度和看法的网民。就前文分析看，从事 IT 行业、教育行业（包括教师和学生）、政府机关、金融/房地产行业的网民属于敏感行业的敏感人群，加强对这些人群的监测也是很有必要的。

3. 加强对民族地区的监测。由于受民族极端主义、境外分裂势力等多种因素影响，民族地区的突发事件网络舆情信息流也十分活跃，并对现实经济、社会产生较大影响，加强对民族地区突发事件网络舆情信息流的监测，对于稳定民族地区发展，促进民族和谐不无裨益。

4. 加强对敏感突发事件的监测。敏感突发事件往往是导致突发事件网络舆情信息流快速传导的"导火索"。敏感突发事件的敏感程度与突发事件网络舆情信息流的传导范围、传导速度往往成正比例关系。通过对近些年突发事件网络舆情信息流进行跟踪研究，可以发现，八种类型的突发事件，其现实敏感性较强，也较为容易造成突发事件网络舆情信息流异常波动。如表6－1所示。

表6－1 敏感突发事件①

敏感事件	具体表现
涉"官"突发事件	天价烟、天价表、不当言论、蛮横作风，等等。
涉"富"突发事件	豪华婚礼、明星吸毒，炫富举动，等等。
涉"警"突发事件	滥用警力、警员违法、警察不作为、警车私用，等等。
涉"黄"突发事件	"性侵犯"、"潜规则"、"干爹"、"二奶"、"小三"、"包养"，等等。
涉"暴"突发事件	强拆、自焚、暴力执法、群体性事件，等等。
涉"假"突发事件	食品安全、简历作假、学历作假、"PS门"，等等。
涉"弱"突发事件	校车事件、幼儿园被攻击事件、虐待儿童，等等。
涉"腐"突发事件	官员腐败、包养二奶，等等。

5. 充分利用现代科技手段。目前，随着信息技术、网络技术的发展，网络监测工具和手段也变得日益丰富。不少商业公司、网络公司都开发了自己的网络舆情监测工具和产品。如北京中科新天科技有限公司开发了"新天网络舆情监测分析系统"②，北京亿腾泰科信息技术有限公司开发了"亿拓舆情监测系统"③，北京北大方正电子有限公司开发了"方正智思互

① 参见《"涉富"、"涉官"案件容易成为网络焦点》（http://fanfu.people.com.cn/n/2013/0220/c64371－20541362.html）。

② 参见北京中科新天科技有限公司主页（http://www.newskysoft.com.cn/index.action）。

③ 参见北京亿腾泰科信息技术有限公司主页（http://www.etalks.cn/html/index.html）。

联网舆情监控系统”①，等等。政府及相关公共部门可以结合自身实际，充分利用已有的技术手段和工具，实现对于突发事件网络舆情信息流的快速、及时监测。

（三）预警子系统

及时发布突发事件网络舆情信息流预警信息，对于政府及相关公共部门科学、有效导控突发事件网络舆情信息流至关重要。建立突发事件网络舆情信息流预警子系统关键要解决好以下几个方面的问题：一是明确预警信息发布的基本问题。即突发事件网络舆情信息流预警信息由谁来发布，向谁发布，发布哪些内容，按照什么样的程序发布等。二是科学确定预警级别。可以将突发事件网络舆情信息流的预警等级划分为四级，以红、橙、黄、蓝四种颜色指代。如表 6－2 所示。

表 6－2　突发事件网络舆情信息流预警等级划分

预警级别	指代颜色	预警级别含义
一级预警	红色	突发事件网络舆情信息流传导速度极快，范围波及全国，引起广大网民的普遍关注，给政府造成巨大舆论压力
二级预警	橙色	突发事件网络舆情信息流传导速度快，范围波及多个地区，引起较多网民的关注，给政府造成较大压力
三级预警	黄色	突发事件网络舆情信息流传导速度中等，范围波及限于本地区，引起本地网民的关注，给政府造成一定的压力
四级预警	蓝色	突发事件网络舆情信息流传导速度慢，范围波及限于本地区的很小范围，引起本地少数网民的关注，给政府造成很小的压力

三是构建多样化的预警信息发布平台。可以通过网络终端、手机终端等多种形式向政府及相关公共部门发布突发事件网络舆情信息流预警信息，提高预警信息发布的及时性和可达性。四是做好预警协同。即实现预警子系统与其他突发事件网络舆情信息流导控机制之间的动态整合与协作。保证预警子系统与突发事件网络舆情信息流导控组织机制、决策机制、信息机制、保障机制之间的无缝衔接，实现各种机制之间最大程度的功能整合和优化。

① 参见北京北大方正电子有限公司主页（http：//www. founder. com. cn/zh-cn/Products/Publicsentiment. htm）。

四 着力推进突发事件网络舆情信息流传导主体自我管理机制创新

在现实社会中，各类社会主体因受到法律、道德等多重约束，他们在发布观点、传递信息之时往往富有理性精神，不敢肆意言谈。在虚拟网络社会中，这种情况则大不相同。一方面，目前网络社会正处于初级发展阶段，各种关于规范虚拟网络社会的法律、法规还不健全，道德约束体系也尚未形成，突发事件网络舆情信息流传导主体的很多不当言论难以在法律上定性，进而不能很好约束；另一方面，网络的虚拟性、匿名性等特点使得突发事件网络舆情信息流传导主体可以实现有效“隐身”，以至于其在发布、传递“非理性”、“过激性”、“发泄性”甚至是偏离事实的言论时可以毫无顾忌、率性而为。面对这一情况，除了加强法律体系、道德体系建设，还需要着力提升突发事件网络舆情信息流传导主体的素养，推进其自我管理机制创新，实现其自我提升、自我规范、自我约束，从而为突发事件网络舆情信息流的科学、合理导控创造条件。

（一）提高网络舆情信息流传导主体的素养

首先，加强政府突发事件应急处置法律、政策、流程等的宣传。目前，我国虽然制定了很多有关突发事件应急处置、网络行为规范的法律、法规，形成了比较规范的应急处置流程，但是依然有不少民众对此不甚了解。以至于突发事件发生后，部分民众对于政府及相关公共部门处置突发事件的做法、流程往往不以为然，这就给突发事件网络舆情信息流的传递制造了空间。

其次，创设多种途径、多种平台，提升网络舆情信息流传导主体的素养。一是充分利用社区资源。即以社区为基本单元，由社区居委会开设培训班，组织社区民众学习、了解政府有关突发事件应急处置的法律、法规、政策。二是充分发挥村民自治组织的作用。可以由村民委员会组织印刷相应的宣传册，散发到本村住户当中，提高住户对于国家相关法律、法规的了解，自觉约束自己的网络言论行为。三是充分利用学校这一教育平台。即在中小学、大学开设相关的课程，教育学生了解国家关于网络管理的法律法规、正确认识政府关于突发事件处置的政策和流程，提升其理性程度，不要轻易为谣言所动，不充当网络谣言的助推者。

（二）构建网络舆情信息流传导主体自律机制

一是建立行业协会自律机制。即在与互联网密切相关的行业，推动行业协会建立相应的自律约束规范，约束行会下属成员的互联网言论行为，要求其主动、自觉规避错误的言论。二是通过学校教育、家庭教育和社区宣传等多种手段，积极引导互联网使用者树立正确的价值观与人生观，唤起其追求真理、维护正义，保障国家和社会安全的责任感和使命感，科学分析、正确应对互联网世界充斥的各种突发事件网络舆情信息，形成不造谣、不传谣、不信谣的自我约束与管理机制。

第三节　进一步完善突发事件网络舆情信息流导控保障体系

突发事件网络舆情信息流导控的顺利进行，不仅需要从“线上”工作入手，还要进一步完善“线下”的突发事件网络舆情信息流导控保障体系。做好这项工作，需要从三个方面入手：一是不断建立健全突发事件快速响应与安全恢复机制，二是切实完善突发事件处置的信息通报与透明化机制，三是畅通正式体制内突发事件民意收集与回馈通道。

一　不断建立健全突发事件快速响应与安全恢复机制

突发事件网络舆情信息流之所以活跃，一个重要原因就是突发事件的发生打破了民众的生活秩序，使其丧失了必需的安全感，因此，帮助、支持民众重建生活秩序和安全秩序，就成为解决好突发事件网络舆情信息流传导问题的有效措施。

首先，安全保障。突发事件发生后，政府及其相关部门要采取及时有效的措施，及时启动应急预案，将广大群众转移安置到相对安全的区域，并对其做好心理抚慰工作，驱除其紧张情绪和不安全感。

其次，生活保障。一是保障粮食、蔬菜、饮用水等生活必需品的供应和发放，解决好群众的当前生活问题。二是强化政府监管，通过价格监管、质量监管、卫生监管等有效手段，保障涉突发事件当地市场秩序的稳定，严厉打击囤积居奇，靠突发事件牟取暴利的行为。三是加大政府扶持力度，即加大对受突发事件影响民众的资金支持、人力支持和物力支持。通过以上措施，协助广大民众重建社会生活秩序，重获安全感。

二 切实完善突发事件处置的信息通报与透明化机制

科学导控突发事件网络舆情信息流，还需要建立良好的信息通报机制，形成透明化的监督机制，切实解决广大网络舆情主体的“信息饥渴”问题。

（一）建立突发事件处置的信息通报机制

突发事件发生之后，就突发事件发生、处置的相关情况，政府及其相关部门要及时向网络舆情主体通报。需要注意的是，在发布突发事件相关信息之时，要坚持三个原则：1. 以我为主提供突发事件相关信息，牢牢掌握信息发布的主动权；2. 尽快提供突发事件的处置情况，要确保信息发布的全面、真实性，也就是要求必须实言相告；3. 提供全部情况。就是应以最快的速度告知政府所知的全部信息，摒弃报喜不报忧的习惯和做法。另外，在信息通报之时，要允许广大网络舆情主体就突发事件处置中的一些问题提出意见和质疑，政府相关部门需就此给予明确的、有针对性的解释或答复，保证他们切实了解突发事件处置的真相和事实，不给谣言滋生提供土壤。

（二）建立突发事件处置的透明化监督机制

一是建立突发事件处置透明化监督主体机制。即遴选部分素质较高、能力较强的网络舆情主体，使之参与到突发事件处置的过程中来，确保突发事件处置的公开性。二是明确监督主体监督的基本内容。即通过相应的制度规定，对监督主体监督突发事件处置的内容做出明确的规范，对于不适合监督主体监督的内容也需要做出明文规定，包括不公开内容的界定、密级认定、不公开的投诉机制等，并及时与监督主体沟通，取得相应的理解和支持。三是规范监督主体的监督程序。保证监督程序运行一环扣一环，依次递进，而且还是一个科学运行的过程。确保监督落到实处，提高监督主体监督的满意度。

三 畅通正式体制内突发事件民意收集与回馈通道

突发事件民意收集与回馈通道大体归为两类，一类是体制内的正式的突发事件民意收集与回馈通道，另一类是体制外的非正式的突发事件民意收集与回馈通道。一般而言，前者突发事件民意收集与回馈精度要高于后者，但是其反应速度往往不及后者。如果能将突发事件有关信息通过体制内正式渠道及时、准确的回馈、传递给公众，就能够为突发事件网络舆情信息流的科学导控提供便利。然而，现实中却相反，体制内正式民意收集与回馈渠道要么出现失语状况，对民意不予回馈；要么回馈过于迟缓，以致到了流言满天飞，局势难以掌控之时才回馈、公布突发事件相关信息。所以出现这种情况，主要有如下原因：一是集权管理体制的灵活性不足。我国实行的是中央集权的管理体制，当突发事件发生之时，需经层层上报，经上级政府批准、确认后方可进行相关信息的回馈和通报，这种体制尽管保证了信息回馈准确性，但是却丧失了信息回馈的及时性和高效性。二是政治权力相互博弈的结果。在市场经济条件下，下级政府为了创设良好的经济社会发展环境，更好的吸引外资，促进发展，进而赢得上级政府的认同和肯定，就必然会在出现突发事件之时采取主动的打压方式，隐瞒相关信息，忽视或者轻视民意，力求淡化突发事件社会影响，有时甚至对上级政府也采取公关的方式，尽量遮掩危机的范围和危害。三是政府公共机构的办事习惯使然。部分领导干部和工作人员对及时向民众回馈突发事件有关信息的政治性、敏感性把握不足，囿于原有的常态的管理办法，作风粗暴，致使错过了大好时机。然而，要解决这些问题，建议从以下几个方面入手：

（一）加强民意收集

加强民意收集，及时把握和了解民众对政府处置突发事件的所欲所求，是防范突发事件网络舆情信息流恶意流动的重要保障。为民意收集创设良好的社会环境，就是要在社会上造成一种民主的平等协商的气氛，形成一种人人能够畅所欲言、充分表达自己观点并积极提出意见和建议的局面。从现实上看，人们对民意表达还存在种种疑虑和担心，认识和看法也很不一致。因而必须努力塑造一种新型的政治文化，为充分的民意表达培育良好的土壤。只有这样，收集民意才能成为可能，民意收集也才能名副其实，真正了解民众的心声。

（二）提高民意回馈速度

一般而言，“当社会面临重大危机，人们的生存与安全突然受到威胁时，便会陷入极度恐慌，为了减轻或消除心理上的紧张与压力，必然会通过各种渠道去获知与危机相关的信息，当无法获知充足信息时，就会出现各种流言"①。因此，这就要求政府在突发事件发生后，必须及时、快速地向社会大众发布有关突发事件的信息，及时回应民众的诉求，使民众认知突发事件发生及处置的实际情况，从而为突发事件网络舆情信息流的优化导控创造条件。

（三）规范民意回馈内容

要改变过去那种形式上回馈多，实质上回馈少；结果回馈多，过程回馈少；原则方面回馈多，具体内容回馈少；公众被动回馈的多，主动参与的少的弊端，真正做到把与人民切身利益密切相关的、应该向民众及时回馈的突发事件相关信息切实回馈给广大民众。

（四）拓宽民意回馈途径

政府部门既要懂得运用政府公报、红头文件、电视台、电台、专栏、布告等传统手段来回馈民意，同时也要注意通过政府网站、网络论坛、政府认证博客、手机媒体等新兴媒体来回馈民意，进而拓宽民意回馈途径，提高民意回馈质量。

不过，需要注意的是，加强民意收集与回馈，要依法处理好国家安全与危机信息传递、政治秘密与公开透明等关系，防止走向极端。

四 进一步建立健全社会心理矫正与平衡恢复机制

矫正不良社会心态，回归社会心理的健康原貌，是突发事件网络舆情信息流优化导控的内在要求。

（一）重点矫正社会的"仇官"心理

做好这项工作，需要从以下几个方面入手：一是不断提升官员道德素养。为官贵有高品位，作为政府工作人员，应当"常修为政之德、常思贪欲之害、常怀律己之心"，把个人看轻一点，把名利看淡一点，慎微、慎独、慎交，坚守自己的精神家园。二是加强制度建设，"把权力关进笼子"，杜绝腐败滋生，严惩贪腐之吏。三是健全社会监督，加强官员与群众联系，保证官员各种公务行为处于民众监督之中。四是加强良吏宣传。对于为官清正，造福一方，民众拥戴的政府工作人员和典型事迹，要通过电视、网络、报纸等多种手段予以宣传，引导民众正确认识官员，理解官

① 李凌娅：《危机信息发布机制评析》，《中国减灾》2008 年第 9 期。

员，科学评价官员。

（二）重点矫正社会的“仇富”心理

“仇富”心理所以存在，根本在于社会还存在一定程度的贫富差距，社会各阶层还不能较为均衡的共享社会发展成果。解决好这一问题，需要做好三个方面的工作：一是加强政策体系建设，注意公共政策向社会弱势群体的适当倾斜；二是切实加快社会保障体系建设，保障广大社会主体特别是弱势群体的切身利益，确保其居有定所，病有所医，老有所养；三是进一步完善利益协调与共享机制，要在承认合理差别的基础上确保广大群众能够较为公平的享受经济社会发展的成果。并通过税收政策、分配制度的改革，逐步缩小各阶层社会主体间的经济差距，减少社会主体特别是弱势群体的心理落差和被剥夺感。

（三）重点矫正社会的“泛娱乐化”心理

网络媒介是网络环境的关键营造者。矫正社会的“泛娱乐化”心理，重点是提升网络媒介的报道品味，加强对其报道话题、报道内容、报道风格的规范和引导。一方面，要杜绝严肃问题的娱乐化解读报道方式，保证严肃问题的严肃性；另一方面，要淡化对黑色话题、灰色话题、黄色话题的报道，加大正面话题、健康话题的报道力度，形成良好、积极的网络报道氛围。

（四）重点培育和谐、诚信、宽容的社会心理

要通过学校教育、社区宣传、政府引导等多种手段，引导社会和谐，鼓励社会诚信，推动社会宽容与谅解，进而形成健康向上的社会心理氛围。

第七章　研究结论及展望

本书综合应用公共管理、管理科学与工程和传播学理论，采取规范研究与实证研究、定性分析与定量分析相结合的方法，对突发事件网络舆情信息流的理论基础、国外导控模式及其经验、传导规程及其传导规律、风险评价和优化导控等方面做了比较系统的研究和探讨，达到了课题规划设计的预期目标，但还存在一些问题，需在未来开展的相关研究中加以重视。

第一节　主要研究成果及相关结论

其一，首次揭示了突发事件网络舆情信息流导控的本质。不掌握突发事件网络舆情信息流导控的实质意义，不把握突发事件网络舆情信息流导控的本质规定，就不能更好、更深入地认识突发事件网络舆情信息流导控，也就不能更好地在现实实践中做好突发事件网络舆情信息流导控工作。本书不只是解读了突发事件网络舆情信息流导控的一般内涵，而是从更深层次揭示出突发事件网络舆情信息流导控的本质规定，即突发事件网络舆情信息流导控是政府应急管理的重要环节、是一种有效的管理工具，并致力于追求工具理性与价值理性的统一。这对于我们正确认识、科学推进突发事件网络舆情信息流导控具有重要意义。

其二，探讨了国外突发事件网络舆情信息流优化导控的实践及启示。国外突发事件网络舆情信息流导控近些年取得了可贵的成绩，并形成了明显的特色。而我国的突发事件网络舆情信息流导控虽渐成燎原之势，但依然存在不少问题。积极借鉴国外的许多成功做法，很有意义。本书从宏观概括的视域，将国外突发事件网络舆情信息流导控归结为三种基本模式：致力于彰显个人自由核心价值的自律导控模式、力求个体自律与国家调控相协调的均衡导控模式，以及凸显政府强制作用的东亚导控模式。提出学习借鉴国外成功经验和做法，要贵在立足中国国情、实现由范式学习向范式创新的转变，真正构建体现中国特色、符合中国实际、切合中国需要的突发事件网络舆情信息流导控模式。

其三，系统研究了突发事件网络舆情信息流传导过程及其传导规律。只有明确突发事件网络舆情信息流的传导过程，科学把握突发事件网络舆情信息流的传导规律，才能做到突发事件网络舆情信息流的优化导控。本书基于7个典型案例分析，提出突发事件网络舆情信息流分为三个基本阶段：生成阶段、传导扩散阶段、平复阶段。进而从性别分布、年龄分布、职业分布、学历分布、地域分布等方面揭示突发事件网络舆情信息流的传导特征与规律，为进行突发事件网络舆情信息流优化导控提供支持。

其四，系统构建了突发事件网络舆情信息流风险评价指标体系和评价模型，并进行实证研究。突发事件网络舆情信息流风险评价是研判突发事件网络舆情信息流风险态势，推进突发事件网络舆情信息流优化导控的前提和基础。有效实施突发事件网络舆情信息流风险评价，关键是构建科学合理的风险评价指标体系和评估模型。本书在借鉴国内外相关研究成果的基础上，阐释构建突发事件网络舆情信息流风险评价指标体系构建的思路，探索构建基于UML的突发事件网络舆情信息流风险评价指标体系。进而在对比分析各类评价方法优势和劣势的基础上，建构突发事件网络舆情信息流风险模糊综合评价模型，并以临武县“邓正加事件”为例，进行突发事件网络舆情信息流风险实证评价，为突发事件网络舆情信息流的优化导控提供了重要依据。

其五，提出了面向优化管理突发事件网络舆情信息流导控对策。研究突发事件网络舆情信息流生成、传导规律，对其进行风险评价，并不只是为了一种理论上的推演，也不是为了揭示规律而揭示规律，为了风险评价而风险评价，而是要通过规律揭示、风险评价来实现突发事件网络舆情信息流的优化导控。本书认为，做好突发事件网络舆情信息流导控工作，回归突发事件网络舆情信息流的基本理性，需要从“线上”和“线下”两个方面入手，既要以开放、包容、竞合、创新的理念推动“线上”突发事件网络舆情信息流导控，推进突发事件网络舆情信息流导控机制创新，又要注意完善突发事件网络舆情信息流导控保障体系，处置好“线下”的突发事件，做到突发事件快速响应，信息适时通报，民意有效收集与回馈，社会心态及时矫正与恢复。

第二节　进一步研究需注意的问题

一是突发事件网络舆情信息流研究方法的进一步整合问题。研究方法是桥梁和手段，科学整合研究方法是深入推进突发事件网络舆情信息流导控研究的内在要求。突发事件网络舆情信息流研究属于交叉研究领域，多个学科的相关学者对此问题进行了可贵探索，但是限于学者研究背景、研究视域、知识结构的不同，突发事件网络舆情信息流研究还没有很好实现定性研究与定量研究、规范研究与实证研究、多个学科知识综合研究之间的有效结合。而这应是突发事件网络舆情信息流未来研究需要特别关注的问题。

二是突发事件网络舆情信息流研究的学界、企业、政府的三方交流问题。目前，突发事件网络舆情信息流研究属于一个热门研究领域，学界、企业、政府三个领域的研究人员都有所涉及，研究力量相对分散。在未来研究过程中，如何搭建突发事件网络舆情信息流研究学界、企业、政府三方交流平台，进一步整合研究力量，汇聚研究资源，充分应用已有研究平台就成为特别需要关注的问题。

参考文献

一 中文著作

[1] [美] 阿尔温·托夫勒、海蒂·托夫勒：《创造一个新的文明——第三次浪潮的政治》，陈峰译，上海三联书店 1996 年版。

[2] [法] 阿兰·佩雷菲特：《信任社会》，邱海婴译，商务印书馆 2005 年版。

[3] 董传仪：《危机管理学》，中国传媒大学出版社 2007 年版。

[4] 丁俊杰、张树庭、李未柠：《网络舆情及突发公共事件危机管理经典案例》，中共中央党校出版社 2010 年版。

[5] 党生翠：《网络舆论蝴蝶效应研究》，中国人民大学出版社 2013 年版。

[6] 顶平：《公共网络舆情事件研究》，人民出版社 2012 年版。

[7] 杜骏飞：《沸腾的冰点：2009 中国网络舆情报告》，浙江大学出版社 2010 年版。

[8] 杜骏飞：《危如朝露：2010—2011 中国网络舆情报告》，浙江大学出版社 2011 年版。

[9] 范柏乃：《政府绩效评估与管理》，复旦大学出版社 2007 年版。

[10] 高红玲：《网络舆情与社会稳定》，新华出版社 2011 年版。

[11] 宫承波、李珊珊、田园：《重大突发事件中的网络舆论——分析与应对的比较视野》，中国广播电视出版社 2012 年版。

[12] 胡百精：《危机传播管理》，中国传媒大学出版社 2005 年版。

[13] 胡锦涛：《坚定不移沿着中国特色社会主义道路前进 为全面建成小康社会而奋斗——在中国共产党第十八次全国代表大会上的报告》，人民出版社 2012 年版。

[14] [德] H. 哈肯：《协同学》，徐锡申等译，原子能出版社 1984 年版。

[15] 韩运荣、喻国明：《舆论学：原理、方法与应用》，中国传媒大学出版社 2005 年版。

[16] 连玉明、武建忠：《2011 领导决策信息年度报告：中国舆情报告》，中国时代经济出版社 2011 年版。

[17] 刘洪：《经济混沌管理——理论·方法·应用》，中国发展出版社 2001 年版。

[18] 刘鹏：《城市公共危机预警研究》，中央编译出版社 2010 年版。

[19] 刘上洋：《100 例经典系列：中外应对网络舆情 100 例》，百花洲文艺出版社 2012 年版。

[20] 刘世雄：《中国消费区域差异特征分析：基于中国当代文化价值的实证研究》，上海三联书店 2007 年版。

[21] 李怀祖：《管理研究方法论》（第二版），西安交通大学出版社 2004 年版。

[22] 李彪：《舆情·山雨欲来：网络热点事件传播的空间结构和时间结构》，人民日报出版社 2011 年版。

[23] 罗坤瑾：《从虚拟幻象到现实图景——网络舆论与公共领域的构建》，中国社会科学出版社 2012 年版。

[24] [美] 曼纽尔·卡斯特：《网络社会的崛起》，夏铸九等译，社会科学文献出版社 2006 年版。

[25] [法] 孟德斯鸠：《论法的精神》，张雁深译，商务印书馆 1961 年版。

[26] [德] 马克斯·韦伯：《经济与社会》（上卷），林荣远译，商务印书馆 1998 年版。

[27] 孟建、裴增雨：《网络舆情的收集研判与有效沟通》，五洲传播出版社 2013 年版。

[28] 彭国甫：《地方政府公共事业管理绩效评价研究》，湖南人民出版社 2004 年版。

[29] 人民网舆情监测室：《如何应对网络舆情——网络舆情分析师手册》，新华出版社 2011 年版。

[30] 人民网舆情监测室：《网络舆情热点面对面》，新华出版社 2012 年版。

[31] 钱爱兵：《中文新闻网页处理与舆情分析》，南京大学出版社 2012 年版。

[32] [美] 施穆勒：《UML 基础、案例与应用》，李虎等译，人民邮电出

版社 2004 年版。
[33] 王国华、曾润喜、方付建：《解码网络舆情》，华中科技大学出版社 2011 年版。
[34] 王宏伟：《舆情信息工作策略与方法》，中国人事出版社 2011 年版。
[35] 武西峰、张玉亮：《社会安全事件应急管理概论》，清华大学出版社 2013 年版。
[36] 徐家良：《政府评价论》，中国社会科学出版社 2006 年版。
[37] 夏保成：《美国公共安全管理导论》，当代中国出版社 2006 年版。
[38] 谢耘耕：《中国社会舆情与危机管理报告》，社会科学文献出版社 2012 年版。
[39] 喻国明：《中国社会舆情年度报告（2010）》，人民日报出版社 2010 年版。
[40] 喻国明：《中国社会舆情年度报告（2011）》，人民日报出版社 2011 年版。
[41] 喻国明：《中国社会舆情年度报告（2012）》，人民日报出版社 2012 年版。
[42] 余秀才：《网络舆论：起因、流变与引导》，中国社会科学出版社 2012 年版。
[43] 余红：《网络时政论坛舆论领袖研究——以强国社区“中日论坛”为例》，华中科技大学出版社 2010 年版。
[44] 燕道成：《群体性事件中的网络舆情研究》，新华出版社 2013 年版。
[45] 曾胜泉：《突发事件舆情应对指南：中国突发事件舆情应对理论手册和实战指南》，南方日报出版社 2012 年版。
[46] 周滨：《“微博问政”与舆情应对》，人民出版社 2012 年版。
[47] 张春华：《网络舆情：社会学的阐释》，社会科学文献出版社 2012 年版。
[48] 张成福：《公共危机管理理论与实务》，人民出版社 2009 年版。
[49] 张欢：《应急管理评估》，中国劳动社会保障出版社 2010 年版。

二　中文论文

[50] 孙佰清、董靖巍：《重大公共危机网络舆情扩散监测和规律分析》，《哈尔滨工业大学学报》（社会科学版）2011 年第 1 期。

[51] 曹瑞昌、吴建明：《信息质量及其评价指标体系》，《情报探索》2002 年第 4 期。

[52] 陈波、于泠等：《泛在媒体环境下的网络舆情传播控制模型》，《系统工程理论与实践》2011 年第 11 期。

[53] 程辉、刘云：《基于时间序列的网络舆情预测模型》，《网际网路技术学刊》2008 年第 12 期。

[54] 戴媛、郝晓伟等：《我国网络舆情安全评估指标体系的构建研究》，《信息网络安全》2010 年第 4 期。

[55] 樊蕾：《“三鹿奶粉”事件透视我国政府公共危机管理》，《天府新论》2008 年第 2 期。

[56] 冯志泽、陈惠云：《城市房屋抗震能力综合评定》，《华北地震科学》2004 年第 4 期。

[57] 范立国：《公共信息网络舆情智能分析系统的分析与设计》，《情报科学》2010 年第 11 期。

[58] 高小平：《综合化：政府应急管理体制改革的方向》，《行政论坛》2007 年第 2 期。

[59] 顾晓岩：《论书目信息的质量指标》，《图书馆》2007 年第 1 期。

[60] 顾品浩、蒋冠：《突发性公共事件中的网络意见领袖分析——以“杨达才事件”为例》，《情报杂志》2013 年第 5 期。

[61] 郭亮：《高校网络舆情监管与网络舆情危机管理》，《西南农业大学学报》（社会科学版）2011 年第 1 期。

[62] 侯放：《国家信息政策与法规：发达国家的经验及其借鉴》，《毛泽东邓小平理论研究》2007 年第 10 期。

[63] 姜胜洪：《把握网络舆情规律 加强正面舆论引导——以杭州飙车案的网络舆情变动为例》，《中国党政干部论坛》2010 年第 7 期。

[64] 康伟：《突发事件舆情传播的社会网络结构测度与分析——基于“11・16 校车事故”的实证研究》，《中国软科学》2012 年第 7 期。

[65] 兰月新、曾润喜：《突发事件网络舆情传播规律与预警阶段研究》，《情报杂志》2013 年第 5 期。

[66] 兰月新：《突发事件网络衍生舆情监测模型研究》，《现代图书情报技术》2013 年第 3 期。

[67] 兰月新：《突发事件网络舆情安全评估指标体系构建》，《情报杂

志》2011 年第 7 期。
[68] 兰月新、邓新元：《突发事件网络舆情演进规律模型研究》，《情报杂志》2011 年第 8 期。
[69] 罗昊：《国内图情期刊关于网络舆情研究的现状及特点》，《情报杂志》2013 年第 5 期。
[70] 乐国安：《网络集群行为过程解析》，《人民论坛》2010 年第 13 期。
[71] 李苏楠：《网络群体性事件的应对》，《中国党政干部论坛》2010 年第 4 期。
[72] 李冰心、刘晖霞：《论地方政府危机管理长效机制建设》，《甘肃理论学刊》2009 年第 5 期。
[73] 李常能：《从 2008 年雪灾透视政府公共危机管理中不同形式的公民参与》，《经济研究导刊》2008 年第 15 期。
[74] 李湖生等：《重大危机事件应急关键科学问题及其研究进展》，《中国安全生产科学技术》2008 年第 5 期。
[75] 李永生：《政府危机预警长效机制的设计》，《理论学习》2009 年第 10 期。
[76] 李小兵、丁广宇：《美国有关网络规则的最新发展与思考》，《法律适用》2009 年第 5 期。
[77] 李凌娅：《危机信息发布机制评析》，《中国减灾》2008 年第 9 期。
[78] 李彪：《网络事件传播阶段及阈值研究》，《国际新闻界》2011 年第 10 期。
[79] 李大帅：《社会突发事件应急信息管理评价初探》，《科技情报开发与经济》2008 年第 31 期。
[80] 李弼程、王瑾等：《基于直觉模糊推理的网络舆情预警方法》，《计算机应用研究》2010 年第 9 期。
[81] 李晓红、方金珍：《网络舆论暴力的伦理考量》，《华东交通大学学报》2009 年第 4 期。
[82] 李松林：《政府回应性框架下的网络问政及治理思路》，《长白学刊》2013 年第 2 期。
[83] 刘鹏飞、齐思慧、周亚琼：《2012 年网络舆情走势和社会舆论格局》，《新闻记者》2013 年第 1 期。
[84] 刘权：《信息安全的英国之鉴》，《中国经济和信息化》2012 年第

10 期。
[85] 刘波：《公共突发性事件中微博舆论场域的生成与引导——从北京“7.21”特大自然灾害到钓鱼岛事件》，《中国党政干部论坛》2013 年第 4 期。
[86] 刘铁民：《突发事件应急指挥系统与联合指挥》，《中国公共安全》2005 年第 1 期。
[87] 刘雁书、方平：《网络信息质量评价指标体系及可获取性研究》，《情报杂志》2002 年第 6 期。
[88] 刘华欣：《群体性突发事件网络舆情演变机制的传播学解读》，《新闻知识》2013 年第 3 期。
[89] 刘华欣：《群体性突发事件网络舆情中政府应对策略研究》，《新闻爱好者》2013 年第 4 期。
[90] 刘金荣：《基于动态演变路径的网络舆情研判体系构建》，《图书馆学研究》2013 年第 5 期。
[91] 刘倩宇：《从公共危机的受众结构看网络舆情的时代特征》，《中国报业》2013 年第 8 期。
[92] 马东红、宫平：《我国政府危机管理中信息传播问题研究》，《图书馆学研究》2007 年第 9 期。
[93] 马永定：《处置涉警网络舆情危机的探讨——以绍兴市“5·27”交通事故舆情成功处置为例》，《公安学刊》2010 年第 1 期。
[94] 彭国甫、张玉亮：《多元竞合是地方政府绩效改善的有效路径》，《广东社会科学》2006 年第 2 期。
[95] 彭志华、杨琼：《基于可信度的网络危机信息对公众信息行为的影响分析》，《当代社科视野》2010 年第 1 期。
[96] 彭知辉：《论以信息为主导的社会治安防控体系》，《犯罪研究》2011 年第 5 期。
[97] 齐虎春：《云计算从概念到应用的研究》，《内蒙古科技与经济》2010 年第 15 期。
[98] 任金礼：《新加坡政府应急管理机制研究》，《公安研究》2007 年第 5 期。
[99] 汝绪华、汪怀君：《突发公共事件治理中的政府执行力与舆论话语权——以湖南永州唐慧事件为例》，《四川大学学报》（哲学社会科

学版）2013 年第 1 期。

[100] 宋旭光：《地方政府的危机管理：责任、信息与制度》，《财经问题研究》2006 年第 11 期。

[101] 宋超：《新媒体环境下当代中国网络监督的困境与出路》，《山东大学学报》（哲学社会科学版）2013 年第 3 期。

[102] 孙光明：《加拿大：从保密法到信息安全法》，《海外资讯》2005 年第 9 期。

[103] 孙宁：《日本国家信息安全体制现状》，《网络技术安全与应用》2004 年第 2 期。

[104] 史波：《公共危机事件网络舆情内在演变机理研究》，《情报杂志》2010 年第 4 期。

[105] 山东省临朐县人民检察院课题组：《涉检网络舆情立体引导机制的构建》，《中国检察官》2010 年第 11 期。

[106] 唐中明：《南方冰雪灾害对政府应急管理的启示》，《中共山西省委党校学报》2008 年第 3 期。

[107] 谈育明：《战后东亚政治体制及其转型探析》，《山东省工会管理干部学院学报》2005 年第 11 期。

[108] 万磊：《“网络舆论暴力”与网络自律》，《中州大学学报》2008 年第 4 期。

[109] 王国华、冯伟、王雅蕾：《基于网络舆情分类的舆情应对研究》，《情报杂志》2013 年第 5 期。

[110] 王平、谢耘耕：《突发公共事件网络舆情的形成及演变机制研究》，《现代传播（中国传媒大学学报）》2013 年第 3 期。

[111] 王兰成：《网络舆情情报语义集成分析法的理论与实践探析》，《情报理论与实践》2013 年第 2 期。

[112] 王珩：《地方政府应对网络舆情的对策研究》，《新闻知识》2013 年第 1 期。

[113] 王学栋、张玉平：《自然灾害与政府应急管理：国外的经验及其借鉴》，《科技管理研究》2005 年第 11 期。

[114] 王山琪：《德国电子政务建设及特点》，《通信管理与技术》2010 年第 3 期。

[115] 王来华：《舆情变动规律初论》，《学术交流》2005 年第 12 期。

[116] 王维国、周杰：《论社会管理创新视域下的突发事件网络舆情引导》，《学术论坛》2013 年第 1 期。

[117] 魏传光：《现代人的生存焦虑及其排解》，《理论与现代化》2010 年第 5 期。

[118] 温辉：《基尼系数与我国经济持续增长研究》，《商业时代》2010 年第 34 期。

[119] 吴建华：《基于信息管理的公共危机预警研究》，《档案学通讯》2009 年第 3 期。

[120] 解志勇、崔晓婧：《德国信息安全法概况及研究》，《信息网络安全》2009 年第 8 期。

[121] 薛瑞汉：《国外网络舆情管理和引导的主要经验及对我国的启示》，《中共福建省委党校学报》2012 年第 9 期。

[122] 徐学峰、杜晚樱等：《网络舆情预警机制的系统动力学仿真》，《青岛大学学报》（自然科学版）2011 年第 2 期。

[123] 肖盼章：《传播学视野下网络舆论暴力现象探析》，《中共郑州市委党校学报》2010 年第 5 期。

[124] 杨宏、陈金英、杨梅：《规范内部信息流 强化企业信息管理》，《冶金经济与管理》2001 年第 3 期。

[125] 杨洪涛、余雅婷：《基于 BSC 和 AHP 的中国政府危机管理绩效评测研究——以 5 · 12 汶川地震为例》，《科技管理研究》2009 年第 5 期。

[126] 严明、刘琳：《加拿大电子政务中的信息安全管理》，《电子政务》2006 年第 9 期。

[127] 易承志：《群体性突发事件网络舆情的演变机制分析》，《情报杂志》2011 年第 12 期。

[128] 尹爱兰：《电子政务信息流的传播机制及其控制》，《图书馆理论与实践》2009 年第 1 期。

[129] 张玉亮：《突发事件网络舆情研究：回顾、检视及反思》，《情报杂志》2013 年第 2 期。

[130] 张玉亮：《基于信息交换均衡的突发事件网络舆情演变分期研究》，《现代情报》2013 年第 1 期。

[131] 张玉亮：《基于发生周期的突发事件网络舆情风险评价指标体系》，

《情报科学》2012 年第 7 期。

[132] 张玉亮、路瑶：《国外突发事件网络舆情信息流导控模式及其对中国的借鉴》，《湖北社会科学》2013 年第 7 期。

[133] 张玉亮：《突发事件网络舆情的生成原因与导控策略——基于网络舆情主体心理的分析视阈》，《情报杂志》2012 年第 4 期。

[134] 张玉亮：《政府公共危机信息预警能力评价指标体系研究》，《图书情报工作》2010 年第 23 期。

[135] 张玉亮：《流言导控：公共危机信息管理的关键内容》，《文史博览》2010 年第 8 期。

[136] 张玉亮：《面向优化控制的公共危机信息流及其运行模式研究——基于云计算技术的视角》，《吉首大学学报》（社会科学版）2011 年第 4 期。

[137] 张玉亮：《政府公共事业管理方式创新：进程、成绩及经验》，《学术探索》2008 年第 1 期。

[138] 张海玲：《网络舆情之于审判权：助推还是阻碍》，《法律适用》2010 年第 12 期。

[139] 张诚：《论我国政府危机管理体系中存在的问题及对策》，《中国集体经济》2009 年第 9 期。

[140] 张丽莲：《提高政府危机管理能力的国际借鉴与启示》，《特区经济》2009 年第 6 期。

[141] 张玉国、张亮：《析东北老工业基地振兴中的政府危机管理——以“哈尔滨停水事件”为中心》，《东北亚论坛》2006 年第 5 期。

[142] 张思行：《高校网络舆情的话题演变过程研究》，《北京邮电大学学报》（社会科学版）2011 年第 1 期。

[143] 张一文、齐佳音等：《非常规突发事件网络舆情热度评价指标体系构建》，《情报杂志》2010 年第 11 期。

[144] 张莉：《网络群体性事件中的政府责任》，《理论导刊》2010 年第 12 期。

[145] 王伟、靖继鹏等：《基于复杂特性分析的危机信息流及其动力机制研究》，《情报杂志》2007 年第 10 期。

[146] 中国行政管理学会课题组：《建设完整规范的政府应急管理框架》，《中国行政管理》2004 年第 4 期。

[147] 朱恪钧：《论地方政府应急管理工作的现实问题及对策》，《理论与改革》2008 年第 5 期。

[148] 左林江：《公共行政中的混沌与复杂性理论》，《西南科技大学学报（哲学社会科学版）》2006 年第 4 期。

[149] 赵菊：《英国政府应急管理体制及其启示》，《军事经济研究》2006 年第 10 期。

[150] 周奇年、陈玲玲、李革：《云计算与云数据管理》，《电信科学》2010 年第 8 期。

[151] 周耀明、张慧成、王波：《网络舆情演化模式分析》，《信息工程大学学报》2012 年第 3 期。

[152] 郑双忠、邓云峰、江田汉：《城市应急能力评估体系 Kappa 分析》，《中国安全科学学报》2006 年第 2 期。

[153] 郑大兵、封海东、封飞虎：《网络群体性事件的政府应对策略》，《信息化建设》2006 年第 11 期。

[154] 郑小雪、陈福集：《面向网络舆情的政府实施知识管理动因研究》，《图书馆学研究》2013 年第 7 期。

[155] [美] 托马斯·萨斯曼：《好的、坏的、丑的：电子政府与人民的知情权》，《交流》2002 年第 3 期。

三 英文文献

[156] Porter, New technologies and public relations: Practitioner use of on-line resources to earn a seat at the management table. *Journalism and Mass Communication Quarterly*, 2001 (78).

[157] Robert Gellman, The American Model of Access to and Dissemination of public Information, http: //europa. eu. int/ISPO/legal/stockholm, /en/Gellmn. html.

[158] James Allan, Ao Feng, Alvaro Bolivar, Flexible intrinsic evaluation of hierarchical clustering for TDT, Proceedings of the twelfth international conference on Information and knowledge management, 2003.

[159] Jianhua Ruan and Weixiong Zhang. An Efficient Spectral Algorithm for Network Community Discovery and Its Applications to Biological and Social Networks, Proceedings of the 2007 Seventh IEEE International

Conference on Data Mining, 2007.

[160] Cass Sunstein, *Republic. com*, *Princeton*, NJ: Princeton University Press, 2001.

[161] Michael Hauben, *Ronda Hauben. Netizens: On the History and Impact of UseNet and the Internet*, Wiley-IEEE Computer Society Pr; 1, 1997.

[162] Akshay Java, *A framework for modeling influence, opinions and structure in social media*, Association for advancement of artificial intelligence, 2007.

[163] Chang Woo—Yong, "Online civic participation, and political empowerment: online media and public, opinion formation in Korea", *Media, culture&Society SAGE publications*, Vol. 27, No. 6, 2005.

[164] Chin—fu Hung, "Public discourse and 'virtual' political participation in the PRC: the impact of the Internet", *Issues &Studies*, Vol. 39, 2003.

[165] Fiddler. R. Mediamorphosis, *Understanding New Media*, *Thousand Oaks*, Caliph: Pine Forge, 1997.

[166] Joan Zittrain, "China And Internet Filters", *Nyman Reports*, Summer 2004.

[167] Julius Caesar by William Shakespeare, Act Ⅲ.

[168] Merris M. & Organ C., "The internet as Mass Medium", *Journalof Communication*, 1996.

[169] Poultry, N., *Media Rituals: A Critical Approach*, London and New York: Rutledge, 2003.

[170] Stonecash, Jeffrey M., *Political: Strategic information in campaigns*, Lanhan. MD, 2003.

[171] Gans H. *Deciding What's News*. New York: Harper and Row, 1979.

[172] Katz E., Lazarsfeld P F., *Personal Influence*. New York: Free Press, 1955.

[173] Levy M R, "Opinion Leadership and Television News Uses", *Public Opinion Quarterly*, 1978, 42 (3): 402-406

[174] Castells, M., *High Technology*, *Spaced and Society*, Newbury Park:

Sage Publication, 1985.

[175] Castells, M., *The Urban Question: A Marxist Approach*, London: Edward Arnold, 1977.

[176] Foucault, M., *Discipline and Punish*, London: Allen Lane, 1977.

[177] Mills, C. Wright, *Sociological Imagination*, London: Oxford University Press, 1959.

[178] LiPing Chi, "Binary opinion dynamics with noise on random networks", *Chinese Science Bulletin*, 2011, Volume56.

[179] Katz, D. & Kahn, *The Social Psychology of Organization* (2nd ed.), New York: John Wiley Publishers, 1981.

[180] Jackson, P., *Measuring Performance in the Public Sector*. Leicester: University of Leicester, 1990.

[181] CAP, Performance Measurement: *Concepts and Techniques*. Washington D. C.: ASPA, 2000.

[182] Douglas. G. Shaw, *The Performance Measurement*, *Managenent and Appraisal Sourcebook*, Sage Press, 2000.

四 网络资源

[183] 杜猛：《中国人缺少什么?》（http://bbs. soufun. com/asp/bbs/show_ new. aspx? announced =5000271& page =1. 2004 -1 -5）。

[184]《国家十二五规划纲要》（http://wenku. baidu. com/view/8f779184ec3a87c24028c479. html）。

[185] 华春雨：《我国网民数量已达 4. 77 亿》（http://news. xinhuanet. com/2011 -05/16/c_ 121421759. htm）。

[186]《美国计算机伦理协会制定的"计算机伦理十诫"》（http://blog. sina. com. cn/s/blog_ 62f066290100vpht. html）。

[187]《授权发布：中共中央关于制定国民经济和社会发展第十二个五年规划的建议》（http://news. xinhuanet. com/politics/2010 -10/27/c_ 12708501. htm）。

[188]《网络监管各国自有妙招》（http://news. xinhuanet. com/internet/2009 -10/23/content_ 12305588_ 1. htm）。

[189]《自律引导——美国互联网管理方法之三》（http://security. zdnet.

com. cn/security_ zone/2009/0610/13768[illegible]9. shtml）。

[190]《中国网民数量达 4. 85 亿 微博用户增至 1. 95 亿》（http: ww. dzwww. com/xinwen/guoneixinwen/201107/t20110719_ 6481731. htm）。

附录 1

2013 年 1—3 月份网易新闻每日头三甲

时间	新闻名称	跟帖数	点击率
2013. 1. 1	“两高”司法解释：行贿万元即入罪	3112	341136
	重庆女警自述被黑打经历：戴脚镣坐老虎凳	2515	142166
	新交规今起实施 闯黄灯扣六分成最受争议项	2210	84254
2013. 1. 2	新交规“闯黄灯罚 6 分”实施首日引争议	6557	299958
	李小鹏：愤慨央企瞒报事故 感谢网友举报	3648	112504
	《人民日报》改版 称新的一年努力“说真话”	2201	51045
2013. 1. 3	新华社：将黄灯作用归于红灯明显违法	3479	42368
	云南彝良书记被指购超标车选调年轻女性陪酒	2000	45223
	郑州“房妹”全家被曝拥有 29 套房	1924	232227
2013. 1. 4	河南 1 处民宅新年凌晨遭强拆 七旬老太无处安身	5496	50365
	陕西被引产农妇出现后遗症 丈夫曾拒避难	3329	53146
	广东称深圳不罚闯黄灯违背法律精神	3718	75511
2013. 1. 5	童振刚用当代艺术诠释幸福 应邀在香港展览	5759	8320
	香港示威者升殖民地时期旗帜自称非中国人	5329	232494
	河南起火孤儿收养家庭创办人被控制	5158	139295
2013. 1. 6	2012 评选北京最牛年会场地，乙十六 再度蝉联第一宝座	4206	8005
	袁厉害每月领低保 1740 元 民众否认其卖弃婴赚钱	4077	356159
	中国海监巡逻机接近钓鱼岛被日本战机逼退	3932	66531
2013. 1. 7	袁厉害所收养孤儿：看到妈妈被批评很心疼	8024	34207
	郑州“房妹”之父翟振锋已被刑事拘留	7411	39013
	山西长治否认迟报：污染不出市不必上报	7018	43753
2013. 1. 8	袁厉害：低保还给政府 再不收养孩子	4323	185389
	习近平：让民众在每个司法案件都感受到公平正义	3945	
	非京籍家长：户口已限购车房不能再限制高考	2887	24683

续表

时间	新闻名称	跟帖数	点击率
2013. 1. 9	中科院报告：中国 2049 年全面超越美国实现复兴	13351	179818
	中科院报告称中国完成国家责任排名第 2 美国垫底	8373	169809
	宁波村民被强行架出房屋遭强拆 官方称误拆	5826	68120
2013. 1. 10	广州市公安局副局长祁晓林自缢身亡	11040	119107
	兰考官员：7 名孤儿生命若换来救助体系完善值了	7520	77478
	官方称媒体采访加重袁厉害病情 派人蹲守禁探视	6356	44643
2013. 1. 11	河南反对平坟政协委员被正式除名 自称已出局	9193	91301
	信访局长会议：纠正一切拦卡堵截正常上访做法	7293	79538
	日媒称中国 10 余架战斗机接近钓鱼岛	7066	69143
2013. 1. 12	国防部：军机抵近钓鱼岛为应对日机跟踪	9678	66297
	网曝辽宁现 80 后女副市长 官方称按程序晋升	9280	75367
	广州荔湾 200 多名环卫工罢工围警车要求涨薪	1096	29900
2013. 1. 13	新华时评：对南方冬季供暖之需岂能视而不见	6718	20196
	哈尔滨 3000 多户居民 20 天内遭 3 次停暖 围堵公路	6249	22590
	2013 年 29 天假期中 18 天被指“挪用”周末	6144	25257
2013. 1. 14	富士康江西工厂千人不满薪资待遇上街游行（图）	6709	28454
	新疆小贩洛阳公路拦车强卖切糕：1 刀下去 550 元	6234	161556
	湖南交通运输厅原副厅长被刑拘 多名高官落马	5969	37028
2013. 1. 15	夫妻收 10 元帮人订火车票被拘 购票者为其喊冤	8282	128250
	国家计生委：长期坚持计划生育不动摇	5927	95166
	周克华女友将于明日在重庆受审（图）	5866	73469
2013. 1. 16	日本称若中国飞机进钓鱼岛将发信号弹警告	18819	108336
	兰考官员回应媒体指责：倒霉就倒霉在焦裕禄	9997	106312
	浙江公证处领导被曝年薪百万元 司法局称没问题	5500	45317
2013. 1. 17	深圳市长作报告 参会者陆续离席或玩手机	5788	47463
	日媒称美要求日本不得射击飞临钓鱼岛中国飞机	4425	41655
	80 后女副市长叔叔为副厅长 官方否认靠裙带关系	4351	51145
2013. 1. 18	媒体称陕西神木人大代表在京有 20 套房价值 10 亿元	8499	50755
	铁路部门：站票定价权在发改委 我们无权降价	7678	55528
	新华社评夫妇收钱帮订票被拘：有本事揪出真黄牛	6331	70838
2013. 1. 19	赵本山再次退出央视春晚	6426	33964
	“中国画平方寸时代”，崔自默连发头筹再引争议	6231	

续表

时间	新闻名称	跟帖数	点击率
	媒体评衣俊卿被免：满嘴马列满腹盗娼	5322	
2013.1.20	山西省十二届人大一次会议有“八不准”	15800	
	媒体：朝官员证实金正恩为形似金日成接受整容	14716	
	中石油员工：年终奖不及想象甜蜜 1 万元都算多的	13566	29692
2013.1.21	新华社评抢票插件被叫停：自己傻就怨别人太聪明	11019	47216
	武汉拉面馆半价优待环卫工引来众多冒牌者	8284	24390
	环球时报：铁路私营意味着中国铁路事业的自杀	4699	110456
2013.1.22	辽宁 80 后女副市长遴选笔试成绩倒数第一	18410	156755
	解放军战机弹射座椅意外弹出致一名地勤士官身亡	16431	91781
	外交部回应媒体“应准备为钓鱼岛一战”说法	12847	45434
2013.1.23	江泽民请求领导人排名时与老同志排在一起	7276	
	习近平：把权力关进制度的笼子里	5121	126360
	河南政协委员：老百姓买不起房是因为没本事	3540	77481
2013.1.24	黑龙江上访妇女劳教期满获释 又被关太平间三年	4421	189937
	温州贴出两会封道通告 被指公然叫板中央	3975	101014
	济南历城区原公安局长疑拥 16 栋楼被称“房祖宗”	3690	97369
2013.1.25	上访女子被关废弃太平间 3 年 官方：人文关怀	6771	146556
	广东人大代表：官员不是百姓奴隶 不赞成财产公开	5421	302909
	台湾公务船钓鱼岛护渔时要求大陆船只离开	4743	42982
2013.1.26	记者问询陕西“表哥”案 纪委：喂喂喂听不清	2042	96361
	习近平会见日本特使接受安倍晋三亲笔信	1880	30632
	黑龙江双城涉长期性侵女主播人大代表被批捕	1539	33128
2013.1.27	北京女子穿越铁轨被撞死 戴耳机帽子未看见火车	5621	10443
	延安回应“豪华人代会”：因四星宾馆在装修	5118	48689
	男子杀未婚妻被判死缓 法院送礼要求家属不上诉	4745	30853
2013.1.28	浙江官员称彻底公示财产或致社会不稳定	5387	138750
	郑州“全城吃面”帮患癌店主筹手术费	3698	39523
	“富市长”肯当“穷市长”就给夫人发万元补贴	2013	17665
2013.1.29	重庆警方赴京约谈不雅视频爆料人索要证据	6132	
	山西县委书记因女儿吃空饷被免 2 月后异地上任	3690	
	江苏启东群体事件多人被控聚众冲击国家机关	3043	80830
2013.1.30	温家宝：采取措施应对雾霾天气让民众看到希望	4549	124614

续表

时间	新闻名称	跟帖数	点击率
	习近平：武警部队要保持箭在弦上的戒备态势	3725	89418
	官员吐槽鲍鱼饭局吃得累 梦里都想小米汤	3694	72686
2013. 1. 31	赵红霞被以敲诈勒索罪批捕 自称太单纯	6429	409123
	山西忻州称干部被免2个月后异地复出符合规定	5772	98740
	言恭达文化基金会近日成立	5218	7042
2013. 2. 1	陕西“房姐”在京拥有41套房总面积近万平米	8495	181405
	广州警察拔枪逼停酒驾保时捷司机	3359	49691
	朱瑞峰：重庆警方销毁卷宗保护贪官	2950	96774
2013. 2. 2	温家宝：有些工作做得不够好希望得到宽恕	7814	278229
	河南大桥事故系统恶劣天气致车辆爆炸引发坍塌	5546	111739
	香港拟禁止输出奶粉 自用每人可带两罐离境	4648	21777
2013. 2. 3	毛新宇向毛泽东像鲜花 称将关注反腐并身体力行	3759	127170
	陕西2亿煤矿被30万卖掉涉事者或留党察看处分	3370	55993
	河南大桥坍塌定性为非法运输4人被拘	2612	67136
2013. 2. 4	农民工近2万元工资散落遭路人哄抢剩3千余元	5739	66377
	多名官员支持财产公开 个别家属称公开就离婚	3422	73708
	遇难者家属曝河南塌桥赔偿或同命不同价	3054	86512
2013. 2. 5	媒体称袁厉害将收养孩子分等级 至少有20套房	6542	127286
	温州瑞安计生办催缴超生罚款轧死13个月大婴儿	5943	123296
	国税总局：大病医疗保险金需缴个税	5012	222722
2013. 2. 6	日本抗议中方用火控雷达照射自卫队舰船	4387	44240
	温州计生办人员推搡村民致其婴儿掉落扯下被轧	3980	58330
	中国战舰被指用导弹雷达瞄准钓鱼岛日舰	3090	29214
2013. 2. 7	韩媒：金正恩向30国领导人发新年贺卡 不含中俄	3434	98760
	江苏启东对冲击国家机关等涉案者一审宣判	2386	77633
	媒体公布部分袁厉害投资楼盘证据 袁家属否认	1877	61882
2013. 2. 8	习近平：中国共产党要容得下尖锐批评	3613	41473
	袁厉害女婿发声明称岳母名下共有3套房	3466	40808
	日媒：解放军独生子女占7成 缺乏战斗精神	2441	44888
2013. 2. 9	日内阁官房长官敦促中国“诚实应对”雷达照射事件	4103	52126
	安倍促中国就火控雷达锁定日舰一事道歉	4036	42782
	春节前离京人数达900万人 接近常住人口一半	3777	23739

续表

时间	新闻名称	跟帖数	点击率
2013. 2. 10	专家驳日本：中国雾霾飘不了那么远 不影响日本	1500	23357
	哈文：春晚就是陪伴！你看或不看 它就在那里	1498	33357
	袁厉害要求《人物》杂志道歉 不追究作者责任	1161	14346
2013. 2. 11	刘谦李云迪“找力宏”台词陷罗生门	1988	39731
	天坛上演皇帝祭天仪式 游客偶遇毛新宇	1443	33177
	中国乒坛宿将中美乒乓外交功臣庄则栋病逝	1318	11690
2013. 2. 12	保利科技公司：未帮助任何国家发展违禁武器	3042	30124
	美国制裁 5 家中国企业 称涉制造大规模杀伤性武器	2723	51011
	朝鲜万寿台金正日铜像正装风衣换成休闲长夹克	963	23932
2013. 2. 13	中国政府坚决反对朝鲜核试验	4250	49569
	朝鲜宣布已成功进行地下核试验	3064	33509
	中方召见朝鲜大使就核试验提严正交涉	1517	56867
2013. 2. 14	平壤市民：只要拥有核武器 朝鲜就没什么可怕	2882	51112
	环保部：即使发生放射性释放 迁移方向为日韩	2881	66347
	环保部：朝核爆未影响中国环境和公众健康	2774	86735
2013. 2. 15	朝鲜半岛局势敏感 任何时间都可诱发战争	1807	56844
	男子情人节用百元钞票折 520 颗爱心送妻子	1587	9915
	6 名中国乘客外航头等舱“闹事”不关手机辱骂空乘	1586	50951
2013. 2. 16	中国失独家庭将达千万 民政部：失独老人政府养	3131	72975
	俄罗斯陨石坠落伤者超过 100 人	2948	14851
	三亚警方：袭警游客系黑龙江穆棱市政协委员	2651	34258
2013. 2. 17	屋主反对强拆被带走次日死亡 镇原书记被判 5 年	3144	93533
	上海浦东副区长被爆住 2600 平米豪宅 官方核查	2789	59835
	京津冀雾霾检出大量危险有机化合物	2734	95099
2013. 2. 18	多地严控用姓名查询他人房产信息	11670	330501
	山西贪官提前出狱受欢迎续：离任当天提拔百余人	3427	118298
	浙江企业家悬赏 20 万元请环保局长下河游泳	2389	69324
2013. 2. 19	新华社：中国人每年 115 天假 达中等发达国家水平	3492	136727
	日媒称中国海监船首次行驶至距钓鱼岛 1 公里处	2948	68391
	儿童当中在飞机客舱走道上大便引热议	2236	38294
2013. 2. 20	重庆武隆女干部 19 岁任副乡长 官方称属正常现象	2673	49663
	山西：前副书记出狱受官商列队欢迎不属实	2416	76413

续表

时间	新闻名称	跟帖数	点击率
	温州老人涉嫌“文革”时期杀死“探子”40 年后受审	2219	50861
2013. 2. 21	男子钥匙链上挂水果刀被拘 3 日 警方称没问题	4476	242355
	温家宝主持本届政府最后一次国务院常务会议	4148	88864
	袁隆平：“印度农民稻米单产创纪录”是吹牛皮	2538	39691
2013. 2. 22	中铁隧道集团百人大年初四打砸云南村庄	7277	77553
	中方：要求日本就安倍歪曲言论做出交代	6335	86218
	中铁隧道就百人打砸云南村庄先期赔偿 30 万元	3281	39856
2013. 2. 23	传李天一曾率人强奸家教 事件被李家压下	5805	150976
	李天一被指爱玩弄女性 备受溺爱获不雅绰号	4838	118849
	李双江之子等 5 人涉嫌轮奸被刑拘	4153	85595
2013. 2. 24	李双江之子涉轮奸 母亲希望其能得到社会宽容	11016	219139
	李双江因儿子涉轮奸案已经气病 被送医院治疗	4345	88324
	罗援微博发“战斗檄文” 称将外捍国权内惩国贼	3752	69625
2013. 2. 25	李天一看守所内多次提父亲 母亲呼吁宽容	5652	219978
	习近平：要确保审判机关独立行使审判权	4572	39488
	探访李一天涉案地：女孩是否酒醉说法不一	2550	54424
2013. 2. 26	网传李天一轮奸案女主角有意撤诉 律师：无法撤诉	5078	226549
	王岐山：决不许公开发表同中央相违背言论	4043	55876
	警方否认李天一所涉轮奸案已撤诉和解	3244	41178
2013. 2. 27	新华网评：共产党员是托举“中国梦”的脊梁	5038	48410
	北京警方：李双江之子仍被刑拘未取保候审	3998	49059
	评论：权能通天现象频发让人宁信其有不信其无	3428	67833
2013. 2. 28	广州老人街头斥责军人：军车是用来拉女人的吗	8123	146947
	日媒称中国海监船用机枪瞄准日本渔船	4236	34421
	李双江之子因案情复杂被延长拘留 1 个月	4121	131610
2013. 3. 1	国防部：军队将更换军车号牌加强车辆管控	2923	55715
	日媒称中国飞机飞近钓鱼岛空域 日出动战机拦截	2685	28480
	消息称李双江之子下周将被批捕 警方下封口令	2298	91682
2013. 3. 2	国务院：出售自有住房所得须缴 20% 个税	11577	209687
	人大代表：应将“贪污 10 万判 10 年以上”改为 1 年以上	4133	85785
	业内议卖房缴 20% 税：二手房交易受挫新房价格看涨	3023	59137

续表

时间	新闻名称	跟帖数	点击率
2013. 3. 3	政协发言人吕新华：中日若擦枪走火日方承担后果	3959	37767
	美国国务院谴责朝鲜款待罗德曼：人民还在挨饿	3521	73851
	媒体盘点：楼市十年九调 房价屡调屡高	3275	94847
2013. 3. 4	李鹏之女李小琳：父亲身体很好	8529	170279
	国家发改委：台湾降油价和大陆没可比性	3317	238452
	代表：建议中共文明办牵头设计“国服”	2832	35341
2013. 3. 5	温家宝：坚持房价调控 遏制了房价过快上涨势头	5057	84388
	房产商委员：若双方愿意 1 平米卖 1000 万也合理	4619	57579
	长春婴儿车内随车被盗 全城堵截嫌犯	4033	48977
2013. 3. 6	长春盗车案嫌犯自首 婴儿被掐死埋于雪中	8740	119527
	朝鲜宣布将不承认朝鲜停战协定	7418	76046
	吉林盗车案嫌犯将婴儿掐死涉故意杀人罪	5595	33641
2013. 3. 7	广州城管掐女商贩脖子强行押上警车	6785	77036
	民革主席回应多党竞选：鞋舒不舒服只有脚知道	5301	58327
	毛新宇：包括我爷爷许多典型人物被捧上了神坛	4713	54885
2013. 3. 8	申纪兰：只有社会主义国家才能做到发放养老金		
	广州掐女商贩脖子城管已被停职	5627	68424
	安理会全票通过迄今最严厉制裁朝鲜决议	4179	90900
2013. 3. 9	男子捡手机卡上网 7 个月花 25 万元被刑拘	4998	76681
	吴邦国：充分认识与资本主义国家政体本质区别	4049	31920
	日本演员抗日剧中被要求强奸村妇致屁股冻僵	3813	109096
2013. 3. 10	朝鲜军方：士兵将成为人体炸弹 捍卫金正恩尊严	5535	92258
	人民日报：申纪兰总能获得掌声 选民信任她	4397	121385
	李天一已被批捕 律师称或判 3 年至 10 年刑期	3779	34421
2013. 3. 11	丽江市长：拆迁户漫天要价 估价 70 万要价 700 万	6143	88403
	盛光祖：铁路职工不存在安置问题 部门不会裁	4144	48879
	盛光祖：铁道部撤销后不裁员 票价市场定	2327	71722
2013. 3. 12	邓楠、李小琳当选全国政协常委	3152	71402
	住建部副部长：交易所得税不得转嫁给购房者	2935	49234
	朝媒称第二次朝鲜战争难以避免 或随时爆发	2303	26130
2013. 3. 13	政协委员：学英语使中国教育质量遭毁灭性打击	8297	167888
	湖北卧铺客车坠落荆州长江大桥致 14 人死	4562	28414

续表

时间	新闻名称	跟帖数	点击率
	男子手脚被绑缚沉河中 警方称系溺水自杀	3760	81281
2013. 3. 14	刘源上将：中日较劲很大程度是因为面子问题	4158	47838
	日本：决不允许中国测量队登钓鱼岛	3563	62958
	国家主席等候选人产生 提请人代会选举	2593	20911
2013. 3. 15	中移动相同套餐香港比内地多 1250 分钟 价差离谱	5745	96650
	新疆库尔勒市 3 月 7 日发生持刀杀人案 致 5 死 7 伤	2598	26148
	央视 3. 15 第一案：将揭开某品牌汽车黑幕	2303	29350
2013. 3. 16	朝媒称朝鲜已有百万学生报名参军投圣战	3926	100008
	人社部副部长：延迟退休是大势所趋	2911	129709
	少将：部队里出现公然抗命 军纪不严或将垮掉	1727	
2013. 3. 17	瑞士女子在印度遭轮奸 8 名歹徒当其丈夫面施暴	3166	48990
	刘源上将：确实曾存在官兵吃喝成风铺张浪费现象	2344	43712
	张高丽刘延东汪洋马凯任国务院副总理	1655	21117
2013. 3. 18	美国城市底特律濒临破产 一双皮鞋能换 2 套房	3728	82528
	重庆工商大学 300 名教师门口齐唱国歌维权	3100	63639
	广东雷州吃跳跳鱼中毒患者增加至 21 人	2101	23729
2013. 3. 19	广州城管被小贩砍 7 刀 同事：围观者无人相助	7670	199971
	朝鲜发告朝鲜民族书 称全球无人能触犯朝鲜民族	4672	58150
	环球时报：美国有组织的猎杀中国军队“鹰派”	3176	35304
2013. 3. 20	李天一律师发声明：不应对李某进行舆论审判	8395	282730
	美国财长北京吃午餐 饺子凉菜茶共花费 109 元	5070	118460
	美伊战争十周年：油价下降全球获益	4773	132019
2013. 3. 21	广东河源 50 名城管强拆护栏与百人对峙	4198	33123
	安徽一家四口灭门案告破 起因系房产分配不公	4047	27820
	传铁路总公司为正部级 盛光祖任董事长	3756	74670
2013. 3. 22	湖北 1 名城管执法时被村民用锄头砸死	7554	131655
	南昌三千公务员团购福利房：处级 213 平方米	4760	73749
	浙江 20 天罚 8 千起中国式过马路 多人不服打交警	3878	55040
2013. 3. 23	外媒称中国 2007 年以来首次中断向朝鲜出口原油	3166	93366
	外媒：彭丽媛亮相充满魅力获网民追捧	2370	47340
	香港男子下载 70 多万部成人影片被起诉	1939	26165
2013. 3. 24	习近平谈发展：鞋子合不合脚穿着才知道	4406	32289

续表

时间	新闻名称	跟帖数	点击率
	辽宁铁岭市证实西丰县委书记超标配车并使用套牌	3674	72636
	长沙全城搜救暴雨中21岁“落井女孩”	3586	66538
2013. 3. 25	公务员被指隐形福利名目繁多：连卫生巾都补贴	3731	95222
	三公消费破9000亿 相当去年财政收入10%	3306	102745
	长沙坠井女孩搜救行动失败 搜救人员撤离	3272	51130
2013. 3. 26	云南昭通城管将盲人乞讨者打伤丢入水池	5697	48119
	小学生趴课桌午休每天需交1元钱 校方称省里定的	3818	105902
	郑州副局长强奸大学生后写悔过书 已被停职调查	2737	31455
2013. 3. 27	中央整治公款吃喝致消费低迷引发改委担忧	6970	244471
	外交部：中方对越渔船采取行动是必要且正当的	5422	15539
	专家：驱逐越南偷猎船无可非议 越当局应清醒	4748	89271
2013. 3. 28	李天一案已移送未成年案监察处 将不公开审理	11905	283307
	男子在上海砍死2名亲属后砍伤11名路人	4715	43417
	美国不屑朝鲜战争讹诈：旨在恐吓他国	2646	91556
2013. 3. 29	河南农民被开发商铲车碾死 官方称属意外	6344	73649
	河南开发商铲车强闯承包地碾死村民	5821	133085
	男子卖假药赚29元被罚10万元 拒履行被追罚10万	4483	80673
2013. 3. 30	变相公款吃喝：红塔山里藏熊猫 首选租车赴宴	3073	32369
	男子扮快递员劫杀北漂女歌手被判死刑	2905	13427
	河南虞城教育局长被爆艳照 回应称遭诬陷已报案	2675	25755
2013. 3. 31	朝军事专家：打美国易如反掌 将在美国本土开战	5779	140397
	北京国五条细则出台 单身人士禁购二套房	2951	39285
	浙江冤案当事人改口：永不原谅刑讯逼供者	2833	124956

附录2

面向优化管理的突发事件网络舆情信息流导控研究调查问卷

尊敬的________：

您好！为了开展突发事件网络舆情信息流导控研究，形成对有关方面有价值的报告建议，我们正在进行突发事件网络舆情信息流导控研究调查。这次调查是无记名的，答案没有对错之分，但您的意见对我们非常重要，麻烦您根据问卷上的要求，认真地答好每一个问题。请您在您认为合适答案前的序号上打“✓”，除非特别说明，一般只选一项。调查会耽误您一会儿时间，谢谢您的支持与合作！

“面向优化管理的突发事件网络舆情信息流导控研究”课题组

2013年6月

第一部分　问题部分

1. 新交规闯黄灯记6分的问题您关注吗？

（1）很不关注（2）不太关注（3）一般关注（4）比较关注（5）很关注

2. 新交规闯黄灯记6分的问题您觉得这件事对社会的影响大吗？

（1）很小（2）小（3）一般（4）大（5）很大

3. 彝良县委书记曹阜忠事件您关注吗？

（1）很不关注（2）不太关注（3）一般关注（4）比较关注（5）很关注

4. 彝良县委书记曹阜忠事件您觉得这件事对社会的影响大吗？

（1）很小（2）小（3）一般（4）大（5）很大

5. 郑州“房妹”事件您关注吗?

(1) 很不关注 (2) 不太关注 (3) 一般关注 (4) 比较关注 (5) 很关注

6. 郑州“房妹”事件您觉得这件事对社会的影响大吗?

(1) 很小 (2) 小 (3) 一般 (4) 大 (5) 很大

7. 袁厉害事件您关注吗?

(1) 很不关注 (2) 不太关注 (3) 一般关注 (4) 比较关注 (5) 很关注

8. 袁厉害事件您觉得这件事对社会的影响大吗?

(1) 很小 (2) 小 (3) 一般 (4) 大 (5) 很大

9. 山西苯胺泄漏事件您关注吗?

(1) 很不关注 (2) 不太关注 (3) 一般关注 (4) 比较关注 (5) 很关注

10. 山西苯胺泄漏事件您觉得这件事对社会的影响大吗?

(1) 很小 (2) 小 (3) 一般 (4) 大 (5) 很大

11. 河南平坟事件您关注吗?

(1) 很不关注 (2) 不太关注 (3) 一般关注 (4) 比较关注 (5) 很关注

12. 河南平坟事件您觉得这件事对社会的影响大吗?

(1) 很小 (2) 小 (3) 一般 (4) 大 (5) 很大

13. “80 后”女副市长事件您关注吗?

(1) 很不关注 (2) 不太关注 (3) 一般关注 (4) 比较关注 (5) 很关注

14. “80 后”女副市长事件您觉得这件事对社会的影响大吗?

(1) 很小 (2) 小 (3) 一般 (4) 大 (5) 很大

15. 南方集中供暖问题您关注吗?

(1) 很不关注 (2) 不太关注 (3) 一般关注 (4) 比较关注 (5) 很关注

16. 南方集中供暖问题您觉得这件事对社会的影响大吗?

(1) 很小 (2) 小 (3) 一般 (4) 大 (5) 很大

17. 丰城富士康游行您关注吗?

(1) 很不关注 (2) 不太关注 (3) 一般关注 (4) 比较关注 (5) 很关

注

18. 丰城富士康游行您觉得这件事对社会的影响大吗?

(1) 很小 (2) 小 (3) 一般 (4) 大 (5) 很大

19. 邹和平事件您关注吗?

(1) 很不关注 (2) 不太关注 (3) 一般关注 (4) 比较关注 (5) 很关注

20. 邹和平事件您觉得这件事对社会的影响大吗?

(1) 很小 (2) 小 (3) 一般 (4) 大 (5) 很大

21. 陕西“房姐”事件您关注吗?

(1) 很不关注 (2) 不太关注 (3) 一般关注 (4) 比较关注 (5) 很关注

22. 陕西“房姐”事件您觉得这件事对社会的影响大吗?

(1) 很小 (2) 小 (3) 一般 (4) 大 (5) 很大

23. 衣俊卿与常艳事件您关注吗?

(1) 很不关注 (2) 不太关注 (3) 一般关注 (4) 比较关注 (5) 很关注

24. 衣俊卿与常艳事件您觉得这件事对社会的影响大吗?

(1) 很小 (2) 小 (3) 一般 (4) 大 (5) 很大

25. 抢票软件被禁引发争议您关注吗?

(1) 很不关注 (2) 不太关注 (3) 一般关注 (4) 比较关注 (5) 很关注

26. 抢票软件被禁引发争议您觉得这件事对社会的影响大吗?

(1) 很小 (2) 小 (3) 一般 (4) 大 (5) 很大

27. 陈庆霞事件您关注吗?

(1) 很不关注 (2) 不太关注 (3) 一般关注 (4) 比较关注 (5) 很关注

28. 陈庆霞事件您觉得这件事对社会的影响大吗?

(1) 很小 (2) 小 (3) 一般 (4) 大 (5) 很大

29. 郑州“全城吃面”您关注吗?

(1) 很不关注 (2) 不太关注 (3) 一般关注 (4) 比较关注 (5) 很关注

30. 郑州“全城吃面”您觉得这件事对社会的影响大吗?

（1）很小（2）小（3）一般（4）大（5）很大

31. 山西县委书记女儿吃空饷事件您关注吗？

（1）很不关注（2）不太关注（3）一般关注（4）比较关注（5）很关注

32. 山西县委书记女儿吃空饷事件您觉得这件事对社会的影响大吗？

（1）很小（2）小（3）一般（4）大（5）很大

33. 赵红霞事件您关注吗？

（1）很不关注（2）不太关注（3）一般关注（4）比较关注（5）很关注

34. 赵红霞事件您觉得这件事对社会的影响大吗？

（1）很小（2）小（3）一般（4）大（5）很大

35. 雾霾污染事件您关注吗？

（1）很不关注（2）不太关注（3）一般关注（4）比较关注（5）很关注

36. 雾霾污染事件您觉得这件事对社会的影响大吗？

（1）很小（2）小（3）一般（4）大（5）很大

37. 河南义昌大桥塌陷事故您关注吗？

（1）很不关注（2）不太关注（3）一般关注（4）比较关注（5）很关注

38. 河南义昌大桥塌陷事故您觉得这件事对社会的影响大吗？

（1）很小（2）小（3）一般（4）大（5）很大

39. 官员财产公开问题您关注吗？

（1）很不关注（2）不太关注（3）一般关注（4）比较关注（5）很关注

40. 官员财产公开问题您觉得这件事对社会的影响大吗？

（1）很小（2）小（3）一般（4）大（5）很大

41. 温州瑞安计生办催缴超生罚款您关注吗？

（1）很不关注（2）不太关注（3）一般关注（4）比较关注（5）很关注

42. 温州瑞安计生办催缴超生罚款您觉得这件事对社会的影响大吗？

（1）很小（2）小（3）一般（4）大（5）很大

43. 大病医疗保险金需缴个税的问题您关注吗？

（1）很不关注（2）不太关注（3）一般关注（4）比较关注（5）很关注

44. 大病医疗保险金需缴个税的问题您觉得这件事对社会的影响大吗？

（1）很小（2）小（3）一般（4）大（5）很大

45. 中日雷达互相照射事件您关注吗？

（1）很不关注（2）不太关注（3）一般关注（4）比较关注（5）很关注

46. 中日雷达互相照射事件您觉得这件事对社会的影响大吗？

（1）很小（2）小（3）一般（4）大（5）很大

47. 江苏启东冲击国家机关案件您关注吗？

（1）很不关注（2）不太关注（3）一般关注（4）比较关注（5）很关注

48. 江苏启东冲击国家机关案件您觉得这件事对社会的影响大吗？

（1）很小（2）小（3）一般（4）大（5）很大

49. 朝鲜核试验危机您关注吗？

（1）很不关注（2）不太关注（3）一般关注（4）比较关注（5）很关注

50. 朝鲜核试验危机您觉得这件事对社会的影响大吗？

（1）很小（2）小（3）一般（4）大（5）很大

51. 美国制裁中国企业事件您关注吗？

（1）很不关注（2）不太关注（3）一般关注（4）比较关注（5）很关注

52. 美国制裁中国企业事件您觉得这件事对社会的影响大吗？

（1）很小（2）小（3）一般（4）大（5）很大

53. 山西贪官提前出狱事件您关注吗？

（1）很不关注（2）不太关注（3）一般关注（4）比较关注（5）很关注

54. 山西贪官提前出狱事件您觉得这件事对社会的影响大吗？

（1）很小（2）小（3）一般（4）大（5）很大

55. 中铁隧道打砸云南村庄事件您关注吗？

（1）很不关注（2）不太关注（3）一般关注（4）比较关注（5）很关

注

56. 中铁隧道打砸云南村庄事件您觉得这件事对社会的影响大吗？

（1）很小（2）小（3）一般（4）大（5）很大

57. 日本就钓鱼岛污蔑中国言论事件您关注吗？

（1）很不关注（2）不太关注（3）一般关注（4）比较关注（5）很关注

58. 日本就钓鱼岛污蔑中国言论事件您觉得这件事对社会的影响大吗？

（1）很小（2）小（3）一般（4）大（5）很大

59. 李天一案件您关注吗？

（1）很不关注（2）不太关注（3）一般关注（4）比较关注（5）很关注

60. 李天一案件您觉得这件事对社会的影响大吗？

（1）很小（2）小（3）一般（4）大（5）很大

61. 关于国五条的讨论您关注吗？

（1）很不关注（2）不太关注（3）一般关注（4）比较关注（5）很关注

62. 关于国五条的讨论您觉得这件事对社会的影响大吗？

（1）很小（2）小（3）一般（4）大（5）很大

63. 长春盗车案您关注吗？

（1）很不关注（2）不太关注（3）一般关注（4）比较关注（5）很关注

64. 长春盗车案您觉得这件事对社会的影响大吗？

（1）很小（2）小（3）一般（4）大（5）很大

65. 广州城管掐女商贩脖子事件您关注吗？

（1）很不关注（2）不太关注（3）一般关注（4）比较关注（5）很关注

66. 广州城管掐女商贩脖子事件您觉得这件事对社会的影响大吗？

（1）很小（2）小（3）一般（4）大（5）很大

67. 铁道部员工安置问题您关注吗？

（1）很不关注（2）不太关注（3）一般关注（4）比较关注（5）很关注

68. 铁道部员工安置问题您觉得这件事对社会的影响大吗?

(1) 很小 (2) 小 (3) 一般 (4) 大 (5) 很大

69. 长沙“落井女孩”失踪事故您关注吗?

(1) 很不关注 (2) 不太关注 (3) 一般关注 (4) 比较关注 (5) 很关注

70. 长沙“落井女孩”失踪事故您觉得这件事对社会的影响大吗?

(1) 很小 (2) 小 (3) 一般 (4) 大 (5) 很大

71. 河南开发商碾死村民事件您关注吗?

(1) 很不关注 (2) 不太关注 (3) 一般关注 (4) 比较关注 (5) 很关注

72. 河南开发商碾死村民事件您觉得这件事对社会的影响大吗?

(1) 很小 (2) 小 (3) 一般 (4) 大 (5) 很大

73. 公款吃喝问题您关注吗?

(1) 很不关注 (2) 不太关注 (3) 一般关注 (4) 比较关注 (5) 很关注

74. 公款吃喝问题您觉得这件事对社会的影响大吗?

(1) 很小 (2) 小 (3) 一般 (4) 大 (5) 很大

75. 驱逐越渔船事件您关注吗?

(1) 很不关注 (2) 不太关注 (3) 一般关注 (4) 比较关注 (5) 很关注

76. 驱逐越渔船事件您觉得这件事对社会的影响大吗?

(1) 很小 (2) 小 (3) 一般 (4) 大 (5) 很大

77. 公务员福利问题您关注吗?

(1) 很不关注 (2) 不太关注 (3) 一般关注 (4) 比较关注 (5) 很关注

78. 公务员福利问题您觉得这件事对社会的影响大吗?

(1) 很小 (2) 小 (3) 一般 (4) 大 (5) 很大

79. 湖北卧铺客车坠落事件您关注吗?

(1) 很不关注 (2) 不太关注 (3) 一般关注 (4) 比较关注 (5) 很关注

80. 湖北卧铺客车坠落事件您觉得这件事对社会的影响大吗?

(1) 很小 (2) 小 (3) 一般 (4) 大 (5) 很大

81. 广州城管被砍事件您关注吗?

(1) 很不关注 (2) 不太关注 (3) 一般关注 (4) 比较关注 (5) 很关注

82. 广州城管被砍事件您觉得这件事对社会的影响大吗?

(1) 很小 (2) 小 (3) 一般 (4) 大 (5) 很大

83. 湖北城管被砸死事件您关注吗?

(1) 很不关注 (2) 不太关注 (3) 一般关注 (4) 比较关注 (5) 很关注

84. 湖北城管被砸死事件您觉得这件事对社会的影响大吗?

(1) 很小 (2) 小 (3) 一般 (4) 大 (5) 很大

第二部分　基本情况

1. 请问您的性别?

(1) 男　(2) 女

2. 请问您的年龄——

3. 请问您的职业——

4. 请问您居住的城市属于哪个区域?

(1) 西部 (2) 东部 (3) 中部

后　记

本书系笔者主持的教育部人文社科基金项目“面向优化管理的突发事件网络舆情信息流导控研究”（12YJCZH292）的最终研究成果。同时，本书也得到了河南理工大学博士基金项目（B2011-098）和河南省人文社科重点研究基地“河南理工大学安全与应急管理研究中心”的出版资助。

本书中有些内容曾在《图书情报工作》《情报科学》《情报杂志》等学术刊物上发表，有些内容曾获得河南省社会科学优秀成果奖、河南省科技进步奖、河南省教育厅人文社科优秀成果奖等相关科研奖励。更为重要的是，本书还吸取了不少国内外专家的相关优秀成果，也正是这些成果，为本书注入了更多的生机和活力。在本书的撰写过程中，具体的任务分工是：第一章、第二章、第三章、第四章、第五章、第七章及附录由张玉亮撰写；第六章由张玉亮、张永领撰写，全书最后由张玉亮统稿、定稿。

学术研究是一项庄重而艰深的工作。每当投入其中，我既能感触其美丽动人之处，同时也能品咂其中的苦涩厚味。从这种意义上来说，学术本身也是一种生活。而作为生活的学术，也就更加让我向往，让我敬畏，也让我感慨！在这条道路上，有许多人给过我可贵的指点和温馨的帮助，每当回忆起这些人，这些事，感恩之情，总是不觉充溢我心！

特别感谢彭国甫教授。彭教授既是我的硕士生导师，也是我的博士生导师，更是我工作和生活的导师。多年来的成长进步，点点滴滴都离不开彭老师的言传身教，他那“月印万川”的胸襟和永不懈怠的工作激情，更是我受用终身的精神指引。衷心感谢河南理工大学应急管理学院夏保成院长、杨艳玲书记、宫福满教授、张小兵教授等专家、领导，他们给予的大力支持，让我感受到一种甜蜜的幸福。由衷感谢中国管理科学学会王保庆会长，他在百忙之中阅读本书，不吝赐教，让我十分感动。感谢妻子许岳丽女士，多年来，她对我科研事业的发展全力支持、倾心关注，是我前行的不竭动力和永恒的精神支柱。感谢父母的含辛茹苦和理解，他们的每一根白发，无不充满着对我的殷殷期盼。感谢中国社会科学出版社任明老师在书稿出版过程中给予的可贵支持和指点。感谢近在咫尺和远涉江湖的朋友们，他们的支持和帮助，无时无刻不闪现在我的脑海中，沉淀、凝聚成为我人生中无形而宝贵的财富……

由于受主客观条件的限制，书中错漏之处难免，敬请专家、学者、同仁批评、指正。

张玉亮

2014 年 3 月 22 日

于河南理工大学